Fremde Sprache

Interdisziplinäre Arbeitsgruppen
Forschungsberichte

Herausgegeben von der
BERLIN-BRANDENBURGISCHEN AKADEMIE DER WISSENSCHAFTEN

Band 1

Interdisziplinäre Arbeitsgruppe
Die Herausforderung durch das Fremde

# Die Herausforderung durch die fremde Sprache

Das Beispiel der Verteidigung des Französischen

Herausgegeben von
Jürgen Trabant
unter Mitarbeit von
Dirk Naguschewski

Akademie Verlag

Die Deutsche Bibliothek – CIP-Einheitsaufnahme

Die **Herausforderung durch die fremde Sprache** : das Beispiel der Verteidigung des Französischen / Interdisziplinäre Arbeitsgruppe Die Herausforderung durch das Fremde. Hrsg. von Jürgen Trabant unter Mitarb. von Dirk Naguschewski. – Berlin : Akad. Verl., 1995
(Interdisziplinäre Arbeitsgruppen ; Bd. 1)
ISBN 3-05-002854-8
NE: Trabant, Jürgen [Hrsg.]; Berlin-Brandenburgische Akademie der Wissenschaften / Interdisziplinäre Arbeitsgruppe Die Herausforderung durch das Fremde; GT

ISSN 0949-7285

© Akademie Verlag GmbH, Berlin 1995
Der Akademie Verlag ist ein Unternehmen der VCH-Verlagsgruppe.

Gedruckt auf chlorfrei gebleichtem Papier.
Das eingesetzte Papier entspricht der amerikanischen Norm ANSI Z.39.48 – 1984 bzw. der europäischen Norm ISO TC 46.

Alle Rechte, insbesondere die der Übersetzung in andere Sprachen, vorbehalten. Kein Teil dieses Buches darf ohne schriftliche Genehmigung des Verlages in irgendeiner Form – durch Photokopie, Mikroverfilmung oder irgendein anderes Verfahren – reproduziert oder in eine von Maschinen, insbesondere von Datenverarbeitungsmaschinen, verwendbare Sprache übertragen oder übersetzt werden.

Druck: GAM Media GmbH, Berlin
Bindung: Dieter Mikolai, Berlin

Printed in the Federal Republic of Germany

# Inhalt

JÜRGEN TRABANT
Zur Einführung: Fremde Sprachen in Babel und Paris — 7

## I. Verteidigung und Illustration

ELS OKSAAR
Zur Verteidigung einer Sprache gegen das Fremde.
Sozio- und psycholinguistische Überlegungen — 19

WOLFGANG SETTEKORN
Bouhours, die Sprache, die Anderen und der Krieg.
Betrachtungen zu den *Entretiens d'Ariste et d'Eugène* — 35

## II. Gegen die englischen Wörter

CHRISTIANE BEINKE
*Tomatine* statt *ketchup*. Ein Weg zum reinen Französisch? — 79

CHRISTIAN SCHMITT
Das Fremde als Staatsaffäre: *hebdo Langage*, *télélangage*
und *MÉDIAS & langage* — 91

GABRIELE BECK-BUSSE
Vom Fremderleben in der Sprachpflege: die Radiosendung
*La langue française, joyau de notre patrimoine* — 117

## III. Für das Französische

JEAN-CLAUDE CHEVALIER
La Langue française et les pouvoirs: le *Conseil supérieur de la Langue
française* – historique, fonctionnement et résultats 1989-1994 — 151

RENÉE BALIBAR
Défense et Illustration de la langue française                          161

HARALD WEINRICH
Ein Gesetz für die Sprache?                                            169

JÜRGEN TRABANT
Die Sprache der Freiheit und ihre Freunde                              175

## IV. Dokumentation

Exposé des motifs (Loi Bas-Loriol, 1975)                               195

Exposé des motifs (Loi Toubon, 1994)                                   197

JACQUES TOUBON: L'esprit des langues (24. Feb. 1994)                   199

LOI n° 94-665 du 4 août 1994 relative à l'emploi de la langue française  203

JACQUES TOUBON: La langue de tous (4. Aug. 1994)                       209

YVES MAREK: La loi Toubon                                              213

# Zur Einführung: Fremde Sprachen in Babel und Paris

JÜRGEN TRABANT
Berlin

1. Daß fremde Sprachen eine Herausforderung sind, ist eine triviale Einsicht. Allein schon der Klang einer fremden Sprache bewirkt, daß Köpfe sich zu dem hinwenden, der die fremden Töne erzeugt. Dabei braucht das vernommene Fremde gar nicht unbedingt das völlig Unverständliche zu sein: bairische Töne in der Berliner Untergrundbahn sind fremd genug, um jene Neugierde zu wecken. Wie sollten fremde Sprachen des weiteren keine Herausforderung sein, wenn sie einem wie kaum etwas anderes die Erfahrung des Ausgeschlossenseins vermitteln. Nie werde ich die verzweifelten und wütenden Tränen meiner kleinen Tochter bei einem Besuch in Amerika vergessen, als sie einmal während einer Party angesichts der allgemein englisch geführten und ihr unverständlichen Unterhaltung von dem Gefühl der Einsamkeit und des Nichtdazugehörens überwältigt wurde. In dieser Situation ist es schwer, das Fremde interessant oder gar schön zu finden. Die fremde Sprache ist eine Herausforderung, die Neugier, aber auch Frustration, günstigenfalls Lust zum Lernen, anderenfalls aber auch Ablehnung erzeugt.

Die Beispiele zeigen, daß mir die andere Sprache begegnen muß, damit sie überhaupt als fremde wahrgenommen wird. Die fremde Sprache, der ich nicht begegne, ist mir völlig gleichgültig. Der Fremde – aber ebenso das Fremde – ist, wie Simmel einmal festgestellt hat, nah und fern zugleich. Das Fremde muß nah sein, damit es mich überhaupt etwas angeht, damit es mich erfreut, mich ärgert, mich zu Neuem anregt oder das Alte herbeiwünschen läßt. Es muß fern genug sein, damit es in seiner Alterität erscheinen kann. Es darf aber nicht allzu fern und nicht völlig anders sein, denn dann geht es mir nicht mehr nahe. Simmel weist auf die Exklusion der anderen hin, wie sie die Griechen vorgenommen haben, wenn sie die anderen die *bárbaroi* nannten und damit außerhalb des Menschseins und jedes Interesses stellten. Der Fremde oder das Fremde, um das es uns geht, ist nicht das „Barbarische" in diesem griechischen Sinne, sondern einer oder etwas, das von außen kommt und eventuell bleibt und deswegen überhaupt interessant oder bedrohlich ist. Um auf das von uns behandelte Beispiel zu sprechen zu kommen: Man kämpft in Frankreich nicht – im Moment jedenfalls noch nicht – gegen den Einfluß des Chinesischen; denn das Chinesische ist das Ferne, das gar nicht in den Umkreis des Französischen kommt. Man kämpft dort auch nicht – nicht mehr – gegen den Einfluß des Italienischen, weil es im Gegensatz zum 16. Jahrhundert in die Ferne gerückt ist. Wohl aber „verteidigt" man sich gegen das Angloamerikanische, das nahe gekommen ist –

zu nahe, wie die „Verteidiger" des Französischen meinen, sofern es nämlich schon in das Französische selbst eingedrungen ist.

Die fremde Sprache erscheint also nicht nur als eine von anderen Menschen benutzte, andere Möglichkeit des Sprechens, sondern sie tendiert offensichtlich auch noch dazu, in die eigene Sprechweise einzudringen. Sie kann dies natürlich nur, weil Sprecher der eigenen Sprache dieses Fremde aus irgendwelchen Gründen aufnehmen, weil das Fremde bestimmten Sprechern als nützlich, notwendig, schön, praktisch, elegant, modern, jung etc. erscheint. Diese „Gastfreundschaft" der einen, wie Els Oksaar es in ihrem einleitenden Beitrag zum vorliegenden Band nennt, kann aber bei anderen gerade Unverständnis, Angst, Frustration etc. erzeugen und den Wunsch nach Abwehr, Reinigung, Austreibung entstehen lassen. Dem Phänomen der Abwehr des Fremden wollten wir in dem auf die Sprache bezogenen Teilprojekt der Arbeitsgruppe „Die Herausforderung durch das Fremde" in einem ersten Arbeitsschritt in der Untersuchung der Begegnung mit der fremden Sprache nachgehen. Das Beispiel Frankreich bot sich dabei deswegen als besonders geeignet an, weil dort intensive, sogar vom Staat getragene Aktivitäten zur „Verteidigung" des Französischen gegen das Fremde entfaltet worden sind.

2. Da die Menschen seit dem Turmbau zu Babel verschiedene Sprachen sprechen, sind sie spätestens seitdem einander sprachlich fremd. Gott hat nach dem biblischen Mythos diese Fremdheit als Strafe für die Anmaßung der Menschen verhängt, so sein zu wollen wie er. Gott hat mit der „Verwirrung" der Sprache, d. h. mit der Zerstörung der ursprünglichen sprachlichen Einheit, eine Kommunikationssperre errichtet. Sprachliche Fremdheit erinnert daher in unserer Kultur an jene Strafe, an den Verlust der „einerlei Sprache" des Paradieses und an die bittere Tatsache, daß die Menschen nicht so sind wie Gott. Dies sind natürlich ernsthafte Gründe, sich über den Anderssprechenden zu ärgern. Die mythischen Gründe unserer Kultur weisen die Mehrsprachigkeit der Menschheit und damit die gegenseitige sprachliche Fremdheit als etwas Negatives aus. Diese Einschätzung der fremden Sprache fordert geradezu dazu heraus, das sprachlich Fremde – weil Schmerzhafte – zu unterdrücken. Die in unserer Kultur tief verwurzelte biblische Sehnsucht nach der einen, allen Menschen verständlichen und selbstverständlich „reinen" Sprache des Paradieses ist die Basis für die verschiedensten Varianten des Sprach-Purismus, der sowohl als Forderung nach Einsprachigkeit eines Territoriums oder eines Volkes (am besten der ganzen Menschheit), nach innerer Homogeneität einer Sprache oder auch – was hier weniger interessiert – nach den wahren und richtigen Wörtern für die Sachen auftreten kann.

Daß dies aber nicht die einzig mögliche Perspektive ist, zeigt die Emanzipation des europäischen Denkens von dem biblischen Sprach-Mythos, eine wichtige geistige Veränderung, die im übrigen ganz entschieden an die Berliner Akademie geknüpft ist: Mit Leibniz, dem Begründer der Akademie, beginnt nämlich eine andere Sicht auf die Verschiedenheit der Sprachen und damit auf die fremden Sprachen, die in Wilhelm von Humboldts Feier der Mehrsprachigkeit des Menschen mündet: Die vielen verschiedenen Sprachen werden von Leibniz als Depositäre einer „merveilleuse variété de notre esprit" angesehen und später dann von Humboldt als so viele „Weltansichten" gepriesen, deren jede wertvoll, wichtig und schön ist und einen unersetzlichen Beitrag zur Erfassung der Welt durch den menschliche Geist darstellt. Die fremde Sprache wird damit zwar einerseits „fremder", weil sie nun ein fremdes *Denken* meint und nicht mehr nur einen überflüssigen und hinderlichen fremden Klang, aber sie wird als kostbarer Beitrag zum Menschengeist andererseits nun auch *positiv* bewertet. Diese neue Sicht auf die Sprachen impliziert einen Wandel von einer kommunikativen zu einer kognitiven Sprachauffassung, bei der die Verschiedenheit der Sprachen nicht mehr nur als Kommunikationshindernis in den Blick kommt, sondern als kognitiver Reichtum. Erst damit werden fremde Sprachen natürlich zu ernstzunehmenden Gegenständen des Studiums und der Wissenschaft. Diese von Leibniz und Humboldt vorgenommene Neubewertung der menschlichen Mehrsprachigkeit konkurriert natürlich auch heute noch mit der gegenteiligen und ja nicht von der Hand zu weisenden Einschätzung als einer kommunikativen Erschwernis.

Durch den neuen Blick auf fremde Sprache veränderten sich auch bestimmte alte Positionen in der Auseinandersetzung mit dem Fremdsprachigen: So sah man in der Renaissance gerade in der Begegnung mit der fremden Sprache und der daraus sich ergebenden Sprachmischung, der *mixtura*, den Grund für die Verderbnis, die *corruptio*, einer Sprache: Das Lateinische sei z. B. durch die Begegnung mit der Sprache der Invasoren, also durch die Mischung mit dem Germanischen, zu den romanischen Volkssprachen verdorben. Daß Sprachmischung die Sprache verdirbt, ist immer noch eine unerschütterliche Überzeugung aller Puristen. Leibniz hatte aber diese beiden Dinge schon auseinanderdividiert: mixtura *aut* corruptio. Die Vermischung mit dem Fremden ist nicht automatisch Verderbnis, sie ist aber wohl einer der beiden Gründe für das Entstehen neuer Sprachen. Humboldt geht der Frage nach der Sprachmischung sein ganzes Leben lang nach. Ihn interessiert immer wieder die Frage, ob die Begegnung und Mischung zweier Sprachen eine neue schafft. Er diskutiert dies am Englischen, am Persischen, an den romanischen Sprachen und zuletzt – und am ausführlichsten – an einer heiligen Sprache von der Insel Java, am Kawi. Seine Antwort ist durchgehend negativ: die ursprüngliche Sprachstruktur (er denkt dabei vor allem an die Grammatik) ist so fest, daß selbst massive lexikalische Beeinflussung das System nicht zerstört. Sicher kann auch für das hier behandelte Französische der Humboldtsche Befund gelten, daß die Mischung mit dem Englischen, wenn sie denn überhaupt in nennenswertem Umfang stattfindet (wie die Puristen so lautstark behaupten), die Struktur dieser Sprache überhaupt nicht tangiert.

Aufgrund der Neubewertung der sprachlichen Verschiedenheit kann jedenfalls auch die Sprachmischung, also die intensivste Begegnung mit der fremden Sprache, jenseits des Begriffs von „Verderbnis" gedacht werden. In diese

Richtung soll der nächste Arbeitsschritt des Teilprojekts Sprache der Arbeitsgruppe über das Fremde gehen, in Richtung eines trans-puristischen Nachdenkens über die Mischung, vielleicht sogar in Richtung auf eine Theorie des *métissage*. Bevor wir uns aber mit solchen lustvollen Vermählungen mit dem Fremden beschäftigen (aus denen trotz Humboldt vielleicht doch etwas Neues hervorgeht), sind wir zunächst dem Fall einer klamorösen Ablehnung des Fremden nachgegangen.

3. Am Beispiel der französischen Sprache sollte der Fall einer Sprachgemeinschaft studiert werden, die sich im Verlaufe ihrer Geschichte wiederholt und in der Gegenwart in ganz besonderem Maße gegen fremden Einfluß wehrt. Die „Verteidigung" der französischen Sprache ist seit Joachim Du Bellays Traktat *Défense et illustration de la langue française* von 1549 auch gerade als eine Verteidigung gegen das Fremde verstanden worden. Unsere Absicht war es, die Gründe, die Rhetorik und die Erfolgsaussichten einer solchen Abwehr zu studieren. In Frankreich war ja 1975 ein Gesetz, die sog. *Loi Bas-Lauriol*, erlassen worden, das in bestimmten, vor allem öffentlichen Bereichen der Sprachverwendung den Gebrauch französischer Wörter vorschrieb. Zum Zwecke der Erarbeitung dieser französischen Wörter gab es schon seit den sechziger Jahren in den Ministerien Kommissionen, die Vorschläge zur Ersetzung von Anglizismen vor allem in den amerikanisch dominierten technischen Bereichen (audiovisuelle Medien, Raumfahrt, Tourismus etc.) unterbreiteten. Es ist ein Kampf, der vom französischen Staat geführt wird und dem außer dem Staat auch noch eine ganze Reihe von privaten Organisationen dienen.

Als wir ein Kolloquium zu diesem Thema planten, waren die neuesten gesetzgeberischen Maßnahmen des französischen Staates noch nicht in Sicht. Diese mit dem Namen des Ministers Jacques Toubon verknüpften Aktivitäten kamen dann sozusagen als aktuelles und willkommenes Geschenk auf die Tagesordnung der Tagung, die im Dezember 1994 stattfand. Da der Gesetzesvorschlag und die Diskussion um die sogenannte Loi Toubon die ganze Problematik der „Verteidigung des Französischen" noch einmal aufgefrischt hat, steht dieses Gesetz im Mittelpunkt des vorliegenden Bandes, ohne daß er auf diese aktuelle Frage beschränkt wäre.

4.1. Die sogenannte „Verteidigung" der französischen Sprache hat, wie soeben angedeutet, eine lange Tradition, die mindestens ins 16. Jahrhundert zurückweist, also in die Zeit der Entstehung der Nationalstaaten (auch in den anderen europäischen Nationen gibt es in jener Zeit parallele Aktivitäten zugunsten der jeweiligen Volkssprache). Sie beginnt mit einem königlichen Dekret gegen das Lateinische, der *Ordonnance* von Villers-Cotterêts von 1539, welche bestimmt, daß Gerichtsverhandlungen und -dokumente künftig im „langage maternel français" zu halten seien. Obwohl der Ausdruck „langage maternel français" damals noch nicht unbedingt nur das (Nord-)Französische bezeichnete, sondern eigentlich jede „in der France vorkommende Muttersprache", hatte das Dekret doch den Effekt, daß „français" im Sinne von „langue d'oïl" interpretiert wurde und daß sich auch im Süden des Landes (der ja seit den Albigenserkriegen zur französischen Krone gehörte) das Französische als Verwaltungssprache durchsetzte und nicht nur das Lateinische, sondern auch das Okzitanische aus dem öffentlichen Gebrauch verdrängte. Die Verordnung von Villers-Cotterêts ist durchaus eine Maßnahme zur Abwehr des Fremden, aber interessanterweise nicht gegen ein von außen kommendes Fremdes, sondern gegen eines, das immer schon da war, das auch zunächst nicht fremd war und das immer mit dem Französischen in einem „Colinguismus" (Balibar) zusammengelebt hatte. Nun aber ist die lateinische Mutter ihrer Tochter fremd geworden. Das Fremde muß also gar nicht immer von außen kommen, es kann ein Inneres – sogar das Ältere und eigentlich „Ursprünglichere" – sein. In Frankreich wie andernorts war die lateinische, „katholische" Kultur des Mittelalters zusammengebrochen und neue lateinferne Klassen bestimmten das politische Leben, die in ihrer eigenen Sprache bedient werden wollten und nicht in der Sprache der „clercs", der ausgedienten – kirchlichen – Intellektuellen.

Das Dekret von Villers-Cotterêts ist aber wohl kaum als eine *Verteidigung* des Französischen anzusehen, sondern als eine Offensive, ein Vorantreiben des Französischen in einen diskursiven Bereich, der bisher vom Lateinischen besetzt war. Auch die schon erwähnte berühmte Schrift von Joachim Du Bellay von 1549, *Défense et illustration de la langue française,* ist keine Verteidigungs-Schrift, sondern eindeutig und ausdrücklich eine Aufforderung zur Offensive, zur Eroberung nämlich des Territoriums, das das Lateinische und die Antike innehatten, bei Du Bellay allerdings des literarischen, nicht des administrativen Diskurs-Territoriums. Der Kampf gegen das Latein hat dabei auch noch eine versteckte außenpolitische Spitze, sofern das Lateinische nämlich die Sprache des Heiligen Römischen Reiches ist, mit dem sich Frankreich gerade im Konflikt befindet.

Die legislativen Maßnahmen unter Franz I. und die literarische Intervention Du Bellays waren gegen einen müden, alten, ohnehin überfälligen Gegner gerichtet. Sprachliche Xenophobie – die übrigens niemals nur *sprachlicher* Fremdenhaß ist, sondern immer auch politische, kulturelle, religiöse oder soziale Implikationen hat – artikuliert sich aber klar in den Streitschriften, die sich im 16. Jahrhundert gegen den Einfluß des Italienischen richten. Durch die Hochzeit des Königs mit Katharina von Medici war nämlich der italienische Einfluß am Hofe so stark geworden, daß Henri Estienne sich veranlaßt sieht, 1578/79 gegen eine Italianisierung des Französischen in seinen *Dialogues du nouveau langage français italianisé* zu protestieren. Diese Pamphlete sind die eigentlichen Vorgänger für Etiembles *Parlez-vous franglais?* (1966), die berühmte Streitschrift, auf die die heutigen staatlichen Maßnahmen gegen die englischen Wörter zurückgehen. Doch die von Estienne heraufbeschworene Gefahr der Überfremdung erledigte sich von selbst, weil natürlich ein paar Hundert italienische Höflinge nicht die Sprache einer Nation „verderben" können und weil mit dem politischen und kulturellen Aufstieg Frankreichs zur europäischen Vormacht auch keine italienische Dominanz mehr zu befürchten war.

4.2. Im 17. Jahrhundert wird im Rahmen der Konzentration der politischen Macht am Hofe Ludwigs XIV. und der damit verbundenen Durchstilisierung des gesamten höfischen Lebens auch die Sprache rigoros gestylt. Diesem Ziel diente bekanntlich die *Académie française*, deren Aufgabe es war, eine Sprache für den Höfling, den *cortegiano*, oder, wie man ihn in Frankreich nannte, den *honnête homme*, zu kreieren, indem sie das Französische „rein und eloquent" zu machen hatte. Bei diesem Eingriff in die Sprache ging es nicht so sehr um die Abwehr von Fremdem, sondern vor allem um die Abwehr von unerwünschtem Eigenen. Auch dies kann man durch den Blick auf die Problematik des Fremden lernen, daß nicht nur das Fremde ungeliebt ist (das Fremde kann ja auch geliebt oder zumindest indifferent sein), sondern daß auch das Eigene perhorresziert werden kann: Im speziellen Falle werden vor allem die dem Zentralisierungswillen entgegenstehenden zentrifugalen Kräfte bekämpft, politisch die Fronde, die regionalen Kräfte des Adels, die sich der Kasernierung und Entmachtung in Versailles entgegenstellen. In sprachlicher Hinsicht entspricht dem die Ablehnung der regionalen Varianten des Französischen. Versaillifizierung bedeutete außerdem auch Aristokratisierung und damit Ablehnung des Bürgerlichen oder Volkstümlichen (und das ist auch Ablehnung des Technisch-Professionellen). Die Aktion der *Académie française* ist daher nicht nur anti-regional, sondern auch anti-populär (der professionellen Expertise der Bourgeoisie versicherte man sich linguistisch durch ein zweites Wörterbuch, das *Dictionnaire des arts et sciences*, das die Wörter derjenigen sammelte, die im Gegensatz zu den *courtisans* etwas konnten).

Gegen das Lateinische brauchte die *Académie française* nicht mehr zu kämpfen, dieser Kampf war längst gewonnen. Es ging nur noch um die Zurückweisung des inneren Gegners, der eher ein Unfeiner als ein Fremder war. Die Bemühungen um die Verfeinerung des Französischen haben in den Normierungsbemühungen von Vaugelas und dem Père Bouhours ihren klassischen Ausdruck gefunden. Wolfgang Settekorn macht in diesem Band deutlich, daß der Père Bouhours seine Überlegungen zur französischen Sprache zwar nicht *gegen*, wohl aber doch *angesichts* des Fremden macht, angesichts der konkurrierenden Weltmächte nämlich, die englisch, niederländisch, spanisch und italienisch sprechen. Das Fremde stellt also bei Bouhours so etwas wie den imperialen außenpolitischen Horizont dar, der letztlich das ganze Unternehmen der inneren Verfeinerung legitimiert.

4.3. Auch in der dritten – und folgenreichsten – Phase, in der Französischen Revolution, waren die staatlichen und öffentlichen Sprachmaßnahmen antiregionale Aktivitäten. Zum einen ging es weiterhin um die Abwehr des ungeliebten Eigenen, der französischen Dialekte. Zum anderen aber – und vor allem – zielte die Sprachpolitik auf das (eigene) Fremde. Im Namen der Demokratie und der einen und unteilbaren Republik wird allen Bürgern – unter ausdrücklicher Bezugnahme auf den biblischen Sprach-Mythos – eine einheitliche Sprache verordnet, eine neue Paradieses-Sprache: das Französische. Die Politiker der Französischen Revolution bemerken nämlich, daß die „Franzosen", also die Bewohner des Staatsgebiets der Republik, nur zu einem geringen Teil französisch sprechen. Sie stellen fest, daß die meisten Franzosen entweder bäurische Dialekte des Französischen sprechen – das gebildete Pariser Französisch beherrschte nur eine Minorität, vom Schreiben ganz zu schweigen – oder sogar andere Sprachen. Der ganze Süden sprach okzitanisch, an der Peripherie Frankreichs wurde italienisch, katalanisch, baskisch, bretonisch, niederländisch und deutsch gesprochen. Frankreich war ein Babel, das es schnellstens in den paradiesischen Zustand der sprachlichen Einheit zu versetzen galt. Nicht gegen den Einfluß fremder Wörter aufs Französische wird hier gekämpft (das Französische ist außerordentlich resistent gegen Eindringlinge aus den Regionalsprachen), sondern um die Zurückdrängung bzw. um die Vernichtung dieses Fremden auf dem nationalen Territorium: „anéantissement" der Dialekte und Sprachen ist die revolutionäre Forderung. Besonderes Mißtrauen erregte natürlich jenes Fremde auf dem eigenen Territorium, daß sich sprachlich mit dem Gegner jenseits der Grenze verbinden konnte, d. h. insbesondere die deutschsprachige Minderheit (in geringerem Maße die Italienisch- und Niederländischsprechenden). Das Fremde im Eigenen wird seit der Französischen Revolution mit großem Erfolg – vor allem durch die Schulpolitik der Dritten Republik, der Vollstreckerin der revolutionären Projekte – eliminiert. Man kann sagen, daß spätestens in den dreißiger Jahren dieses Jahrhunderts das Französische in Frankreich so siegreich vorgerückt ist, daß alle Franzosen französisch sprechen können, wenn auch das revolutionäre *anéantissement* der Regionalsprachen noch nicht ganz gelungen ist.

4.4. Gleichzeitig mit diesem Sieg des Französischen in Frankreich gibt es nun aber im 20. Jahrhundert zum ersten Mal tatsächlich so etwas wie eine Bedrohung des Französischen durch eine fremde Sprache. Genauer gesagt sind es eigentlich zwei verschiedene Gefahren: erstens die *franglais*-Bedrohung, also das Eindringen englischer Wörter ins Französische, und zweitens die Verdrängung des Französischen aus bestimmten internationalen Zusammenhängen (aus der Sprache der Diplomatie z. B.) und vor allem aus bestimmten Diskursdomänen durch die zunehmende exklusive Verwendung des Englischen in Wissenschaft, Technik und Handel. Auf die erste Bedrohung reagierten die staatlichen Maßnahmen der sechziger und siebziger Jahre. Der zweiten Gefahr, dem Eindringen des Englischen in bestimmten Diskurs-Situationen, will, wenn auch noch etwas diffus, (weil es den Kampf gegen das *franglais* noch nicht aufgeben möchte), das Gesetz Toubon beggenen.

Der Kampf gegen die fremden Wörter ist rührend und kleinmütig. Er ist kleinmütig (und auch nicht besonders demokratisch), weil er den Sprechern, d. h. dem französischen Volk nicht vertraut, in dessen Namen da Sprachpolitik betrieben wird. Er übertreibt die Gefahr, die in Wirklichkeit für die französische Sprache unerheblich ist, wie Harald Weinrich zeigt. Und er verkennt die grandiose Erfolgsgeschichte, die die Geschichte der französischen Sprache darstellt. Der Kampf gegen die englischen Wörter ist rührend, weil er die Wirksamkeit seiner hilflosen Vorschläge überschätzt. Wie Christian Schmitt und Christiane Beinke zeigen, bieten nämlich die puristischen Ersatzvorschläge oft gar keine kommunikativ akzeptablen oder gar kohärenten Lösungen an, so daß sie das erklärte Ziel des linguistischen Verbraucher- und Umweltschutzes gar nicht erreichen. Der Kampf gegen die fremden Wörter perpetuiert im wesentlichen vielmehr nur eine xenophobe Rhetorik, deren Ausmaß Gabriele Beck-Busse anschaulich zeigen kann.

Der zweite Kampf ist zwar schon verloren, aber es ist ein edler Kampf: Der Versuch, bestimmte Felder der Rede nicht an die siegreiche fremde Sprache abzugeben, ist nämlich wirklich ein Kampf um die demokratische Verpflichtung von Wissenschaft, Technik und Handel, die Verpflichtung nämlich, sich dem Volk auch verständlich zu machen, das diese Tätigkeiten alimentiert. In diesem Sinn ist z. B. der Vorschlag, bei wissenschaftlichen Kongressen im öffentlichen Raum Frankreichs die Möglichkeit französischer Rede gesetzlich offenzuhalten, für die Veranstalter der Tagungen zwar lästig, aber zutiefst berechtigt. Dennoch ist der Kampf nicht zu gewinnen: das Englische ist das Neue Latein des Planeten. Daran wird auch die Loi Toubon nichts ändern, die die geopolitische Uhr nicht zurückdrehen kann. Trotzdem kann sich eine vernünftige Sprachpolitik darum bemühen, daß der Gewinn der neuzeitlichen Emanzipation vom Latein nicht verlorengeht, der darin bestand, daß man in seiner Muttersprache wissenschaftlich (technisch, philosophisch) denken, sprechen und schreiben konnte statt in einer fremden Sprache. Zusätzlich zu den eher harmlosen – und vermutlich nicht besonders wirksamen – gesetzlichen Maßnahmen, wäre es daher z. B. vorstellbar, daß der Staat großzügig Übersetzungen französischer Forschungen ins Englische fördert (um die internationalen Chancen zu garantieren) oder auch umgekehrt Übersetzungen ins Französische von auf englisch publizierenden französischen Forschern (um die Teilhabe der frankophonen Bevölkerung zu gewährleisten).

Doch von solcher „Vorwärtsverteidigung" sind die im internationalen Vergleich sicher auffälligen staatlichen französischen Maßnahmen noch weit entfernt. Während jedermann die *Académie française* als die große staatliche sprachpflegerische Institution und – von uns aus gesehen – Kuriosität kennt, ist außerhalb Frankreichs wenig bekannt, welche darüber hinausgehende institutionelle Sorgfalt der französische Staat der Pflege der französischen Sprache angedeihen läßt. Einen Einblick verschafft der Aufsatz von Jean-Claude Chevalier über die Geschichte des *Conseil supérieur de la Langue française*, die auch gleichzeitig ein Stück Vorgeschichte der aktuellen Gesetzgebungsaktivitäten ist. Während Harald Weinrich die Notwendigkeit und die Wirksamkeit der Loi Toubon infragestellt, zeigt Renée Balibar mehr Verständnis für die Absicht des Gesetzes, möchte aber dennoch lieber die zweite der traditionellen

Zielsetzungen französischer sprachpolitischer Interventionen, die „Illustration", betont haben, die sie allerdings weniger in einer Politik gegen die fremden Wörter als in einer guten Schulpolitik zu realisieren sieht. In dieser Forderung nach einer besseren Bildungspolitik trifft sich Balibar mit Weinrich, der ebenfalls in der Förderung der Schule und der Sprach-Kultur den richtigen Weg zur Auseinandersetzung mit dem Fremden sieht. In meinem Beitrag versuche ich zu zeigen, daß zumindest die Rhetorik des Ministers ja auch schon über die Auseinandersetzung mit den fremden Wörtern hinaus ist und sich dem zweiten Kampf, dem Kampf gegen das Verstummen der eigenen Sprache in bestimmten Feldern der Rede, zuwendet. Dies geschieht – für die französische Tradition einigermaßen überraschend – im Namen der kulturellen Vielfalt. In der Stunde der Gefährdung der eigenen Sprache schließt sich auch der offizielle französische Sprachdiskurs, der immer gnadenlos „jakobinisch" gewesen ist, den „girondistischen" Forderungen an, die von den umliegenden und inliegenden kleineren oder weniger mächtigen Völkern und Kulturen schon immer gegen die Dominanz stärkerer Sprachen und Kulturen erhoben worden sind.

5. Wahrscheinlich ist keine andere Kultursprache so intensiv „verteidigt" worden wie das Französische. Gleichzeitig ist wahrscheinlich auch keine im Verlauf ihrer Geschichte so wenig bedroht gewesen wie das Französische (so daß sich fast alle „Verteidigungs"-Aktivitäten der Vergangenheit als Offensiven herausstellten). Wahrscheinlich gerade deswegen reagiert die französische Sprachgemeinschaft so besonders nervös auf die neue Situation, wo sich das Französische in der Tat zum ersten Mal in seiner Geschichte in einer intensiven Kontaktsituation mit einer fremden Sprache befindet und wo es in der Tat von dieser Sprache aus bestimmten angestammten Diskursdomänen verdrängt wird. Dies ist, so können wir sagen, ein Normalisierungsprozeß, durch den die französische Sprachgemeinschaft einfach das Schicksal aller anderen Sprachgemeinschaften der Welt (außer der englischen natürlich) zu teilen beginnt. Aber weil es eine neue Situation für Frankreich ist, werden gerade hier noch einmal Probleme aufgeworfen, die andere Sprachgemeinschaften schon durchlebt und – vielleicht allzu rasch und resignativ – ad acta gelegt haben. Die aktuelle französische *défense* kann daher durchaus als ein Musterfall – auch in ihrer Problematik, ihrem Scheitern, ihren Hoffnungen, ihren Perspektiven – der „Verteidigung" gegen eine fremde Sprache angesehen werden. Das Musterhafte zeigt sich schließlich auch in der Wende, die der Kampf gegen das Fremde in Frankreich zu nehmen scheint, nämlich in der Wende zu einer Theorie der kulturellen und sprachlichen Diversität, die in der Tat die einzige Basis für die Verteidigung einer Sprache ist. Jeder Diskurs, der wie der traditionelle französische Verteidigungsdiskurs auf die Wiedereinrichtung der Sprache des Paradieses – und sei das Paradies auch so schön wie Paris – abzielt, ist nämlich angesichts der sprachlichen Vielfalt der Menschheit ein Diskurs der Unterdrückung, die sich schließlich auch gegen die eigene Sprache richtet. Indem sich nun anscheinend auch Frankreich von der biblischen Verunglimpfung der

sprachlichen Vielfalt verabschiedet und Babel nicht als Strafe, sondern als ein Geschenk begreift, gewinnt es einen Boden für die Verteidigung seiner Sprache und damit auch für die Pflege seiner sprachlichen Diversität – und schließlich für Europa eine Perspektive der Mehrsprachigkeit, in der die Herausforderung durch die fremden Sprachen unaufgeregt gemeistert werden kann.

## Danksagung

Die Tagung über die Verteidigung der französischen Sprache im Dezember 1994 ist von Dirk Naguschewski ganz ausgezeichnet organisiert worden. Er hat auch das Manuskript des vorliegenden Bandes und die Dokumentation im Anhang erstellt. Ihm möchte ich für die geleistete Arbeit herzlich danken.

Dank sei auch dem Collegium Budapest, in dem ich die Arbeit am vorliegenden Band in Ruhe abschließen konnte.

*Budapest, im Mai 1995*

# I. Verteidigung und Illustration

# Zur Verteidigung einer Sprache gegen das Fremde.
# Sozio- und psycholinguistische Überlegungen

ELS OKSAAR
Hamburg


1. „Die Gewalt einer Sprache ist nicht, daß sie das Fremde abweist, sondern daß sie es verschlingt" (Goethe).

Diese Worte Goethes erinnern uns daran, daß Verteidigung gegen das Fremde verschiedene Formen annehmen kann – u. a. auch eine Transformation zum Eigenen. Sie bringen aber auch die Frage nach den Gründen nahe, warum sich Fremdes einer Sprache aufdrängt und warum, wann, wo, wie und unter welchen Bedingungen man sie verteidigt. Diesen Fragen werde ich im folgenden nachgehen, und hoffe dabei, der Thematik gerechter zu werden, wenn ich als Ausgangspunkt – metasprachlich bei der militärischen Metaphorik bleibend – den herkömmlichen engen Schützengraben der Verteidigung der Sprache in eine größere Fläche der Sprachverwendung umwandle. Auf ihr kann man den positiven, neutralen oder negativen Kontakt mit dem Fremden auf den Ebenen der linguistischen und der sozialen Variation feststellen und die Verteidigungsstrategien durchleuchten.

Die Strukturierung des Vortrags ergibt drei Abschnitte. Erstens werde ich, auf die Funktion der Sprache eingehend, die Problematik von Sprachkontakten beleuchten und auch der Frage nachgehen, warum und unter welchen Umständen das Fremde als Bedrohung gesehen wird und eine Verteidigung erfordert. Denn Beeinflussungsprozesse als Folge der Sprach- und Kulturkontakte, die ja seit alters her zum sprachlichen Leben gehören, können auch etwas Notwendiges und Bereicherndes mit sich führen.

Den Übergang zum zweiten, mehr systematischen, von sozio- und psycholinguistischen Perspektiven aus gestalteten Teil bilden methodologische Überlegungen, wobei Lichtenbergs (1984: 397) Feststellung als Motto dienlich sein kann: „Nichts setzt dem Fortgang der Wissenschaft mehr Hindernis entgegen als wenn man zu wissen glaubt, was man noch nicht weiß. In diesen Fehlern fallen gewöhnlich die schwärmerischen Erfinder von Hypothesen." Ein Ausblick bildet den dritten Teil.


2. Um die Sprachbeeinflussungs- und Sprachverteidigungsfragen zu verstehen, müssen wir uns die Kennzeichen und Funktionen der Sprache vergegenwärtigen.

Sprache ist ein typisch menschliches und dadurch auch immer ein soziales Phänomen. Sie ist für die Mitglieder einer Gesellschaft das wichtigste Ausdrucks- und Kommunikationsmittel. Sie spiegelt ihre Lebensäußerungen wider; mit der Sprache zusammen erwirbt der Mensch auch soziale Normen und Verhaltensmuster. Die Sprache und ihre Verwendungsnormen sind aber nicht statisch und ein für allemal festgelegt, denn sie werden von den Sprachträgern den sozialen und kulturellen Veränderungen in der Gesellschaft angepaßt. In diesem Prozeß können Einwirkungen aus anderen Sprachen eine erhebliche Rolle spielen, wie z. B. der Einfluß des Englischen auf das Deutsche und auf andere Sprachen der Welt in der Nachkriegszeit zeigt.

Sprache hat aber noch eine Reihe weiterer wichtiger Funktionen. Sie ist für den Menschen der primäre Faktor seiner persönlichen und soziokulturellen Identität; im Deutschen wird dies schon durch das Wort *Sprachgemeinschaft* signalisiert, vgl. schw. *språkgemenskap*, engl. *community of language*. In der einschlägigen Literatur herrscht gleichfalls Konsens darüber, daß Sprache die jeweilige Perzeption und Kognition kultureller Aspekte und Strukturen erheblich steuert.

Gibt es nicht schon dadurch Gründe genug, sich vor fremden Invasionen zu verteidigen? Diese Frage könnte höchstens von einem idealen Sprecher/Hörer in einer idealen, d. h. homogenen Gesellschaft global beantwortet werden. In einer realen, d. h. heterogenen Gesellschaft ist das nicht möglich. Eine reale Sprachgemeinschaft setzt sich aus Einzelmenschen zusammen, bei denen immer mit individuellen Unterschieden gerechnet werden muß, sowohl sprachlich als auch in bezug auf Bewertungsweisen. Auch was die Verteidigungsmentalität oder -strategie gegenüber dem Fremden in der Sprache betrifft. Sagte schon Wittgenstein (1963: 32): „Die Grenzen *meiner* Sprache sind die Grenzen *meiner* Welt." Es gibt aber auch gruppenspezifische Unterschiede, denn, um mit dem Soziologen Simmel (1983: 415) zu sprechen: „Der Mensch ist nie ein bloßes Kollektivwesen und nie ein bloßes Individualwesen."

Warum wird eine Sprache verteidigt? Seit Platon hat man Sprache als Werkzeug gesehen und auch als Schlüssel zur Welt. Gefühlsmäßig tiefer scheint aber der Vergleich der Sprache mit der Heimat zu sein. Wilhelm von Humboldt (o. J.: 245) stellt in einem seiner Briefe fest: „Die wirkliche Heimat ist eigentlich die Sprache. Sie bestimmt die Sehnsucht nach der Heimat, und die Entfremdung von der Heimat geschieht immer durch die Sprache am schnellsten und am leichtesten, aber auch am unbemerkbarsten."

*Heimat* ist für den Menschen immer auch mit verschiedenen Gefühlswerten verbunden, mit dem *Wurzelgefühl* im Sinne von Eduard Spranger. Heimatbewußtsein hängt stets auch mit der geistigen Gemeinschaft einer Gruppe zusammen. Zu den Komponenten, die diese Gemeinschaft ermöglichen, gehört die Sprache. Da Spracherwerb und Sprachverwendung geistige Prozesse sind, möchte ich von der Sprache als der *geistigen Heimat* des Menschen sprechen.

Genauso, wie die *Heimat*, welche die Handbücher als „Ort, Land, wo jemand herkommt oder sich zu Hause fühlt" definieren, verteidigt werden kann vor Angreifern aller Art, braucht auch die geistige Heimat, die Sprache, nicht schutzlos dazustehen. Für die Verteidigung gibt es ja verschiedene Strategien, wie schon aus den Lieblingsslogans der Puristen hervorgeht: *Fremdwortjagd, Fremdwortkampf*.

3. Wie die Geschichte vieler Kultursprachen gezeigt hat, ist die geistige Heimat aber keine Festung. Bildlich gesagt gibt es Zeiten, in denen man gerne Gäste hat, die zu Einwanderern und Minoritäten werden können, trotz des Kampfes, der, so wie die schon erwähnte militärische Metaphorik, keineswegs neueren Datums ist. Der besonders seit dem 18. Jahrhundert geführte Kampf gegen das Fremdwort erstreckte sich bis in unser Jahrhundert hinein. Im Vorwort der 10. Auflage von Wustmanns „Sprachdummheiten" (1935) sagt Werner Schulze, daß diese „Kleine deutsche Grammatik des Zweifelhaften, des Falschen und des Häßlichen" in der ersten Auflage vierundvierzig Jahre zuvor „als starkes Bollwerk der Sprachfreunde in dem damals mit frischen Waffen geführten Kampf einer Besserung der Muttersprache" hervortrat, und „der Name Wustmann wurde sinnbildlich für das Gebaren *schneidigen Angriffs* auf diesem Gebiet". Wurde auch bei der Sprache der Angriff als beste Verteidigung gesehen? Auf diese Frage werden wir hier nur flüchtig eingehen, die Geschichte der europäischen Sprachen bietet allerdings gute Möglichkeiten zu ihrer Beantwortung. Wir fragen zunächst: Warum ist das *Fremdwort* so störend, daß es dagegen eine Verteidigung geben muß?

Was Baumann generell über den Fremden sagt, könnte vielfach auch für sprachliche Einheiten gelten:

„Der Fremde unterminiert die räumliche Ordnung der Welt – die ersehnte Koordination zwischen moralischer und topographischer Nähe, zwischen dem Zusammenhalt von Freunden und Distanz von Feinden. Der Fremde stört den Einklang zwischen physischer und psychischer Distanz: Er ist *physisch nahe*, während er *geistig fern* bleibt. Er bringt die Art von Differenzen und Andersheit in den inneren Kreis der Nähe, die nur in einer gewissen Entfernung erwartet und toleriert wird – wo sie entweder als irrelevant übergangen oder als feindlich vertrieben werden kann. Der Fremde stellt eine inkongruente und daher abgelehnte 'Synthesis' aus Nähe und Ferne dar. Seine Anwesenheit stellt die Verläßlichkeit orthodoxer Grenzen und der universalen Werkzeuge zur Herstellung der Ordnung in Frage." (Baumann 1992: 82)

4. Wir wenden uns nun der Frage der Sprachkontakte und der Art und Weise der Beeinflussung durch das Fremde zu.

Kulturelle, wirtschaftliche und politische Kontakte zwischen den Völkern und Bevölkerungsgruppen führen zu *Sprachkontakten*. Sprachkontakte entstehen durch indirekte und direkte soziale Interaktion der einzelnen Sprachträger. Sie können nicht nur verändernde Folgen für den Idiolekt eines Individuums haben, sondern auch für das Sprachsystem einer Gemeinschaft: der Kontakt ermöglicht den Einfluß einer Sprache auf die andere; es entstehen *linguistische* und *situationale Interferenzen* (Oksaar 1984: 845ff). Theoretisch gibt es kein Teilsystem der Sprache, das gegen Interferenzen unempfindlich ist. In der Praxis erweist sich die Lexik als der Bereich, in dem sie am häufigsten vorkommen.

Schon vor mehr als hundert Jahren stellte Hugo Schuchardt (1884: 117), der Vater der Kreolforschung, fest: „Eine Sprache beeinflußt eine andere auf oberflächliche Weise, auf geistige Weise, indem sie an dieselbe von ihrer Aussprache, von ihrem Wortschatz, von ihrer inneren Form abgibt." Aber er sieht noch nicht die Möglichkeit, daß dadurch in der beeinflußten Sprache auch etwas weggenommen und zum Verschwinden gebracht werden könnte. Fast ebenso alt wie Schuchardts Feststellung ist die Differenzierung von Hermann Paul (1909: 392), der zwischen zwei Hauptarten der Beeinflussung durch ein fremdes Idiom unterscheidet:
1) fremdes Material wird aufgenommen
2) mit einheimischem Material geschieht „die Zusammenfügung und Anpassung an den Vorstellungsinhalt nach fremdem Muster".

Schuchardt (1884: 14) hat mit Nachdruck gegen die bestehende Lehrmeinung behauptet, daß es keine ungemischte Sprache gebe. Was man aber lange nicht gesehen hat, ist die Tatsache, daß man die Art und die Intensität der Mischung als Prozeß nicht untersuchen kann, und auch nicht bewerten – positiv oder negativ – wenn man, wie gewöhnlich, von einem sprachbezogenen Ansatz ausgeht, von der deutschen, der französischen, der englischen Sprache. In einem derartigen Fall sieht man die Sprachen meistens als ein homogenes Gebilde, und alles, was noch nicht ganz dazu gehört, wird entweder nicht beachtet oder als etwas Negatives bewertet.

Geht man aber vom Individuum als Sprachträger aus, so ergibt sich ein anderes Bild. Die Übernahme eines fremden Wortes kann für ihn notwendig sein, weil es sonst nicht möglich ist, sich exakt auszudrücken. Er bestimmt selbst, wann und mit wem redend er es tut, denn der andere muß etwa denselben sprachlichen Hintergrund haben, wenn eine Verständigung gewährleistet sein soll.

Der individuumzentrierte Ansatz zeigt u. a., daß Mehrsprachige Brücken zwischen den Sprachen bilden. Sie haben eine *variable interaktionale Kompetenz*, in der Kodeumschaltung eine zentrale Rolle spielt. Immer wenn sprachenbedingte Beeinflussungen in verschiedenen Sprachen wahrzunehmen sind, geschehen sie überwiegend durch die Vermittlung des mehrsprachigen Individuums.[1]

Die kommunikativen Fähigkeiten der Mehrsprachigen sollten nicht vom Standpunkt der Einsprachigkeit aus beurteilt werden. Diejenigen können leicht im Unrecht sein, die eine Sprache undifferenziert verteidigen, wenn Wissenschaftler fremde Termini in ihre Rede einmischen, oder das Lufthansapersonal

---

1 *Mehrsprachigkeit* ist nicht Gleichsprachigkeit. Letzteres ist nur ein Idealkonstrukt. *Eine* Sprache, gewöhnlich die erstgelernte, spielt vor allem emotionell eine größere Rolle. Es herrscht in der Regel eine Arbeitsteilung zwischen den Sprachen, da es in der Praxis selten notwendig ist, sie in allen Situationen gleichermaßen zu gebrauchen.

aus ihrem internationalen Kode, dem Englischen, Wörter wie *Ticket* verwendet. Da es keine Kultursprachen gibt, deren Lexik ohne Lehn- oder Fremdwörter ist, so kann doch das, was für eine Sprachgemeinschaft akzeptabel oder nützlich ist, für das Individuum nicht schädlich sein. Cicero stellt in „De natura deorum" fest, daß es den in Griechenland philosophisch geschulten römischen Gelehrten nicht möglich war, ihren Landsleuten die dort erworbenen Kenntnisse zu vermitteln, weil in der lateinischen Sprache Bezeichnungen für viele philosophische Begriffe fehlten. Schon damals waren Mehrsprachige, wie Cicero, eine wichtige Brücke zwischen den Sprachen, denn er hat das Lateinische ausgehend vom Griechischen mit abstrakten Begriffen und Wörtern bereichert (vgl. Fuhrmann 1991). In derartigen Situationen zeigt sich, daß das Fremde keineswegs als ein Feind angesehen zu werden braucht. Der Mehrsprachige vermittelt, er macht sich die Tatsache zunutze, daß die Lexik einer Sprache ein offenes System ist.

Die Frage hat aber noch eine weitere wichtige Dimension. Fremde Einheiten in einer Sprache können auch ein Zeichen der Nachlässigkeit und Bequemlichkeit, der gedankenlosen Übernahme von etwas sein, wofür man vielleicht sogar eine funktionell bessere Bezeichnung in der eigenen Sprache hat. Darin besteht der erste Schritt zum Verlust der soziokulturellen Identität. Die Schwierigkeit der Beurteilung der Lage ergibt sich durch das Prinzip der Heterogenität in Sprachverwendungssituationen. Individuell kann es durchaus Motive für die Übernahme des Fremden geben – von den Konnotationen der Wörter und Ausdrücke bis zum Renommiergehabe mit Fremdsprache, wie man es schon in der Alamodezeit, in der ersten Hälfte des 17. Jahrhunderts in Deutschland feststellen konnte.

Die Heterogenität des Untersuchungsgegenstands fordert, daß man nicht nur Idiolekte und Soziolekte berücksichtigt, sondern alle Gruppen unter zwei Aspekten betrachtet,
1) der sozialen Dimension der linguistischen Variation und
2) der sozialen Variation der linguistischen Dimension.
Alters-, Geschlechts- und Bildungsunterschiede spielen hierbei eine Rolle, ebenso der Grad der Fremdsprachenbeherrschung. Mikrountersuchungen mit diesen Instrumenten können nicht nur erklären helfen, warum bei einem Wort wie *Mannequin* die Abwehr durch die Lehnschöpfung *Vorführdame* nicht funktioniert hat, sondern auch, warum z. B. *Teenager* überhaupt keine Verdeutschung und nicht einmal eine wesentliche Aussprachveränderung erfahren hat, während in anderen Sprachen, z. B. im Schwedischen und Norwegischen, eine Lehnübersetzung die einzige Bezeichnung ist: *tonåring*. Den Konnotationen der Wörter und Ausdrücke muß daher besondere Aufmerksamkeit geschenkt werden, da sie eine interferenzauslösende Wirkung haben können. Aber ebenso der Sprachkultur: der Interferenztypus hängt von den strukturellen Möglichkeiten der Sprache ab.

5. Wir sind beim zweiten Teil unserer Überlegungen angelangt und betrachten die Verteidigung einer Sprache zunächst aus der soziolinguistischen Perspek-

tive, wohl wissend, daß diese sich von der psycholinguistischen nicht immer isolieren läßt.

Ein aktuelles Beispiel bietet das „Gesetz zur Verwendung des Französischen" in Frankreich, das 1994 vom dem Minister für Kultur und Frankophonie, Jacques Toubon, in der Nationalversammlung eingebracht wurde, und inzwischen mit einigen Einschränkungen verabschiedet worden ist (vgl. die Dokumentation im vorliegenden Band). Dieses Gesetz, das sich u. a. gegen Anglizismen wendet, hatte vor zwanzig Jahren einen Vorgänger, das am 31.12.1975 erlassene Sprachgesetz, das vorschreibt, daß für Bedienungsanleitungen und Gebrauchsanweisungen nur Französisch verwendet werden darf (vgl. Baum 1995). Es wurde vom Staat als notwendig angesehen, gegen *franglais* auf gesetzliche Weise vorzugehen. Man wollte dadurch gleichzeitig die Bedeutung der französischen Muttersprache hervorheben. Wie aus folgender Darstellung hervorgeht, wurde dies aber auch Nicht-Muttersprachlern aufgezwungen.

Gad Rausing (1994: 67), Vorsitzender von Tetra Pak in Schweden, stellt in seiner Betrachtung der Verhaltensweisen fremder Kulturen fest:

„National prestige makes many people insist upon using their own language exclusively. This is quite common in Latin Europe, and once found an expression in a letter to me from the French Minister of Culture. The minister had heard that Tetra Pak's main office and Tetra Pak France corresponded in English. This could not be tolerated – from then on, all correspondence between these two organizations must be in French. I politely replied that, Tetra Pak being a Swedish company und Tetra Pak France being, at the same time, a daughter company of a Swedish company, we would from then on correspond in Swedish only. – I never heard anything more from the Minister of Culture, and we continue to use Franglais and Swenglish."

Letzteres bestätigt die Funktionalität von Sprachmischung in gewissen Situationen.

Ohne Kenntnis der soziokulturellen und geschichtlichen Perspektive sowie der politischen Lage im Lande, sind die Motive für die Verteidigung der Muttersprache in verschiedenen Ländern kaum zu verstehen. Ein Beispiel bildet Lettland. Sprache wird auch hier, wie in Frankreich,[2] zum staatspolitischen Faktor. In Lettland wurde nach der Wiedererlangung der Unabhängigkeit 1990 die staatliche Spracheninspektion eingerichtet, eine Behörde, die dafür Sorge tragen muß, daß das staatliche Sprachenrecht nicht mißachtet wird: die Staatssprache ist Lettisch. Dies wird aber von ausländischen Firmen getan: französische, deutsche und englische Unternehmen werben für ihre Produkte in Anzeigen und informieren in Geschäften und Schaufenstern in ihren jeweiligen Muttersprachen. Nach dem Gesetz dürfen aber nur Firmennamen und Markenzeichen in der Originalsprache erscheinen, alles andere muß auf lettisch sein. Auf die Klage einer französischen Firma wurde darauf hingewiesen, daß die

---

2 Ausführlicher zur französischen Situation vgl. Baum (1995).

Franzosen ihre Sprache eifrig verteidigen und die Letten es ebenso tun wollen: kämpfen für die Verwendung der lettischen Sprache in ihrem Lande (*The Baltic Independent*, 1-4.7.1994: 4).

Da Lettisch die Staatssprache ist, müssen auch offizielle Briefe, Bitten und Klagen auf lettisch sein. Die Kenntnis der Geschichte des Landes macht die Motive deutlich. Lettland war 1918 unabhängig geworden, als Folge des Hitler-Stalin-Pakts 1940 wurde es von der Sowjetunion okkupiert, 1941-1944 von Deutschland und in der Zeit von 1944 bis 1990 wieder von der Sowjetunion, und in diesen 46 Jahren genauso wie Estland und Litauen einer gewaltigen Russifizierung unterworfen. Seine Unabhängigkeit will der Staat nun durch die Sprache hervorheben. Dominanz durch andere Sprachen ist unerwünscht, besonders in dem Prozeß des Übergangs zur Marktwirtschaft, in den die westlichen Firmen immer stärker vordringen. Psychologisch interessant ist in dieser Situation allerdings, daß die Bevölkerung gegen die Dominanz der westlichen Sprachen in diesem Sektor kaum protestiert; Russisch galt und gilt als Unterdrückersprache, die westlichen Sprachen scheinen die „große weite Welt" zu repräsentieren.

Die Art und Weise, wie Sprache als staatspolitischer Faktor eingesetzt und verteidigt wird, ist je nach Lage unterschiedlich. Island ist bekannt dafür, daß man auf die „Reinheit der Sprache" achtet, Fremdwörtern zieht man eigene Bildungen vor: so heißt z. B. *Moped* auf isländisch *skellinaðra* „Klapperschlange". In einem Interview, in dem Islands Staatspräsidentin Vigdis Finnbogadottir danach gefragt wurde, ob ein so kleines Volk (250 000 Einwohner) seine Selbständigkeit behalten kann, stellt sie fest:

„Davon bin ich überzeugt. Solange wir unsere eigene Sprache lebendig halten können, sehe ich keine Gefahr [...]. Seit 50 Jahren sind wir ein unabhängiger Staat. Die eigene Sprache hält mein Land zusammen, sie definiert unsere Identität. Verlieren wir diese Identität, verlieren wir auch unsere Freiheit." (*Hamburger Abendblatt*, 12/13.11.1994: 3)

Einige weitere Beispiele für die Verteidigung der Sprache mögen die Verschiedenheit der Wege beleuchten.

In China wird gegen den Einfluß des Hong Kong-Chinesischen mit Hilfe der Pejoration des Fremden und Melioration des Eigenen gekämpft. *People's Daily*, die Parteizeitung, stellt fest, daß die offizielle Sprache Mandarin, gesprochen mit Hong Kong-Akzent abscheulich sei. Auch die Infiltration von „trendy phrases from Hong Kong in advertising and conversation is decried to show off or be stylish. Fervent love for [...] and the correct use of the motherland's language are crucial parts of patriotic education" (*The Wall Street Journal*, 26.9.1994: A11).

Der Irak praktiziert Verbote als Verteidigung. Der staatlichen Nachrichtenagentur IRNA zufolge sollten Namen und Redewendungen aus den westlichen Sprachen aus den Massenmedien, aus Handel und Industrie verschwinden (*Hamburger Abendblatt*, 12.4.1995: 8).

Ein Weg zur Verteidigung ist kollektiver Protest. Es handelt sich um Deutsch als Publikationssprache im wissenschaftlichen Zusammenhang. Der Vorstand der Gesellschaft Deutscher Chemiker hat sich 1994 für Englisch als alleinige Publikationssprache in den traditionsreichen Journalen *Chemische Berichte* und *Liebigs Annalen* entschieden. Der Grund: man möchte langfristig die internationale wissenschaftliche Akzeptanz sichern und damit auch die Verbreitung dieser Zeitschriften fördern. Dieser Beschluß wurde und wird zum Teil sehr kontrovers diskutiert, Proteste unter Rubriken wie „Deutsche Chemiker verlieren ihre Muttersprache" (Frankfurter Allgemeine Zeitung, 21.9.94) waren nicht selten. Diese heftigen Reaktionen in Deutschland sind nur in Kenntnis der historischen Perspektive zu verstehen: vor dem Zweiten Weltkrieg war Deutsch die allgemein akzeptierte Sprache der Naturwissenschaften, die deutschsprachige Chemie genoß Weltruhm. Zu den Wegen des Protestes gehören u. a. Aufrufe zum Boykott der Zeitschriften (vgl. Oksaar 1994).

Mit diesem Beispiel haben wir den Bereich des Konkurrenzkampfes der Sprachen betreten, in dem der Verteidigung, ebenso wie bei den Beeinflussungsprozessen durch Fremdwörter, eine nicht geringe Rolle zukommt. Der Konkurrenzkampf kann sich auch im größeren politischen Zusammenhang vollziehen. Ein Beispiel bietet die Europäische Union, wo die Verteidigung der Sprachen im Zwiespalt der Nationalität und Internationalität deutlich wird. Bis zum Beitritt Finnlands, Schwedens und Österreichs gab es neun Amtssprachen für den externen Verkehr, für die tägliche Arbeit innerhalb der Behörden sind drei vorgesehen: Französisch, Englisch und Deutsch.

Der Konkurrenzkampf zeigt, daß es in der Praxis eine Dominanz von Französisch und Englisch gibt, in Brüssel dominiert Französisch. Auf die nicht selten geäußerten Vorwürfe, warum die deutsche Sprache in diesem Bereich nicht verteidigt würde, werde ich hier nicht eingehen, sondern eine zentrale Frage anschneiden: Warum gibt es in der EU nicht eine einzige, die Bürokratie erleichternde Arbeitssprache? Zumal der zunehmende Einfluß des Englischen als Kontaktsprache nicht nur in Europa, sondern in der ganzen Welt dies nahelegt. Für eine gemeinsame Arbeitssprache spricht ihre Zweckmäßigkeit: die gegenseitige Verständigung wird erleichtert und die Informationsvermittlung vereinfacht. Zahlreiche mit Dolmetschen und Übersetzen verbundene Probleme – von der Perspektivenverschiebung des im Original Gemeinten bis zur Nichtübersetzbarkeit vieler rhetorischer Mittel – würden dann wegfallen (Oksaar 1995: 20). Die Antwort ist: weil in der EU die Fragen der Kommunikationsmittel national und nicht international gesehen werden. Und national gesehen ist die Prestigefrage hier fast unüberwindbar, denn wer von den „Großen" möchte denn nicht eine sprachliche Vormachtstellung haben, diese dem anderen nicht gönnen und seine Position verteidigen, obwohl es ja gerade im Bereich der Arbeitssprachen um Zweckmäßigkeit der Mittel gehen müßte. Man verteidigt die Stellung seiner Sprache gegen die Dominanz des Fremden. Diese Lage entbehrt nicht einer gewissen Brisanz. Gerade die Länder, die Englisch als Wissenschaftssprache nicht nur akzeptieren, sondern ihre Verbreitung auch freiwillig unterstützt haben, widersetzen sich ihm als einziger Arbeitssprache in der EU. Hier offenbart sich der Unterschied zwischen dem wissenschaftlichen und dem politischen Prestigedenken (vgl. Oksaar 1994: 307).

6. Die Verteidigung der Sprache wirft, wie wir gesehen haben, eine Vielzahl von Fragen auf. Eichler (1994:58) fragt aus vergleichender Perspektive: „Wie ist es zu erklären, daß die Franzosen so viel zum Schutz ihrer Sprache und die in Deutschland Verantwortlichen nichts zur Bewahrung unserer Sprache tun? Warum strebt man auf diesem Feld keine Harmonisierung im gemeinsamen Europa an?" Seine Antwort lautet, daß es in Deutschland „tiefen Widerwillen gegen alles mit der Nation zusammenhängende" gebe, in allen Parteien, und daß die Politik einseitig auf Wirtschaft, Handel und Währung ausgerichtet sei.

Dies führt uns zur Betrachtung des Fragenkomplexes aus der psycholinguistischen Perspektive. Von dieser Perspektive aus kann man die Ansätze der Verteidigung der Sprache besser verstehen, wenn man die Variationsgründe im sprachlichen Verhalten des Individuums in bezug auf Interferenzen untersucht. Warum und in welcher Rolle verändert es seine sprachlichen Gewohnheiten? Transferiert es fremde Einheiten aus rein kommunikativen Gründen wie Bezeichnungsnot, oder aus anderen Gründen wie Prestige und Geltungsbedürfnis? Zu den Gründen der Interferenz gehören:

1) *Kulturelle Beziehungen.* Interferenzen entstehen nach dem Prinzip „neue 'Sache', neue Bezeichnung". Zahlreiche Belege finden sich in den Analysen der „Wörter-und-Sachen"-Bewegung (vgl. Seiler 1923-24[4]).
2) *Sprachökonomie.* Man übernimmt in der Regel aus einer Sprache einfache lexikalische Einheiten, die die Begriffe abdecken, die in der anderen Sprache Komposita oder Syntagmen fordern.
3) *Semantisch-kommunikative Exaktheit.* Durch die konnotative Wirkung eines Wortes wird die fremde Form zusammen mit dem ursprünglichen Inhalt bevorzugt. Eine Gegenüberstellung mit deutschen Entsprechungen läßt uns den Stilunterschied am besten erkennen: *Stewardeß – Flugbegleiterin; Detektiv – Ermittler; Designer – Gestalter, Entwerfer; Hosteß – Haus- und Gesellschaftsdame, Gästebetreuerin, Fremdenführerin.*
Die Fremdwörter erfüllen eine wichtige Funktion, indem sie Konnotationen ihres sozialen Kontextes und Symbolmilieus vermitteln. Verdeutschungen wie *Geschäftsmann* und *Geschäftemacher* für *Manager*, oder *Einhelfer, Einsager, Vorsager* für *Souffleur* zeigen deutlich, wie unexakt oder zu exakt die Wiedergabe sein kann. Die Verteidigung hat hier kaum Aussichten auf Erfolg, vor allem auch wegen der Internationalisierung des Wirtschafts- und Geschäftslebens.
4) *Prestige.* Das persönliche Prestige des Sprechers bedingt die Transferenz von Wörtern und Ausdrücken aus einer Prestigesprache. Aus der Geschichte der deutschen Sprache finden sich zahlreiche Beispiele dafür, u. a. gehört hierher das „mit der Rede Flämen" im 13. Jahrhundert, der über Flandern und

Brabant kommende französische Einfluß der höfischen Sprache; vgl. Alamodezeit, oben Sektion 4.

Interessanterweise kann kein Bedarf an Verteidigung gegen das Fremde festgestellt werden, wenn Fremdes in der Literatur als Stilmittel verwendet wird, um Milieukongruenz und Lokalkolorit zu erzeugen. In dieser Funktion wird es als Stilmittel akzeptiert, außerhalb der Literatur aber, z. B. in einem Gespräch, dagegen nicht selten kritisiert.

Für die Verteidigung des Deutschen gegen Fremdwörter ist von den Puristen u. a. die bessere Verständlichkeit der deutschen Neubildungen als Grund hervorgehoben worden. Dabei wurde aber nicht berücksichtigt, daß der Bekanntheitsgrad und Verbreitungsumfang des Fremden nicht unwichtig sind. Die Frage, *wann* man zur Abwehr übergehen sollte, scheint im Hintergrund geblieben zu sein. Von Joachim Heinrich Campes zahlreichen Verdeutschungen Ende des achtzehnten bzw. Anfang des neunzehnten Jahrhunderts haben sich 90 % nicht durchgesetzt, u. a. weil die Fremdwörter schon eingebürgert waren, vgl. seine Vorschläge *Ehrenfrau* statt *Dame*, *Kunststrom* statt *Kanal*, *Zwischenstelle* statt *Pause*, *Kirchentisch* statt *Altar*, *Schweißlöcher* statt *Poren*. Es fällt aber auch auf, daß die Ökonomie eine Rolle gespielt haben mag: die Verdeutschungen sind alle Komposita, die überwiegend morphosemantisch voll motiviert sind, d. h. durch diese Motivierungskategorie ist die Bedeutung klar ersichtlich, was bei den hier verdeutschten Fremdwörtern nicht der Fall ist.

Letzteres wird von den Gegnern der Fremdwörter als Argument der Verteidigung benutzt. Das Fremdwort ist „unklar, verschwommen, vieldeutig" (Wustmann 1935[10]: 368). Die Mehrdimensionalität des Sprachgebrauchs wird dabei aber außer acht gelassen. Als Gegenargument kann angeführt werden, daß im sprachlichen Leben auch das notwendig sein kann, wie folgendes Beispiel zeigt: Theodor Fontane läßt in seinem Roman „Der Stechlin" den Herrn von Stechlin folgende Feststellung machen:

„[...] ich muß frische Luft haben. Vielleicht erstes Zeichen von Hydropsie. Kann eigentlich Fremdwörter nicht leiden. Aber mitunter sind sie doch ein Segen. Wenn ich so zwischen Hydropsie und Wassersucht die Wahl habe, bin ich immer für Hydropsie. Wassersucht hat so was kolossal Anschauliches."[3]

Psycholinguistisch interessant ist die Tatsache, daß es immer Leute gibt, die gegen eine Entlehnung sind und die fremden Elemente aus verschiedenen Gründen abweisen. Der Entlehnungsprozeß kann trotzdem stattfinden, denn das Individuum setzt sich mit dem Fremden auseinander. Abweisung kann ein Zeichen dafür sein, daß der Entlehnungsprozeß noch nicht abgeschlossen ist, während keine Reaktion dagegen als Indiz gelten kann, daß das Fremde auch schon kollektiv zum Eigenen geworden ist. Ein anderes Beispiel mag das verdeutlichen:

---

3  Theodor Fontane, *Der Stechlin*, München: 57.

Vor sechzig Jahren kritisieren Wustmann (1935[10]: 354) und mit ihm Schulze pädagogische Schriften wegen des Fremdwörtergebrauchs: „Da regnet es nur so von *exakt, theoretisch, empirisch, empiristisch, didaktisch, psychisch, psychologisch, ethisch, Dezennium*". Theodor Litt wird kritisiert, weil er „allzuoft anstandslos in dieser Mischsprache schreibt" (Wustmann 1935[10]: 355). Gefragt wird, ob folgende Sätze in Litts Arbeit „Möglichkeiten und Grenzen der Pädagogik" noch deutsch geschrieben seien:

„Die Erwartung, die man an die Auswirkungen dieses Prinzips knüpft, können alle Grade der Skala durchlaufen, die die skeptische Resignation mit dem überschwenglichsten Enthusiasmus verbindet. Und gerade auf diese Nuancen komm es in der Praxis ganz besonders an."

Anstoß erregen hier: *Prinzip, Skala, skeptische Resignation, Enthusiasmus, Nuance, Praxis*, die heute nicht auffallen. Die Verteidigung war somit nicht erfolgreich, der Angriff fällt aber um so mehr auf, als Wustmann (1935[10]: 348) die Wichtigkeit der Fremdwörter für die Fachsprache ausdrücklich hervorhebt, da sie zum Vorteil werden können:

„Ja, wir billigen dem bewußt, will heißen mit Sinn und Absicht angewandten Fremdwort selbst jenseits des Fachgebietes sein Recht zu; aber wir glauben, wissen, verfechten dies: in neun von zehn Fällen besitzt das in die Volkssprache gemengte Fremdwort sein Recht nicht, ist es nur aus Bequemlichkeit, Gewohnheit, Mode gewählt, sondern einfach gesetzt worden! Überall da ist es nicht nur zu meiden, sondern als Schädling zu bekämpfen."

Wustmann vergißt allerdings, daß es sich bei Litt um eine wissenschaftliche Abhandlung handelte.

Nicht vorbeigehen kann man an dem Angriffsstil der Verteidigung, vor allem der Wortwahl, die u. a. durch ihre Agressivität gekennzeichnet ist. Sechzig Jahre später hat sich der Stil der verbalen Bekämpfung des Fremden kaum geändert. Die Debatte wird emotionell geführt, heute wendet man sich am meisten gegen den angelsächsischen Einfluß. Ein Beispiel:

„Deutsches Schicksal aber spiegelt sich wie eh und je in der Sprache [...]. Das edle Gut Muttersprache ist umstellt von ebenso einflußreichen wie boshaften und geschmacklosen Feindseligen: den Schwätzern mit unnützen angelsächsischen Einfuhren, den ganzen Wust von Profit und Konsum mitführend, dem Werbekitsch, der uns von wichtigtuerischen Reklametafeln und Ladenschildern anschreit" (Eichler 1994: 62).

Man fragt sich, warum für die Verteidigung der deutschen Sprache ein derartiger Stil gewählt wird. Eine kulturvergleichende Untersuchung der Argumentationsstile in diesem Bereich in Europa steht noch aus; sie ist aber wünschenswert, da sie auch für die zunehmend aktivere Sprachkulturforschung von Belang ist.

7. Wir kommen zum Ende unserer Überlegungen. Nachdem wir die sozio- und psycholinguistischen Aspekte der Verteidigung einer Sprache gegen das Fremde von der funktionalen Ebene der Sprachverwendung und des Individuums aus

betrachtet und die Fragen des Für und Wider erörtert haben, wird folgendes deutlich: schon aus dieser notgedrungen begrenzten Betrachtung ergibt sich die Notwendigkeit, der Frage nachzugehen, was wir brauchen, um unsere Sprachen als effektive Kultursprachen nicht nur zu erhalten, sondern auch weiterzuentwickeln?

Wichtig ist erstens, daß man sich nicht nur im schmalen Bereich des Theoretisierens über Abwehr oder Annahme des mehr oder weniger differenziert betrachteten fremden Sprachguts bewegt. Zweitens muß eingesehen werden, daß im Zeitalter der Internationalisierung das Eigene und das Fremde, auch was die Sprache betrifft, nicht eindimensional gesehen werden sollte. Die Entweder-oder-Diskussion sollte im Rahmen einer Sowohl-als-auch-Betrachtung geschehen, die die Realität berücksichtigt, daß die moderne Technologie, Wissenschaft und Wirtschaft international sind, daß sich in Europa die Grenzen öffnen, aber auch, daß trotz Internationalisierung die geistige Heimat die Muttersprache bleibt. Das fordert Interdisziplinarität, die auch die besonderen Bande der Zusammengehörigkeit von Sprache und Kultur berücksichtigt. Derartige Fragen verbinden die verschiedenen Zweige der Linguistik mit der Sprachplanung. Sprachplanung wird heute allgemein als eine Teildisziplin der angewandten Sprachwissenschaft angesehen. Wie aber schon aus Tauli (1968) hervorgeht, ist ihr Forschungsbereich breiter und keineswegs nur auf angewandte Aspekte beschränkt. Als soziolinguistisches Arbeitsfeld ist sie vor allem durch Haugen (1966) bekannt geworden. Die Notwendigkeit der Sprachplanung ist, genau wie die der Sprachnormung, besonders seit der Prager Schule eingesehen worden. Whatmough (1956: 238) hebt hervor, daß die Sprache der Zeit angepaßt werden muß und „for that purpose it must be improved and redesigned". Wie eine Reihe von umfangreichen Sprachreformen im Laufe der Zeit gezeigt hat – z. B. in Estland, Ungarn, Finnland und in der Türkei, kann und muß Sprache als Produkt und Mittel des menschlichen Zusammenlebens geändert und verbessert werden. Die Frage, die Jernudd/Rubin ihrem 1971 erschienenen Sammelband als Titel gegeben haben: *Can language be planned?* war damals schon längst bejahend beantwortet worden. Hatte noch Jacob Grimm (1854: XLI) festgestellt: „In jeder Sprache stellt sich ein abhanden gekommenes Gleichgewicht immer wieder von neuem her", so haben die Fragen in unserer Zeit: – Wie, Warum, Wann und Wodurch – Verbindungen zur Sprachplanung eröffnet. Sprachplanung ist eng verbunden mit den Fragen des Sprachkontakts und des Sprachwandels. Sie müßte als eine wichtige Instanz in der Sprachpolitik nicht nur in einzelnen Staaten, sondern in der Europäischen Union auch übergreifend gesehen werden.

Sprachplanung hat mit Fragen der Bewertung zu tun. Das ist u. a. der Grund, warum die Linguistik hier lange zurückhaltend gewesen ist. Wer plant? Wer bestimmt die Norm? Havránek (1936: 413) fragt, ob der Sprachforscher nur Beobachter bleiben soll, oder auch selbst eingreifen sollte. Er vertritt die Ansicht, letzteres sei das Angebrachte. Martinet (1963: 14) dagegen stellt fest, daß der Sprachwissenschaftler seine Kompetenzen überschreite, wenn er zu verschiedenen Sprachgewohnheiten Stellung nimmt, die er verzeichnet und erklärt hat. Auch Collinder (1978: 248) hebt hervor, daß der Sprachforscher nicht die Aufgabe habe, Werturteile über sprachliche Erscheinungen zu fällen.

Letzteren Standpunkten kann entgegnet werden, daß der Sprachforscher bei seinen Beschreibungen und Analysen von Sprache keineswegs immer werturteilsfrei ist. Wenn er die Beurteilung im Planungszusammenhang, der ja z. B. auch die Verteidigung einer Sprache gegen das Fremde umfassen kann, einem anderen überlassen würde, käme das dem Arzte gleich, der nach der Diagnose die Arzneimittelverordnung einem Nichtmediziner überlassen würde (vgl. Oksaar 1968: 69).

Wir haben unsere Betrachtungen mit einem Goethezitat eingeleitet, wir schließen sie auch mit einem Zitat von ihm ab. Allerdings nicht aus rhetorischen Gründen, sondern weil es für die gegenwärtige Lage in unserem Bereich aufschlußreich sein kann: „Die Muttersprache zugleich reinigen und bereichern ist das Geschäft der besten Köpfe."

# Bibliographie

Baum, Richard (1995), Kultur und Sprache. Ein Blick nach Frankreich. In: *Forschung und Lehre* 4: 193-196.
Baumann, Zygmunt (1992), *Moderne und Ambivalenz*. Hamburg.
Collinder, Björn (1978), *Sprache und Sprachen*. Hamburg.
Eichler, Richard W. (1994), Kulturschatz Sprache. In: *Deutschland Journal. Fragen zur Zeit*. Kleine swg-Reihe, 56: 58-62.
Fuhrmann, Manfred (1991), *Cicero und die römische Republik*. München, Zürich.
Grimm, Jacob (1854), Vorrede zum *Deutschen Wörterbuch*, Bd. I. Berlin.
Haugen, Einar (1966), *Language planning and language conflict: The case of modern Norwegian*. Cambridge, Mass.
Havránek, Bohuslav (1936), Zum Problem der Norm in der heutigen Sprachwissenschaft. Abgedr. in: J. Vachek (Hg.) (1966), *A Prague School Reader in Linguistics*. Bloomington: 413-420.
Humboldt, Wilhelm von (o. J.), *Wilhelm von Humboldt im Verkehr mit seinen Freunden. Eine Auswahl seiner Briefe*, T. Kappstein (Hg.). Berlin.
Lichtenberg, Georg Christoph (1984), *Sudelbücher*, F. H. Mautner (Hg.). Frankfurt/Main.
Martinet, André (1963), *Grundzüge der allgemeinen Sprachwissenschaft*. Stuttgart.
Oksaar, Els (1968), Sprachnorm und moderne Linguistik. In: *Sprachnorm, Sprachpflege, Sprachkritik, Jahrbuch des Instituts für deutsche Sprache*. Düsseldorf: 67-78.
– (1984), Terminologie und Gegenstand der Sprachkontaktforschung. In: W. Besch, O. Reichmann, S. Sonderegger (Hg.), *Sprachgeschichte. Ein Handbuch zur Geschichte der deutschen Sprache und ihrer Erforschung*. Erster Halbband. Berlin, New York: 845-854.
– (1994), Wissenschaftssprache und Muttersprache. Zur internationalen Stellung des Deutschen. In: *Chemie in unserer Zeit* 28: 301-308.
– (1995), Zur Regelung der Sprachenfrage im erweiterten Europa. In: *Finnland und die europäische Integration. Beiträge der Teilnehmer des Finnisch-deutschen Seminars 5.9.1994 – 9.9.1994 in Helsinki*. Helsinki, Hamburg: 16-23.
Paul, Hermann (1909[4]), *Prinzipien der Sprachgeschichte*. Halle/Saale.
Rausing, Gad (1994), A company meets foreign cultures. In: *Meeting foreign cultures. A special arrangement to celebrate the 75th anniversary of the Royal Society of Letters at Lund* (Scripta Minora. Regiae Societatis Humaniorum Litterarum Lundensis 1993-1994: 2): 62-74.
Schuchardt, Hugo (1884), *Slawo-deutsches und Slawo-italienisches*. Graz.
Seiler, Friedrich (1923-24[4]), *Die Entwicklung der deutschen Kultur im Spiegel des deutschen Lehnworts*, 8 Bände. Halle/Saale.
Simmel, Georg (1983), *Soziologie*. Berlin.

Tauli, Walter (1968), *Introduction to a theory of language planning*. Uppsala.
Whatmough, Joshua (1956), *Language. A modern synthesis*. London.
Wittgenstein, Ludwig (1963), *Tractatus logico-philosophicus*. Frankfurt/Main.
Wustmann, Georg (1935[10]), *Sprachdummheiten*. 10. vollst. erneuerte Auflage von Werner Schulze. Berlin.

# Bouhours, die Sprache, die Anderen und der Krieg. Betrachungen zu den *Entretiens d'Ariste et d'Eugène*

WOLFGANG SETTEKORN
Hamburg

## 1. Zum Thema

In seiner Biographie des Louis XIV läßt François Bluche den Père Bouhours mit einem Zitat zu Wort kommen, in dem dieser den Zusammenhang zwischen der Beschleunigung des Zivilisationsprozesses (Elias 1977; 1983) und dem Krieg gegen Spanien herstellt.

„Nous nous sommes polis plus que jamais pendant que la guerre a été le plus allumée entre la France et l'Espagne." (Le Père Bouhours, *Entretiens d'Ariste et d'Eugène*, nach: Bluche 1986, 113)

Wie Bluche zieht auch Solnon (1987) Bouhours als verläßliche Quelle heran, wenn es um den Stand der höfischen Zivilisation zur Zeit des Sonnenkönigs geht. Auch er zitiert aus jenen *Entretiens d'Ariste et d'Eugène*, die ein Kapitel zur französischen Sprache enthalten, mit dem Bouhours seinen ersten gedruckten Beitrag zur Sprachkritik und Sprachnormierung lieferte. Ihm folgen bald weitere Arbeiten zum Französischen, die ihrem Verfasser den Ruf einbringen werden, einer der besten Kenner der französischen Sprache zu sein.

Der von Bouhours hergestellte Zusammenhang zwischen Krieg und Zivilisationsprozeß ist nicht nur chronologisch. Ihm liegt, wie der folgende Beitrag zeigen soll, eine weit tiefere und umfassendere Konzeption zugrunde. Bouhours hat das Sprachnormkonzept von Vaugelas in eine Richtung weiterentwickelt, die den korrekten Sprachgebrauch und den Wert des Französischen unter Abgrenzung von anderen Sprachen definierte, und diese gelten immer auch als Sprachen der Fremden und dabei auch als Sprache der damals aktuellen Feinde.

Der erste Teil umreißt den Gegenstand, situiert ihn im Rahmen der französischen Sprachpolitik, charakterisiert kurz das zu behandelnde Buch sowie die zugrunde gelegten methodischen Überlegungen; er schließt mit biographischen Hinweisen zu Bouhours ab. Der zweite Teil behandelt die Aufmachung der *Entretiens d'Ariste et d'Eugène*, deren inhaltliche Gestaltung im dritten Teil näher betrachtet wird. Dabei treten vor allem die dem Meer und den Devisen gewidmeten *Entretiens* in den Blick, da erst dieser Kontext erkennen läßt, in welchem funktionalen Zusammenhang die Auseinandersetzung mit der französischen Sprache hier steht. Erst so wird deutlich, welch enge Verbindung Bouhours zwischen der Sprache, der Rede über die Anderen und dem Krieg herstellt und auf welch vielfältigen Ebenen er dies tut.

(Photo: P. Canal, Bibliothèque Municipale de Bordeaux)

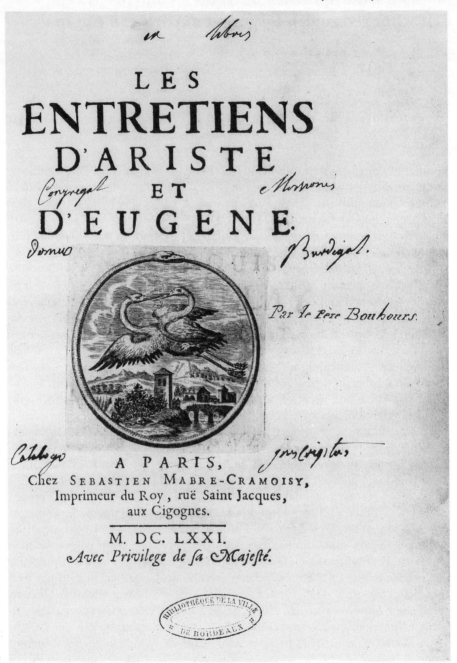

Abb. 1 – Titelblatt der ersten Auflage der *Entretiens*, 1671, in-4°

## 1.1 Hauptlinien französischer Sprachpolitik

Der französische Staat hat unter den verschiedenen Regierungsformen der Sprachpolitik ein besonderes Interesse gewidmet. Könige, Präsidenten, Minister, sonstige Amtsträger, Beamte und interessierte Laien sowie zahlreiche Institutionen haben sich seit mehr als vierhundert Jahren immer wieder der französischen Sprache angenommen. Dies führte zu staatlichen Erlassen und Gesetzen sowie zur Gründung einer ganzen Reihe einschlägiger Institutionen. Im Lichte dieser Vergangenheit bot die neueste Sprachgesetzgebung des aktuellen gaullistischen Kulturministers Jacques Toubon im Westen wenig Neues. Sie ist ein Zeichen dafür, daß der staatliche Stellungskrieg gegen die inneren, vor allem aber der gegen die äußeren Feinde des Französischen unvermindert andauert. Dieser Kampf ist historisch latent, flaut manchmal über mehrere Jahre hin ab, um dann wieder mit mehr oder weniger großer Heftigkeit aufzuflammen. Seit der französischen Revolution wird er vornehmlich im Namen der Revolutionsideale und im Einsatz für „Fraternité, Liberté, Égalité" geführt.

Unabdingbarer Bestandteil sprachpolitischer Bestrebungen und Entwicklungen ist die Definition einer je eigenen, positiv bewerteten sprachlichen und kulturellen Identität, die in aller Regel unter Absetzung und Abwertung von anderen Identitäten erfolgt. Die Abwertung kann dabei als eine weniger hohe Bewertung einer zuvor oft uneingeschränkt anerkannten, hoch bewerteten oder auch als schlichte Herabsetzung einer zuvor neutral bewerteten anderen Kultur vollzogen werden. Welche andere Kultur dabei in den Blick tritt, hängt in aller Regel von der jeweiligen politischen Konjunktur und Interessenkonstellation ab.

Der Erlaß von François I$^{er}$ (Villers-Cotterêts 1539), die *Deffence et illustration de la langue françoyse* von J. Du Bellay (1549), die *Remarques sur la langue françoise* von Vaugelas (1647) sowie die *Enquête* des Abbé Grégoire (1790) markieren die wichtigen Etappen des sprachnormativen Diskurses und der Sprachpolitik in Frankreich. In ihnen kommen Konzepte und Argumente zum Ausdruck, die in der weiteren Diskussion fast topischen Charakter gewonnen haben. Dazu gehören unter anderem: die Idee der Einheit von Staat, Nation und französischer Sprache; die Notwendigkeit zu ihrer Verteidigung und Festigung; die Aufgabe der Verbreitung des Französischen nach innen und nach außen; die Forderung einer permanten Beobachtung sowie einer umgehenden Korrektur und Gegensteuerung bei Verunreinigung oder Bedrohung des Französischen; dazu gehört aber auch die Festlegung eines grundlegenden Sprachnormkonzepts in Form des *bon* oder *bel usage*, der als selbstverständliche sprachliche und gesellschaftlich-staatliche Norminstanz gilt; dazu gehört nicht zuletzt die Beanspruchung einer vorgeblich neutralen und unvoreingenommenen Empirie bei der Sprachbeobachtung, die gleichwohl zutiefst durch den Habitus ihrer Aktanten geprägt ist.

Wie diese Argumente mit anderen Faktoren zusammenspielen und welche Rolle dabei die Auseinandersetzung mit Fremdem und den Fremden spielt, soll nun am Beispiel der *Entretiens d'Ariste et d'Eugène* des Jesuitenpaters Dominique (Le Père) Bouhours gezeigt werden, der im letzten Viertel des 17. Jahrhunderts zur Festigung des sprachnormativen und sprachpolitischen Ideengebäudes beigetragen hat. Wie wenige vor ihm, hat er seine sprachnormativen und sprachkritischen Arbeiten gezielt in den staats- wie militärpolitischen Zusammenhang seiner Zeit gestellt und zugleich an exponierter Stelle in die aktuellen theologisch-weltanschaulichen Auseinandersetzungen eingegriffen.[1]

## 1.2 Die *Entretiens d'Ariste et d'Eugène* – eine erste Annäherung

Am 1.1.1670 gestattete ein königliches Privileg dem „auteur des *Entretiens d'Ariste et d'Eugène*", dieses Buch „en espace de 10 ans" zu veröffentlichen; es war ihm gestattet, „imprimeur", „forme" und „caractère" für sein Buch frei zu wählen. In der Erstausgabe teilt der „EXTRAIT DV PRIVILEGE DV ROY" außerdem mit, daß die Wahl auf Sebastien Cramoisy gefallen und das Privileg am 2.12.1670 „sur le livre de la Communauté des Imprimeurs & Libraires de cette ville: Signé Louïs Sevestre Syndic" registriert worden sei. Weiterhin gibt es den Abschluß der Drucklegung bekannt: „Achevé d'imprimer pour la première fois le 15. jour de Janvier 1671".

Die zugebilligte Freiheit der Formatwahl wurde genutzt: die *Entretiens*, so seien die *Entretiens d'Ariste et d'Eugène* forthin abkürzend genannt, erschienen in zwei Versionen: in einer großen, gut ausgestatteten Ausgabe in-4° (vgl. Abb. 1) und in einer kleinen, einfacheren Duodezausgabe. Auch deren Titelblatt zeichnet den gewählten Drucker als „Imprimeur du Roy, ruë Saint Jacques, aux Cigognes" aus. Die beiden Ausgaben erschienen damit nicht irgendwo, sondern in einem renommierten und von allerhöchster Stelle anerkannten Haus. Das soweit erkennbare verlagsstrategische Versprechen dieser Doppelveröffentlichung sollte nicht enttäuscht werden, denn noch im Jahr der Erstveröffentlichung erreichte die kleinformatige Ausgabe eine dritte Auflage.

Das Buch enthält sechs *Entretiens* zu unterschiedlichen Themen: I *La Mer*; II *La Langue Francoise*; III *Le Secret*; IV *Le Bel Esprit*; V *Le Je ne scay Quoy*; VI *Les devises*. Auffällig ist, daß die Länge der einzelnen Gespräche erheblich variiert. Das sechste Gespräch über die *Devises* nimmt den weitaus größten Raum ein (in der großformatigen Erstausgabe sind es etwa 187 Textseiten); mit

---

[1] Wenn ich im folgenden die *Entretiens d'Ariste et d'Eugène* und damit seine erste sprachkritische Arbeit betrachte, dann geht es mir nicht um eine nachträgliche 'Ehrenrettung' oder 'Aufwertung' eines mehr oder weniger verkannten Autors – in dieser Hinsicht war schon sein Biograph Doncieux (1886) eher zurückhaltend. Vielmehr möchte ich einige wenig, wenn nicht gänzlich unbeachtete Aspekte seiner Arbeit ansprechen, mit denen die Diskussion um die französische Sprache und die französische Sprachpolitik spätestens seit dem Absolutismus Ludwigs XIV. unabdingbar verbunden ist.
Soweit möglich zitiere ich aus der gut zugänglichen, aber stark gekürzten Ausgabe von Radouant (1920); für die dort nicht abgedruckten Gespräche greife ich auf die Originalausgaben zurück.

ca. 120 Textseiten fallen die Ausführungen zur *Langue Françoise* in der gleichen Ausgabe etwa um ein Drittel kürzer aus; verglichen mit diesen beiden Kapiteln sind die anderen vier erheblich kürzer: dem *Bel esprit* sind im vierten Kapitel ca. 77 Seiten und damit etwa zwei Drittel des zweiten Kapitels gewidmet. Das dritte Gespräch zum *Secret* und das erste zu *La Mer* umfassen mit ihren ca. 35, bzw. ca. 34 Seiten in etwa die Hälfte des vierten, während das fünfte Gespräch zum *Je ne scay Quoy* mit ca. 21 Seiten am kürzesten ist.

In den Augen heutiger Leser dürften die Titel des zweiten, dritten und fünften Gesprächs gängige Themen aus jener zeitgenössischen Diskussion des 17. Jahrhunderts ankündigen, die sich um das sprachliche und gesellschaftliche Ideal des „honnête homme" drehte. Ihrer Behandlung war zu jener Zeit eine große Reihe einschlägiger Schriften und Ratgeber gewidmet (vgl. Strosetzki 1978; 1981). So gesehen ließe sich der Erfolg der *Entretiens* zumindest zum Teil durch die Struktur und die Nachfrageverhältnisse des literarischen Marktes erklären, auf dem sie angeboten wurden. Womöglich ließe sich bei dieser Sicht auch das Thema des vierten Gesprächs zum *Secret* noch einordnen. Auf den ersten Blick fällt allerdings der Inhalt des ersten Gesprächs aus dem Rahmen, da nicht unmittelbar einsichtig ist, was ein Gespräch über das Meer mit den Themen der anderen Gesprächen zu tun hat. Ein Zusammenhang von Titel und Thema des abschließenden und längsten Gesprächs mit den anderen Gesprächen läßt sich ebenfalls nicht ohne weiteres erkennen.

Dies mag verständlich machen, daß René Radouant 1920 in seine modernisierte und gekürzte Ausgabe der *Entretiens* nur die Gespräche *La langue française*, *Le bel esprit* und *Le Je ne sais quoi* aufnimmt. Allerdings geht damit, wie noch zu zeigen sein wird, ein ganz wesentlicher, wenn nicht gar *der* wesentliche Aspekt dieses Buches schlechthin verloren.

Das Interesse an den *Entretiens* hielt jedenfalls über das 17. Jahrhundert hinweg an, und allem Anschein nach stieß gerade das Gespräch zu den *Devises* beim zeitgenössischen Publikum auf reges Interesse. Es muß jedoch mit seinen zahlreichen lateinischen und griechischen Ausdrücken zumindest einem Teil des Publikums Schwierigkeiten bereitet haben, auf die Autor und Verleger umgehend reagierten. „En 1673, le libraire donne en un volume une «quatrième édition où les mots des devises sont expliqués»" (Radouant 1920, 25). Dieser Untertitel findet sich auf dem Titelblatt der Ausgabe von 1683 (vgl. Abb. 2). Der Erfolg der *Entretiens* dauerte fast hundert Jahre lang an.[2]

Da die *Entretiens* anonym erschienen waren, ist auf den Titelblättern zahlreicher Exemplare der frühen Ausgaben der Name ihres Verfassers von Hand nachgetragen (vgl. Abb. 1): Es handelt sich um den 1628 geborenen und 1702 gestorbenen Jesuitenpater Père Dominique Bouhours, der sich zu seiner Zeit großer Bekanntheit und einer nicht uneingeschränkten Beliebtheit erfreute. Der *Dictionnaire des littératures de langue française* (Vol I., Paris 1984) vermerkt

---

2 Zur Editionsgeschichte der einzelnen Auflagen, zu ihrer Filiation und zu ihrer „Bilbliographie matérielle" vgl. Beugnot 1990.

in dem Beitrag zu Bouhours abschließend: „Son œuvre, peu rééditée aujourd'hui, a eu le mérite en son temps de définir la langue française moderne".

(Photo: P. Canal, Bibliothèque Municipale de Bordeaux)

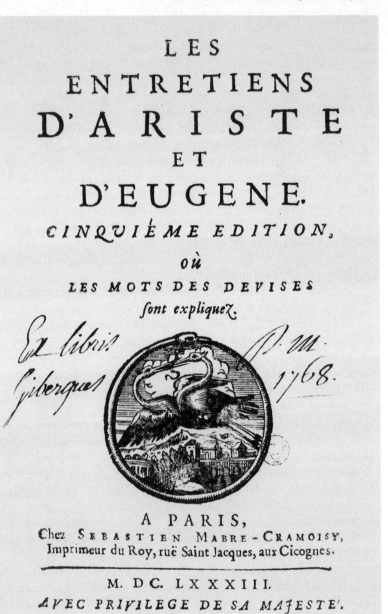

Abb. 2 – Titelblatt der fünften Auflage der *Entretiens*, 1683, in-12

## 1.3 Eigenlob durch Fremdkritik: Zur „Definition" des Französischen

Dieser schöne Abschluß eines Handbuchartikels läßt offen, was dessen Verfasser unter „définition de la langue française moderne" verstanden wissen will. Ein kurzer Blick auf das zweite Gespräch zeigt, wie Bouhours das Französische positiv von anderen Sprachen abgrenzt und es damit auch im eigentlichen Sinn des Wortes definiert. Deutsch und andere „langues nordiques" wertet er mit kurzen Bemerkungen ab;[3] das Latein dient ihm samt seiner historischen Entwicklung als positiver Wertmaßstab,[4] zugleich aber auch als Folie des negativen Kontrasts. Ausgangspunkt der Argumentation ist die Annahme der umfassenden Überlegenheit des Französischen:

> „Car, à la bien considérer dans la perfection où elle [la langue française] est depuis plusieurs années, ne faut-il pas avouer qu'elle a quelque chose de noble et d'auguste, qui l'égale presque à la langue latine et la relève infiniment au-dessus de l'italienne et de l'espagnole, les seules langues vivantes qui peuvent raisonnablement concurrencer avec elle?" (Radouant 1920, 38)

Diese Überlegenheit versucht Bouhours nun vor allem unter Absetzung vom Italienischen und Spanischen zu belegen, die er durchgängig abwertet. Dabei zielt er auf eine umfassende Charakteristik, die von der Phonetik über die Morphologie, Syntax, Semantik, bis zur Stilistik und Poetik reicht. Er macht seine Beobachtungen am unmittelbar sinnlich Wahrnehmbaren fest, belegt sie durch treffende Beispiele und faßt seine Bewertung in ästhetische, moralische, ethische sowie soziale Kategorien. Einige besonders deutliche Passagen mögen sein Vorgehen veranschaulichen.

Seine Sicht der phonetischen Eigenschaften einiger Sprachen bringt er in der folgenden Passage auf den Punkt:

> „de toutes les prononciations la nôtre est la plus naturelle et la plus unie [...]. Les Chinois et presque tous les peuples de l'Asie chantent; les Allemands râlent; les Espagnols déclament; les Italiens soupirent; les Anglais sifflent. Il n'y a proprement que les Français qui parlent." (ebd., 57)

Syntaktisch folge allein das Französische dem „ordre naturel" und damit der Ordnung der Gedanken: „C'est que la langue française est peut-être la seule qui suive exactement l'ordre naturel, et qui exprime les pensées en la manière qu'elles naissent dans l'esprit" (ebd., 55). Die anderen Sprachen dagegen, darunter das Griechische und Lateinische, „renversent l'ordre dans lequel nous imaginons les choses" (ebd.). Dies gilt auch für das Italienische und Spanische:

---

3 Z. B.: „le francais est infiniment éloigné de la rudesse de toutes les langues du Nord, dont la plupart de mots écorchent le gosier de ceux qui parlent, et les oreilles de ceux qui écoutent. Ces doubles W, ces doubles ss, ces doubles kk, qui règnent dans toutes ces langues-là, toutes ces consonnes entassées les unes sur les autres sont horribles à prononcer et ont un son qui fait peur" (Radouant 1920, 63).

4 Bouhours erscheint vor allem das Zeitalter des Augustus vorbildlich, das ihm als positiver Vergleich dient, um den Wert des zeitgenössischen Französischen auszudrücken. So z. B. bei der Feststellung „la langue française est conforme à la langue du siècle d'Auguste" (Radouant 1920, 63).

> „Les Italiens et les Espagnols font à peu près le même: l'élégance de ces langues consiste en partie dans cet arrangement bizarre, ou plutôt dans ce désordre et cette transposition étrange des mots" (ebd., 56).

Was Bouhours syntaktisch bei den fremden Sprachen unter Bezug auf die eigene naturwidrig als „arrangement bizarre", „désordre" und „transposition étrange des mots" erscheint, kommt dann als naturgegebene ästhetisch-moralisch-soziale Tugend am Beispiel des weiblichen französischen Sprachgebrauchs zum Ausdruck: „il n'y a rien de plus *juste*, de plus *propre* et de plus *naturel* que le langage des femmes françaises" (ebd., 57). Sogar die Natur selbst würde sich ihrer Sprache bedienen, wollte sie unverfälscht reden.[5] Und mehr noch: da Sprache der „disposition des esprits" (ebd., 60) folgt, gerät die Sprachencharakteristik zu einem Inventar völkerpsychologischer Stereotypen:

> „chaque nation a toujours parlé selon son génie. Les Grecs, qui étaient gens polis et voluptueux, avaient un langage délicat et plein de douceur. Les Romains, qui n'aspiraient qu'à la gloire, et qui semblaient n'être nés que pour gouverner, avaient un langage noble et auguste; ce qui fait dire à un Pére de l'Église que la langue latine est une langue fière et impérieuse, qui commande plutôt qu'elle ne persuade. Le langage des Espagnols se sent fort de leur gravité et de cet air superbe qui est commun à toute la nation. Les Allemands ont une langue rude et grossière; les Italiens en ont une molle et efféminée selon le tempérament et les mœurs de leur pays. Il faut donc que les Français, qui sont naturellement brusques, et qui ont beaucoup de vivacité et de feu, aient un langage court et animé, qui n'ait rien de languissant. [...] Au reste, nous avons trouvé le secret de joindre la brièveté non seulement avec la clarté, mais encore avec la pureté et la politesse" (ebd.).

So entwirft Bouhours ein Bild vom pomphaften, selbstdarstellerischen, aufschneidend-prahlerischen und übertreibenden Spanischen[6] und von dem, im

---

5 Bouhours schreibt: „et si la nature elle-même voulait parler [...] elle emprunterait leur langue pour parler naïvement" (Radouant 1920, 57).

6 So heißt es: „il n'y a rien de plus pompeux que le castillan: il n'y a presque pas un mot qui n'enfle la bouche et qui remplisse les oreilles. Il donne de grands noms aux petites choses [...]. Il semble que les Espagnols parlent moins pour se faire entendre que pour se faire admirer, tant leurs manières de parler sont hautes et magnifiques" (Radouant 1920, 38). Es gebe „Des termes vastes et résonnants, des expressions hautaines et fanfaronnes, de la pompe et de l'ostentation partout" (ebd., 40), das Spanische sei wie „une reine de théâtre, qui doit toute sa majesté à la magnificence de ses habits" (ebd.). Und des weiteren heißt es von der spanischen Sprache: „Elle fait pour l'ordinaire les objets plus grands qu'ils ne sont et va plus loin que la nature; car elle ne garde nulle mesure en ses métaphores; elle aime passionément l'hyperbole et la porte jusqu'à l'excès, de sorte qu'on pourrait dire que cette figure est la favorite des Castillans, comme on a dit que l'ironie était la favorite de Socrate. Leur livres sont pleins de métaphores hardies et de ces hyperboles excessives" (ebd., 46s). Kurzum: „la langue espagnole est une orgueilleuse qui le porte haut, qui se pique de grandeur, qui aime le faste et l'excès en toutes choses" (ebd., 67).

Gegensatz dazu, ausgelassen-heiteren, wenig ernsthaften, spielerischen, aufgeputzten und lächerlichen Italienischen.[7]

Bei alldem liefert die Überlegenheit der eigenen Sprache den Franzosen eben jene Fähigkeit zur grundlegenden Bewertung fremder Sprachen, die Bouhours anderen bezüglich des Französischen rundweg abspricht. Da macht auch Erasmus keine Ausnahme, „qui disait que, quand il voulait parler d'une matière solide parlait latin, mais qui, quand il voulait parler de bagatelles, il parlait français ou hollandais" (ebd., 69s). Eine derartige Einschätzung kann nur falsch sein, da einem Fremden ein derartiges Urteil zumal dann nicht zustehe, wenn er das Französische nicht richtig spreche.[8]

Diese wenigen Passagen mögen einen Eindruck von der Argumentation vermitteln, mit der Bouhours die Sache des Französischen unter Abwertung fremder Sprachen, vor allem des Spanischen und Italienischen vertritt.

Nun sind die von Bouhours vorgetragenen Argumente weder neu[9] für die Lobpreisungen des Französischen noch spezifisch für sie; es bedürfte einer

---

7 „[La langue] italienne va dans une autre extrémité, et [...] en s'éloignant de la gravité et du faste elle tombe dans le ridicule. Car enfin elle n'a presque rien de sérieux: cet engouement, qui lui semble si naturel, approche de la badinerie; la plupart de ses mots et de ses phrases sentent un peu le burlesque. Y a-t-il rien de plus folâtre que ces diminutifs qui lui sont si familiers?" (Radouant 1920, 41) Darüber hinaus verbreite diese Sprache einen falschen und trügerischen Glanz: „La langue italienne ne réussit guère mieux à copier les pensées. Elle n'enfle peut-être pas tant les choses, mais elle les embellit davantage. Elle songe plus à faire de belles peintures que de bons portraits; et, pourvu que ses tableaux plaisent, elle ne se soucie pas trop qu'ils ressemblent. Elle est de l'humeur de ces peintres fantasques qui suivent bien plus leur caprice, qu'ils n'imitent la nature; ou, pour mieux dire, ne pouvant parvenir à cette imitation en quoi consiste la perfection des langues, aussi bien que celle de la peinture, elle a recours à l'artifice et fait à peu près comme cet apprenti qui, ne pouvant exprimer les charmes et les traits d'Hélène, s'avisa de mettre beaucoup d'or à son tableau, ce qui fit dire à son maître qu'il l'avait fait riche, ne l'ayant pu faire belle. Car cette langue ne pouvant donner aux choses un certain air qui leur est propre, elle les orne et les enrichit autant qu'elle peut. Mais ces ornements et ces enrichissements ne sont pas de véritables beautés. Toutes ces expressions italiennes, si fleuries et si brillantes, sont comme ces visages fardés qui ont beaucoup d'éclat et qui n'ont rien de naturel. Il est vrai que ces expressions ont de quoi surprendre, et même parfois de plaire; mais, après tout, ce sont de fausses beautés, et, pour peu qu'on ait les yeux bons, on ne s'en laisse pas éblouir" (ebd., 47s). Und weiter: „L'Italien est semblable à ces ruisseaux qui gazouillent agréablement parmi les cailloux, qui serpentent dans des prairies pleines de fleurs, qui s'enflent néanmoins quelquefois jusqu'à inonder la campagne" (ebd., 66). Kurzum: „La langue italienne est une coquette toujours parée et toujours fardée, qui ne cherche qu'à plaire, et qui se plaît beaucoup à la bagatelle" (ebd., 67).

8 „Mais j'aime mieux dire qu'un étranger n'est pas un bon juge de ces sortes de choses; qu'un Hollandais a bien la mine de confondre le français avec le wallon, et qu'un homme qui a fait le procès au maître de la langue latine ne doit pas être écouté quand il parle mal la nôtre" (Radouant 1920, 70).

9 So wies schon Bohours' zeitgenössischer jansenistischer Kritiker Barbier d'Aucour in seinen *Sentiments de Cléante sur les Entretiens d'Ariste et d'Eugène* von 1671 u. a. nach, „qu'il n'a pas nommé les deux ouvrages où il les a prises [ses observations], qui

eigenen Arbeit, den Verfahren der Aufwertung der eigenen Sprachen und Völker durch die Abwertung fremder Idiome und Gruppen nachzugehen, in die sich Bouhours *Entretiens* einreihen lassen. Hier geht es darum, auf wesentliche Elemente jenes Kontextes hinzuweisen, innerhalb dessen diese Schrift ihren eigenen Erfolg erzielen konnte. Einige methodische Vorüberlegungen sollen den dabei eingeschlagenen Weg verdeutlichen.

## 1.4 Methodische Vorüberlegung

Meine allgemeine *Ausgangsthese* ist, daß zur Erklärung von Sprachnormen wie von Prozessen der Sprachnormierung und Sprachpolitik eine weitgehend immanente Analyse des sprachnormativen Diskurses nicht hinreicht. Das diesbezügliche spezifisch französische Interesse bleibt letztlich unverstanden und unerklärt, wenn der sprachnormative Diskurs isoliert betrachtet und nicht im weiteren sozialen, politischen, kulturellen und medialen Rahmen gesehen wird.

Meine methodische Grundannahme läßt sich mit einem Bild verdeutlichen: wer nur die Saite eines Instruments betrachtet, wird einiges über die Herstellung von Tönen sagen können, doch wird ihm vieles entgehen, wenn er nichts über den Resonanzboden des Instruments und über die akustischen Eigenschaften des Raumes sagt, in dem ein Instrument zum Klingen gebracht wird. In Termini der Sprechakttheorie ließe sich sagen, daß die Konzentration auf den propositionalen Gehalt, unter Absehung von Illokution und Perlokution sowie von dem sozialen Rahmen der Rede, das sprachliche Handeln nur in Teilen verständlich macht und es schon gar nicht erklären kann.[10]

Ich habe schon an anderen Stellen (vgl. Settekorn 1979; 1981; 1987; 1988; 1988a; 1994) versucht, auf einige dieser Faktoren hinzuweisen, die wesentlich zur historischen Herausbildung des Sprachnormenbewußtseins in Frankreich beigetragen haben. Ich möchte nun für den Fall des Père Bouhours zeigen, daß gerade bei ihm vor allem auch staats- und militärpolitische Überlegungen an zentraler Stelle ins Spiel kommen. Sie gehen weit über die Wahl der militaristischen Metapher hinaus, die im immer wieder beschworenen Titel von Du Bellays Standardwerk aufscheint und die in den neueren Arbeiten, welche von den verschiedenen Fronten des Sprachkampfes berichten, zum gängigen Repertoire gehört.

---

sont le septième livre des *Recherches* de Pasquier et les *Avantages de la langue française sur la latine* de Monsieur Laboureur" (Bouhours, *Entretiens*, éd. Radouant 1920, 215). Vgl. ebd., 26-28 und 214-234; zur generellen Topik des sprachnormativen Diskurses vgl. Berrendonner (1982).

10 Chevalier (1975) weist auf die „conditions de l'utilisation du langage" der *Entretiens* Bouhours' und, unter Absetzung von Chomsky, auf grundlegende methodische und theoretische Probleme hin. Er arbeitet in seiner auf den Gesamttext gerichteten Analyse die Diskursstrategien der dem Meer und den Devisen gewidmeten Gesprächen heraus und bezieht dabei das Titelbild mit ein.

## 1.5 Le Père Dominique Bouhours: biographische Notiz

Die Biographie des Père Bouhours bis zum Erscheinen der *Entretiens* läßt sich wie folgt skizzieren: Der schon zitierte *Dictionnaire des littératures de langue française* faßt die wesentlichen biographischen Informationen zusammen, über die der *Dictionnaire du grand siècle* in einigen Punkten hinausgeht; einige weitere Informationen finden sich in der Ausgabe von 1759 des *Grand dictionnaire historique* von Moréri. Bouhours ist demzufolge

> „Jésuite et homme de lettres, né à Paris. Avec Rapin et Bourdaloue, concourt au prestige de la Compagnie de Jésus dans la seconde moitié du XVIIe siècle. Après des études au collège de Clermont, il poursuit sa formation en province; à Bourges, pour la théologie; à Tours, comme régent de rhétorique; à Rouen, où il prononce ses vœux en 1662." (*Dictionnaire des littératures de langue française*, 1984)

Sein Orden schickt ihn 1663 in missionarischer Tätigkeit nach Dünkirchen, das Ludwig XIV nach längeren Auseinandersetzungen von England kaufte, das Vauban befestigte und das Colbert zu einem wichtigen Kriegshafen ausbaute. Seine „fonctions de missionnaire qu'il faisoit auprès de la garnison & des catholiques réfugiés d'Angleterre, son amour pour l'étude lui fait encore trouver le temps d'écrire" (Moréri 1759). Während seines Aufenthaltes in Dünkirchen „il découvre la mer, cadre et thème du $1^{er}$ *Entretien d'Ariste et d'Eugène*" (*Dictionnaire du grand siècle*, 1990). Durch einen Bericht über diese Stadt zieht Bouhours die Aufmerksamkeit Colberts auf sich, der ihn zum Erzieher seines ältesten Sohnes, des Marquis de Seignelay einsetzt. Bouhours hatte zuvor schon im Hause Longueville einschlägige Erfahrung als Erzieher der beiden Söhne dieses Hauses gesammelt.[11]

Später hat er am Collège Louis-le-Grand unterrichtet, und ihm war eine glänzende mondäne Karriere beschieden.[12] Eine breitere öffentliche Beachtung hatten 1668 seine *Lettre à un seigneur de la Cour* und die *Lettre à MM. de Port-Royal* gefunden. Mit ihnen war es ihm gelungen, der jesuitischen Gegnerschaft zu den Jansenisten erstmals bei jenen Vertretern der Intellektuellen und des Hofes eine breitere Beachtung zu verschaffen, die zuvor Pascal und seinen *Lettres à un provincial* von 1657 zuteil geworden war (vgl. Bluche 1986, 303-323, bes. 322s). In Sprachfragen sollte er dann unter bewußter Berufung auf Vaugelas dessen Tradition der Sprachglossen fortsetzen.

---

11 „Henri II, duc de Longueville leur père, voulant mourir entre ses mains & *la relation de la mort chrétienne & édifiante de ce prince*, imprimé in-4° en 1663, fut le premier ouvrage que le P. Bouhours donna au public" (Moréri 1759).

12 „Il devient un familier des cercles mondains. Le P. Rapin l'introduit chez les Lamoignan, il fréquente les samedis de $M^{lle}$ Scudéry et se lie ainsi avec Boileau, Bossuet, Racine, La Fontaine, $M^{me}$ de Sablé, Bussy-Rabutin (dont il publiera la correspondance en 1697), $M^{me}$ de Sévigné, qui dit de lui: «L'esprit lui sort de tous côtés»" (*Dictionnaire des littératures de langue française*, 1984).

(Photo: P. Canal, Bibliothèque Municipale de Bordeaux)

A MONSEIGNEUR

MONSEIGNEUR

LE MARQUIS

DE SEIGNELAY

SECRETAIRE D'ETAT.

ONSEIGNEVR,

*Ie crains bien que vous ne pre-
niez pas trop de plaisir à lire l'Ou-
ẽ*

Abb. 3 – Stich und Anrede zur Epître, *Entretiens*, 1671, in-4°

So erschienen in den siebziger Jahren des 17. Jahrhunderts weitere sprachkritische Arbeiten aus seiner Feder: 1673 die *Doutes sur la langue française*, 1675 die *Remarques nouvelles sur la langue française* mit einer Fortsetzung von 1692, den *Suites des Remarques nouvelles sur la langue française*. Auch sie wurden in Ausgaben unterschiedlicher Aufmachung herausgebracht. Nach den *Entretiens* hat die *Manière de bien penser dans les ouvrages d'esprit* von 1687 ebenfalls Dialogform. Zu erwähnen ist schließlich, daß Bouhours als Biograph, Herausgeber sowie als Übersetzer tätig war.[13]

## 2. Das Buch

Betrachten wir nun etwas näher die optische Aufmachung des Buches und vor allem die beiden Illustrationen, welche die Aufmerksamkeit des Auges auf den Text lenken sollen: die Illumination der Epître und ihren Bezug zum Inhalt des Widmungsschreibens sowie das Frontispiz.

### 2.1  Die Illumination der Epître

Die Großausgabe der *Entretiens* von 1671 enthält vor der Anrede und dem Beginn der einleitenden Epître einen Stich (vgl. Abb. 3). Seine Bildmitte nimmt ein geschmücktes Wappen ein, das eine mehrfach gekrümmte Schlange zeigt. Zu beiden Seiten finden sich zwei Frauengestalten; die linke trägt einen Helm, hält in ihrer rechten Hand eine Lanze und in der linken einen Schild, auf dem deutlich ein Medusenhaupt zu erkennen ist. Vor ihr und leicht hinter das Wappen gerückt liegen ein Zirkel, ein Winkelmaß und eine Trompete auf dem Boden, der Zirkel selbst liegt auf einem Buch. Die rechte Frauengestalt hält in ihrer rechten Hand einen Spiegel, ihren linken, herunterhängenden Arm umzingelt in mehreren Windungen eine Schlange. Zu Füßen dieser Figur liegt, ebenfalls ein Stück hinter das Wappen gerückt, ein Buch auf einer Schriftrolle, die es zum Teil offen hält.

Die doppelte Variation des Schlangenthemas wird verständlich, wenn man weiß, daß es sich bei dem Wappen um das des Hauses Colbert handelte.[14] Die optisch-symbolische Referenz dieser Schmuckseite auf die Familie Colbert war den Zeitgenossen umso deutlicher, als die im Text groß darunter postierte An-

---

13 So stammen aus seiner Feder: „*l'histoire du grand maître d'Aubusson, in-4°*, 1676; *la vie de S. Ignace*, dont il y a une édition de 1683. La même année il donna les *maximes de S. Ignace, avec les sentimens de S. François Xavier, in-12; la vie de S. Francois Xavier, in-4°*, & 2 vol. in-12, 1679; *la vie de madame de Bellefonds*; des traductions de plusieurs livres de piété; & enfin celle du *nouveau testament*, qui eut ses contradicteurs." (Moréri 1759)
14 Der mächtige Minister zeigte es bei vielen Gelegenheiten und in vielerlei Gestalt. So schmückte es unter anderem seine Schreibmappe, aber auch die Kamine seines Hauses, es war als Statur und Fontänenfigur im Garten seines Schlosses in Sceaux zu sehen.

rede auf den Marquis de Seignelay (1651-1690), den ältesten Sohn Colberts, bezogen ist, der schon zu dieser Zeit, und damit im Alter von gerade zwanzig Jahren, Staatssektretär im Marineministerium war.

Man kann den Aufbau dieser Seite, der unterschiedliche Elemente der Textgestaltung auf verschiedenen medialen Ebenen zueinander in Bezug setzt, als eine optische Leseanweisung für den kommenden Text nehmen. Im letzten Gespräch zu den *Devises* wird er, wie noch zu zeigen ist, zum bestimmenden Thema.

## 2.2 Die Epître

Mit der Epître wendet sich Bouhours mit einer Bescheidenheitsbekundung „A Monseigneur, Monseigneur le Marquis de Seignelay, Secretaire d'Etat". Deutlich werden durch Sperrung, größeren Satz und Fettdruck Titel und Name des Angeredeten (vgl. Abb. 3) und so die Person des Angesprochenen hervorgehoben. Bouhours bringt auch die angestrebte Textwirkung zum Ausdruck: er soll dem Adressaten Vergnügen („plaisir") bereiten, ihn zufriedenstellen und angenehm unterhalten („entretenir agréablement"). Schwierig sei dieses Unterfangen, weil ein „esprit aussi délicat que le vostre" eben nicht leicht zufriedenzustellen ist. Über die Berechtigung dieser Einschätzung informieren die folgenden Passagen, in denen der Schreiber seine Beziehung zum Adressaten der Epître charakterisiert.[15] Bouhours hebt dabei nicht nur die außerordentlichen Fähigkeiten des Marquis de Seignelay hervor, die ihm übrigens allseits bestätigt wurden und werden, er setzt sich selbst in direkte Beziehung zu ihm, zu seiner Familie und zu seinem Amt. Bouhours variiert diese Wendung der Darstellung, wenn er an den Marquis de Seignelay etwas später schreibt: „que vos propres lumiéres vous pouvoient tenir lieu d'vne longue experience. Aussi quelque bonté qu'il [= Sa Majesté, bzw. hier: Ce sage Prince] ait pour Monseigneur vostre Pere, il a consideré vostre personne en vous faisant Secretaire d'Etat" (in-4°, [1]1671, Epître).

Ein derartiger Bezug auf Colbert spielt auf eine zumindest indirekte Nähe zum König an. Wo schließlich vom Arbeits- und Studieneifer des Adressaten die Rede ist, kommt zumindest für den Adressaten selbst, aber mit großer Wahrscheinlichkeit auch für viele der zeitgenössischen Leser die Tatsache ins Spiel, daß der Schreiber der Erzieher des Adressaten war. Er kann damit vor

---

15 „Vous scavez combien je suis touché de vostre merite; & que depuis que j'ay l'honneur de vous connoistre, j'admire en vous des qualitez qui ne se rencontrent gueres ensemble; vn genie propre pour les sciences & pour les affaires, vn esprit vif & solide; vne mémoire prodigieuse, avec discernement fort juste; beaucoup de feu, & en mesme temps beaucoup de discretion, soit qu'il faille parler, ou se taire. Je ne dis rien du zele ardent que vous avez pour la gloire du Roy, & pour le bien de l'Etat: il vous est commun avec tous de vostre Maison.
Ce sont ces qualitez extraordinaires, MONSEIGNEUR, qui ont obligé Sa Majesté à donner dans un âge peu avancé une des charges du Royaume qui demandent le plus de capacité & de prudence" (in-4°, [1]1671, Epître).

seinen Lesern zweierlei in Anspruch nehmen: zum einen die Fähigkeit, aus eigener Anschauung beurteilen zu können worüber er spricht, und zum anderen, daß er seinen Teil zur Bildung der genannten positiven Eigenschaften beigetragen hat; so gesehen könnte das folgende „Je ne m'étonne pas aprés cela" eine Anspielung auf den eigenen Beitrag transportieren:[16]

„Je ne m'étonne pas aprés cela, MONSEIGNEUR, de l'application avec laquelle vous travaillez, pour remplir tous les devoirs de vostre Charge; ni du soin que vous prenez de vous instruire tous les jours, de tout ce qui peut vous en rendre capable. Que ne doit-on point faire, quand on a à soûtenir le jugement du plus grand Monarque du Monde?" (in-4°, [1]1671, Epître)

Die Tragweite dieses Hinweises wird deutlicher, wenn man sich die Sorgfalt, Intensität und Ausdauer vor Augen hält, mit der Colbert unter reger Anteilnahme von Louis XIV die Erziehung seines ältesten Sohnes betrieb:[17] Im Fall des Marquis de Seignelay begleitete „une pratique assidue de la marine" (*Dictionnaire du grand siècle*, 1990, „Seignelay") diese Erziehung. Ihr widmete Colbert sein besonderes Augenmerk. Wenn sein Sohn auf Reisen ist, folgen ihm unablässig die Briefe, Hinweise und Anweisungen des Vaters.

„La correspondance qu'il adresse à son fils est révélatrice de l'énergie passionnée qu'il emploie aux affaires maritimes. Rien ne lui échappe, tout passe par lui: entrées et sorties des vaisseaux de guerre, ordres aux officiers, quantité de fonte ou de cuivre à expédier dans les magasins, détails sur la construction d'un port. Seignelay devient le mandataire de son père: il doit tout observer, tout transcrire, exécuter ou transmettre rapidement les ordres que son père rédige dans un style saccadé et péremptoire. [...] La surveillance de Colbert est incessante, presque obsédante. Seignelay doit garder en mémoire toutes les lettres récentes que le ministre lui a adressées." (Murat 1980, 281)

So also fiel die Erziehung des Adressaten der Epître der *Entretiens* aus, an der Bouhours einen wichtigen Anteil hatte. Was Murat und andere über die Aktivitäten des jungen Seignelay berichten, über seine Beobachtungen, Reisen,

---

16 Wem diese Interpretation zu weit hergeholt scheint, der schaue sich die Replik Vaugelas' zu „reconnaissance" auf Richelieus Hinweis zur Gestaltung des Akademiewörterbuches an, die immer wieder als Hinweis auf den „bel esprit" und die Schlagfertigkeit von Vaugelas kolportiert wird.

17 „Seignelay a été doté d'une éducation de prince, une des meilleures du siècle. Le Tellier et J.-B. Colbert ont rivalisé pour donner à leurs fils respectifs le nec plus ultra de la formation d'alors. [...] C'est une éducation double. Sa partie intellectuelle se développe sous les auspices des meilleurs pédagogues de l'époque; instruction dont ni Colbert, ni Louis XIV, ni Michel de Tellier n'avaient bénificié" (*Dictionnaire du grand siècle*, 1990, „Seignelay").
„Louis XIV appuie de toute son autorité la carrière de Seignelay, ce qui montre l'immense faveur dont jouit Colbert à cette époque. Le souverain envoie à son ministre la lettre qui suit: «J'écris à votre frère de faire un remerciement au roi des bons traitements qu'il a fait à votre fils.»" (Murat 1980, 282).

(Photo: P. Canal, Bibliothèque Municipale de Bordeaux)

Abb. 4 – Frontispiz der *Entretiens*

und Menschenführung, all dies befähigte ihn nicht nur zu seinem Amt als Staatssekretär im Bereich der Kriegsmarine, sondern ließ in ihm auch einen aufmerksamen und genauen Leser der an ihn gerichteten Schreiben erwarten; und wenn er schon, wie Bouhours wohl mit einigem Realismus festhält, wenig Zeit zur Lektüre gehabt haben dürfte, dann wird man erwarten, daß sein Erzieher ihm einen Text widmete, dessen Inhalt auch etwas mit den Amtsgeschäften des vielbeschäftigten Staatssekretärs zu tun hat.

## 2.3 Das Titelbild

Zur Vervollständigung seiner Erziehung weilte der junge Seignelay „en Italie, en Hollande, puis en Angleterre pour y étudier les plans des ports, les arsenaux, les fonctions des officiers" (Murat 1980, 282). So dürfte ihm auch der Inhalt des Frontispiz (vgl. Abb. 4) nicht entgangen sein, der den Ausgaben der *Entretiens* vorangestellt ist.[18] Er dürfte mehr gesehen haben als die Beschreibung der späteren offiziellen Katalogisierung dieses Bildes angibt,[19] denn es handelt sich um eine befestigte Hafenstadt. Sie liegt in einer Bucht, auf der sich mehrere Schiffe unterschiedlicher Größe befinden, von denen drei in ein Seegefecht verwickelt sind. Der junge Marquis und Marinestaatssekretär wird sich an Dünkirchen erinnert haben, zumal er wußte, daß sein Erzieher und Autor der *Entretiens* in dieser Stadt gewesen war. Bei der Lektüre des Buches wird ihm dieser Hinweis noch deutlicher geworden sein, da Bouhours, gleich zu Beginn des ersten Gesprächs über das Meer, die Stadt in Flandern situiert:

„Il y a quelques mois qu'Ariste et Eugene se rencontrerent en Flandre dans une ville maritime, durant la plus belle Saison de l'année [...] ils choisirent pour le lieu de leur entrevûë un endroit commode & agréable au bord de la mer. Car outre qu'en cét endroit le sable est ferme & uni, ce qui rend la promenade aisée: on voit d'un costé une citadelle fort bien bastie; & de l'autre des dunes d'une figure fort bizarre, qui regnent le long de la coste, & qui representent dans la perspective quelque chose de semblable à de vieux palais tombez en ruine." (in-12, ³1671, 1s)

Ein Vergleich der reichlich schmuckhaft ausgefallenen Darstellung des Titelbildes mit einem zeitgenössischen „*Plan géometral de la citadelle de Dunkerque. [vers 1670]*" (*Colbert* 1983, 197), läßt die Ähnlichkeiten des Vorwerks deutlich erkennen, dessen Ausbau nach dem Kauf der Hafenstadt vorangetrieben wurde.[20] Bedenkt man, daß Colbert den Ausbau der französischen Kriegsmarine ebenso gezielt betrieben hat wie den der französischen Kriegshäfen an Nordsee, Atlantik und Mittelmeer, und hält man sich weiterhin vor Augen, daß

---

18  Der Stich stammt von „Louis Coquin, dit Cossin" (Weigert 1954, 170).
19  „L'entretien a lieu au bord de la mer. A l'arrière plan, une ville" (Weigert 1954, 170).
20  „Après avoir racheté Dunkerque à l'Angleterre en 1662, Louis XIV résolut d'entreprendre des travaux pour rendre la place imprenable. Des fortifications nouvelles, enfermant les anciennes, furent projetées; elles commençaient à s'élever en de nombreux points vers 1670" (*Colbert* 1983, 197).

1671 die Erziehung, Ausbildung seines ältesten Sohnes in diesem Bereich zu dessen Berufung zum Staatssekretär im Marineministerium geführt hatte, dann konnte die Wahl des Gesprächsortes für die *Entretiens* wohl nicht besser und aktueller gewählt werden. Seignelay wird acht Jahre später den Aufbau des Arsenals in Dünkirchen zu leiten haben.

Schon eine erste Annäherung zeigt somit, in welchem Maße Bouhours die verschiedenen Elemente und Ebenen seiner Vertextung aufeinander abstimmt, zwischen ihnen referentielle Bezüge herstellt und mit ihnen auf einen spezifischen Ausschnitt seiner zeitgenössischen und aktuellen Situation verweist. Hinter dem Gestus der Bescheidenheit kommt eine Einschätzung der eigenen Rolle zum Ausdruck, die deren Funktion bei der positiven Entwicklung von Staat und Monarchie hervorhebt. An ihrer Gestaltung hat der Jesuitenpater mitgearbeitet und seinen Beitrag zur erfolgreichen Erziehung des jungen Staatssekretärs geleistet.

## Erste Zwischenbilanz

In der Rückschau auf den bisherigen Gang der Erörterungen läßt der Versuch, sich den *Entretiens* von außen her zu nähern, dreierlei erkennen:
– Sie sind *in hohem Maße dem aktuellen Kontext angepaßt, in dem sie zuerst veröffentlicht wurden.* Dies gilt für die Wahl des Widmungsempfängers wie für die des thematischen und lokalen Gesprächsrahmens. Beide Bereiche sind eng miteinander verknüpft: vor Seignelay und seinem Vater eine Folge von Gesprächen am Meer zu situieren, heißt, deren ganz zentrale Interessen anzusprechen. Und dies umso mehr, wenn gleich das erste Gespräch ein Thema hat, das einen wichtigen Teil der Erziehung des Widmungsadressaten ausmacht und sein Staatsamt betrifft.
– Sie lassen in aller Bescheidenheit und indirekt, deshalb aber nicht weniger deutlich, die *Rolle* erkennen, *in der Bouhours sich in seinem Verhältnis zu Seignelay und zu dessen Vater sieht* und geben Auskunft über den Platz, den er sich selbst zuschreibt: als Erzieher eines zukünftigen bedeutenden Amtsträgers im Hause eines der wichtigsten Männer im Staate von Louis XIV.
– *Eine einheitliche Konzeption durchzieht ihre Gestaltung*. Alle Elemente sind aufeinander abgestimmt und ergänzen sich auf unterschiedlichen semiotischen Ebenen: in Bild, formaler Textgestaltung (Layout) und Wort. Dies betrifft vor allem auch die Referenzen, mit denen ein dichtes internes Netz gesponnen und mit ihm ein komplexer Bezug zur aktuellen Situation hergestellt wird.

## 3. Zur Textgestaltung der *Entretiens*

Diese drei Beobachtungen sollen bei der Betrachtung der *Entretiens* als Leitlinie dienen. Die Betrachtung der von Bouhours gewählten und im Titel genannten Gattung des Gesprächs, die Situierung der einzelnen Gespräche, ihre Rahmung und die Themenwahl werden erkennen lassen, daß auch sie den schon genannten Konstruktionsprinzipien unterliegen. Hier knüpft Bouhours die Maschen des schon angesprochenen Netzes referentieller Bezüge auf einer weiteren Stufen enger.

### 3.1 Konversation, Situation, Gesprächsrahmung und Themenwahl

Das Meer ist einer der wichtigsten Arbeitsbereiche von Colbert und Seignelay, seinem ältesten Sohn. Letzterer ist Adressat des Widmungsschreibens, das Bohours seinen *Entretiens* voranstellt, Colbert selbst wird in dieser Epître erwähnt. Das Frontispiz präsentiert das Meer, eine Küste, eine befestigte Hafenstadt und Schiffe als den Hintergrund und das im wörtlichen Sinn, denn die beiden Protagonisten wenden ihm den Rücken zu. Sie sind einander zugewandt und in ein Gespräch vertieft. Körperhaltung und Gestik lassen dies erkennen. Dieses Frontispiz informiert also optisch über den Situationsrahmen der einzelnen Gespräche, deren erstes auf dessen unmittelbare Gegebenheiten bezogen ist. Es behandelt das Meer. Dieser Bezug auf die unmittelbaren und aktuellen Verhältnisse wird somit gedoppelt: die Themenwahl erfolgt im textexternen Bezug auf den Widmungsempfänger, textintern liefern Meer, Hafen und Schiffe den Handlungsrahmen für die Entretiens.

Darüber hinaus thematisiert Bouhours die in Titel und in den Überschriften genannte Gattung des *Entretien* in den einleitenden und rahmenden Passagen des ersten Kapitels. Es handelt sich um

„ces conversations libres & familieres, qu'ont les honnestes gens, quand ils sont amis; & qui ne laissent pas d'estre quelquefois spirituelles, & mesme sçavantes, quoy qu'on ne songe pas à y avoir de l'esprit, & que l'étude n'y ait point de part." (in-12, $^3$1671, 2)

Das familiäre, freundschaftliche und offene Gespräch läßt viele Freiheiten; es zwingt zu keiner festen, durchstrukturierten Form, auch nicht dazu, Bildung, Wissen und Geist unter Beweis zu stellen, es läßt ihnen aber dennoch viel Raum. Der Bezug auf situationelle Faktoren erlaubt über ein „à propos" thematische Wendungen und Wechsel. Die Konversation ist so in die Gesprächssituation eingewoben: „l'occasion seule faisoit naistre les sujets". Gelegenheit macht Themen und Gespräche, wie Bouhours beim Einsatz des dem *Secret* gewidmeten *entretien* hervorhebt, wo er einmal mehr die Eigenschaften der *Entretiens* unterstreicht:

„Comme les entretiens d'Ariste & d'Eugene n'etoient point étudiez, & que l'occasion seule faisoit naistre les sujets; vne confidence que fit Eugene à son ami au commencement de leur promenade, donne lieu à la conversation." (in-4°, [1]1671, 155)

Das Gespräch ist durch keine internen Erfordernisse, sondern allenfalls durch äußere Ereignisse begrenzt; das erste Gespräch wird nach dem Gezeitenwechsel beendet.[21]

Das Gespräch zum *Secret* unterbricht und beendet „vn fâcheux, dont ils ne purent se défaire" eben diesen *entretien*, doch unterliegt selbst dieser Abbruch den Bedingungen und Regeln der Konversation: „car comme il avoit l'air d'vn homme de condition, & que par malheur il sçavait assez de Franscois pour se faire entendre, ils furent contraints de l'écouter & d'achever leur promenade avec luy" (in-4°, [1]1671, 189).

Der *Entretien* fordert soziale Gleichheit – von einem *homme sans condition* hätten sich die beiden *honnêtes gens* schwerlich anreden lassen – und sprachliches Vermögen, auch wenn es, wie hier, nicht voll ausgebildet ist. Es ist schon beachtlich, wie es Bouhours an dieser Stelle gelingt, sein Kapitel mit einem Seitenhieb auf jene zu beenden, die sich zwar auf französisch verständigen können, aber eben auch nicht mehr. Ein Leser, der den *entretien* über *La langue française* gelesen hat, weiß sich seinen Reim auf diese Anspielung zu machen.

Einmal mehr hatte die unmittelbare Situation Anlaß zum Gesprächsthema gegeben, denn Ariste stellte fest, daß beide der Sprache des Landes nicht mächtig seien: „Si nous savions bien la langue du pays, dit Ariste, nous ne serions pas si solitaires que nous sommes" (Radouant 1920, 33), was zu einem weitausholenden Lob des Französischen führt. Auch hier beendet der Abend das Gespräch, wenn auch nicht ohne Rückbezug auf Louis XIV, wobei die Besonderheit des Herrschers eine besondere Länge des Gesprächs mit sich bringt.[22]

Zu Beginn des *entretien* über *Le bel esprit* erweisen sich die Protagonisten als mustergültige zeitgenössische Mediennutzer auf dem aktuellen Stand der Dinge:

„Eugène et Ariste commencèrent leur promenade par la lecture d'un ouvrage mêlé de prose et de vers, qu'un de leurs amis avait composé depuis peu. Il le lurent attentivement, comme on lit toujours les pièces nouvelles, et, après l'avoir examiné à loisir, il jugèrent tous deux de longtemps il ne s'était rien fait de plus raisonnable et de plus spirituel." (Radouant 1920, 148)

---

21 „Aprés ces paroles, Ariste & Eugene se leverent; & voyant la mer retirée, ils tournerent leur pas vers le port, dans le dessein d'y voir un vaisseau nouvellement arrivé des Indes. En achevant leur promenade, ils s'entretinrent des lieux où l'on trouve l'ambre gris [...]; & aprés avoir dit tout cela ce qu'on a accoûtumé d'en dire, ils conclurent qu'il n'y avoit rien de plus admirable dans la mer que la mer mesme" (in-4°, [1]1671, 51s).

22 „Quoique le soleil fût déjà couché quand Ariste et Eugène commencèrent à parler du Roi, ils ne laissèrent pas de faire encore deux ou trois tours de promenade, et les autres vertus de ce grand monarque les occupèrent si agréablement que leur entretien dura jusqu'à la nuit, qui les obligea enfin de se retirer" (Radouant 1920, 33).

Auch hier zieht die Bewunderung für die besprochenen Gestalten das Gespräch in die Länge.[23] Wenn sie hier den „princesses" gilt, nachdem sie am Vorabend dem König gegolten hatte, dann folgt diese Abfolge der sozialen Hierarchie der Zeit, die dem Sonnenkönig den uneingeschränkten Vorrang ließ. Die Einleitung des *entretien* zum *Je ne sais quoi* schließlich fährt in dieser Richtung weiter und macht mit einer selbstreflexiven Wendung das Verhältnis der Protagonisten selbst zum Thema und bindet das Gespräch einmal mehr an die unmittelbare Redesituation:

„Lors qu'Ariste et Eugène se furent rendus au lieu de leur promenade, il se témoignèrent d'abord la joie qu'ils avaient de passer ensemble de si douces heures, et Eugène prenant la parole: Quelque solitaires que nous soyons, je ne porte, dit-il, aucune envie aux plus agréables sociétés du monde." (Radouant 1920, 194)

Mit einem Bezug auf das Thema des *Je ne sais quoi* und einem Hinweis auf das sich verschlechternde Wetter endet dieses Gespräch.[24]

Nach dem letzten Gespräch schließlich wird Ariste an den Hof abberufen. Er folgt seinen dienstlichen Verpflichtungen, denen er als getreuer Diener und Untertan des Königs gerne und mit allem Einsatz nachgeht. Damit beendet Bouhours nicht nur seinen Text, sondern stellt zugleich den Bezug zur eingangs beschriebenen Situation des Adressaten seiner Epître her: gilt doch auch er als ein getreuer, eifriger, gehorsamer und erfolgreicher Diener seines königlichen Herrn.

Diese Referenz ist nicht nur im semiotischen Sinn pragmatisch, insofern sie auf die Relation zwischen Zeichen und Zeichennutzer zielt, sie ist Referenz in des Wortes doppelter Bedeutung. Sie thematisiert am Textende abermals den Bezug ihres Verfassers zum Adressaten und spielt damit einmal mehr auf die inhaltliche Entsprechung von dessen Situation, Eigenschaften, Interessen und Arbeitsbereichen mit den Eigenschaften und Themen der Protagonisten des Buches an. Wie stark diese Anpassung an den zeitgenössischen Kontext des Adressaten der Widmung und den der anderen Leser der Zeit ist, zeigt sich beim Blick auf die einzelnen Gespräche.

## 3.2 La Mer

Die beiden Gesprächsteilnehmer lieben das Meer, ihren Gesprächsort, besonders dann, wenn es dem Auge und dem Ohr durch seine Wildheit Reiz und Ab-

---

23 „Leurs réflexions qu'ils firent ensuite l'un et l'autre sur la conduite admirable de ces princesses les engagèrent si avant dans l'histoire et dans la politique qu'il ne purent presque finir leur conversation" (Radouant 1920, 148).
24 „Si vous me croyez, ajouta-t-il, nous en demeurons là et nous ne dirons plus rien d'une chose qui ne subsiste que parce qu'on ne peut dire ce que c'est. Aussi bien il est temps de finir notre promenade: l'air se brouille de tous côtés, la pluie commence, et nous sommes en danger d'essuyer l'orage qui se prépare, si nous ne nous retirons bientôt" (Radouant 1920, 213).

wechslung bietet. Ihr Blick ist dabei durch die ästhetisierende und zugleich kulturelle wie politisch-ökonomische Sicht der Zeit geprägt.

Diese Sicht stammt, wie Maber (1980) überzeugend gezeigt hat, nicht von Bouhours selbst; er hat sie in wichtigen Teilen aus Texten seines Ordensbruders Le Moyne übernommen, auf den er sich vor allem im letzten Kapitel immer wieder beziehen wird (vgl. 3.3). Dessen „predelection for scenes of visual brilliance and restless movement" (Maber 1980, 78) teilt Bohours, denn auch bei ihm ist die Themenwahl auf das unmittelbar Wahrgenommene gelenkt und auf den Zeitkontext sowie die entsprechenden sozialen Wahrnehmungsmuster bezogen: zwar versteht Ariste, daß das wilde aufschäumende Meer interessanter ist als die stille See, der eine „douceur bien fade" (in-4°, [1]1671, 7) eigen ist. Unverständlich ist ihm aber, „qu'un emportement de colere puisse donner de la grace" (ebd.). In seiner Entgegnung weist Eugène darauf hin, „qu'il y a des personnes à qui un peu de colère ne sied pas mal" (ebd.). Vor Ort, am Meer, werden Phänomene der Natur in direkte Beziehung zu individuellen und sozial interpretierten Eigenschaften gesetzt und damit ein Prozeß metaphorischer Übertragung sozusagen am Ort seiner Quelle situiert, der die semantischen Eigenschaften der Metapher direkt, körperlich und sinnlich zugänglich macht. Die soziale Metaphorik wird so in der erfahrenen und erfahrbaren Wirklichkeit verortet.

Gleiches gilt für den Themenwechsel. Sie kommen auf das in den Hafen einfahrende Schiff zu sprechen:

„N'est-ce pas encore une chose tres-agreable, que de voir un navire bien equipé aller pompeusement sur les eaux, comme un grand corps qui semble mouvoir de soy-mesme?" (in-4°, [1]1671, 8)

Dies gibt Anlaß, über die Gefahren des Meeres zu sprechen und darüber, daß Ariste selbst schon als Opfer eines Schiffbruchs eigene Erfahrung mit dem Gegenstand der Rede gesammelt hat. Eine andere Schiffsbewegung läßt die Protagonisten einen weiteren Bereich des Meeresthemas ansprechen. Es lohnt sich, diese etwas längere Passage genauer anzusehen (vgl. Maber 1980), die in gleitendem Übergang unterschiedliche Themenbereiche miteinander verbindet:

„Comme il s'entretenoient de la sorte, ils aperçûrent un grand vaisseau, qui ne faisoit que de sortir du port, & qui cingloit à pleine voile en haute mer. Ils s'arrêterent quelque temps à le regarder, & lorsqu'il commença à s'éloigner, Ariste reprit aussi-tost la parole. Sans cét homme audacieux, qui s'abandonna le premier à la merci des flots, & qui ne craignit ni les tempestes, ni les écueils, ni les monstres de la mer [...] on n'auroit pas la commodité de faire de longs voyages en peu de temps et d'aller aux extremités de la terre par des chemins si courts, qu'à la mesurer par là, elle ne paroist pas bien grande. C'est à l'heureuse témérité de cét homme intrepide, que nous sommes redevables des avantages qui nous reviennent du commerce des mers: c'est luy qui par son exemple a encouragé ceux qui l'ont suivi, à aller découvrir au travers de mille dangers des terres autrefois inconnuës, c'est par cet art qu'il a inventé, & que les autres on perfectionné, qu'on a trouvé le secret de reünir ce que la nature a separé par des espaces infinis. Car la navigation fait aujourd'huy la liaison de tous les peuples: les mesmes eaux qui divisent le monde nouveau de l'ancien, servent à la communication de l'un et de l'autre, depuis que l'avarice a rendu les hommes assez habiles, pour gouverner un navire parmi les plus hostiles tempestes; & assez hardis, pour mépriser tout ce que la mort a d'affreux dans un naufrage." (in-4°, ¹1671, 8s)

Mit der Weite, die das sich entfernende Schiff gewinnt, kommt die Rede auf die Entfernungen, die Schiffe zurücklegen und auf die wirtschaftlichen Möglichkeiten, die sie eröffnen. Und zugleich werden mit dem unbekannten ersten großen und mutigen Seefahrer auch seine nicht weniger mutigen und unternehmungsfreudigen Nachfolger geehrt. Der Wechsel der Gezeiten und die bekannten Theorien über ihn bilden den folgenden Themenbereich, dem in der großformatigen Erstausgabe gut sechzehn Seiten gewidmet sind; seinem Duktus nach läßt er ein zeitgenössisches wissenschaftliches Interesse erkennen, das sich 1662 in der unter anderen auch von Colbert betriebenen Gründung der „Académie royale des sciences" niederschlug (vgl. *Colbert* 1983, 457s).

In den *Entretiens* bietet der Gezeitenwechsel der wissenschaftlichen Erkenntnis noch Grenzen, die einer theologischen Letztbegründung unterliegen. Wenn die Natur sich hier der menschlichen Erkenntnis entziehe, so sei dies der Wille Gottes, in den es sich zu fügen gelte. Die Spannung zwischen vorhandenem Wissen, Wissenslücken und theologisch-weltanschaulichen Grundlagen kommt hier ansatzweise zum Ausdruck.[25] Bei dieser theologisch geprägten Sicht erscheint das Meer, „representation de Dieu", als Ausdruck von dessen „grandeur" und „immensité", aber auch als Bild der „abysme de sa providence & de sa sagesse", seiner „misericorde", „justice", „purete" und der „plenitude de son estre" (ebd., 30). Mit der religiösen Sicht des Meeres geht seine weltliche Deutung einher; es ist Bild der Welt und vor allem auch ein Bild des Hofes. Die Frage „Y-a-t il une mer plus inconstante que la cour des Princes? Y-a-t il memse une plus perilleuse" (ebd., 31) bietet Anlaß, über die Gefahren des Hofes zu reden und dies in Analogie zu denen des Meeres zu tun. Über die Tiere und Pflanzen des Meeres führt das Gespräch zu den versunkenen, vom Meer verschlungenen Städten und damit einmal mehr in die unmittelbare Nähe des Gesprächsortes: Naturkatastrophen gelten als Eingriffe Gottes (vgl. Settekorn 1994) „pour punir les crimes des homes", wie ein, hier auch im wörtlichen Sinne, naheliegendes Beispiel zeigt: „comme autrefois dans la Frise, & dans la Hollande". Auf das letztgenannte Land, gegen dessen maritime Machtposition Colbert und sein König den Kauf und die Befestigung von Dünkirchen gesetzt hatten, ging die bekannte Strafe Gottes nieder. Gegen dieses Land wird

---

25 „Il y a des mysteres dans la nature, comme dans la grace, incompréhensibles à l'esprit humain: la sagesse ne consiste pas à en avoir l'intelligence; mais à scavoir que les plus intelligents ne sont pas capables de les comprendre. Ainsi le meilleur parti pour nous est de confesser nostre ignorance, & d'adorer humblement la sagesse de Dieu qui a voulu que le secret fust caché aux hommes." (in-4°, ¹1671, 29s)

Frankreich im Jahr nach der Erstveröffentlichung der *Entretiens* den Krieg eröffnen.

In der von den Gesprächspartnern benannten maritimen Tradition steht Colbert, der den Ausbau der französischen Kriegsmarine in einem zuvor nicht gekannten Maß ebenso vorantrieb wie den der dazu erforderlichen Infrastruktur.[26] In eben dieser Tradition und ganz im Dienste der Colbertschen Marinepolitik steht auch der Widmungsempfänger und Staatssekretär der Marine, Seignelay, dessen Erziehung auf eine Tätigkeit im Marinebereich hin angelegt war, dessen Bildungsreisen auch eine Beobachter- und Spionagetätigkeit umfaßten und der ab 1678 den Ausbau des Arsenals von Dünkirchen leiten wird.

Ein näheres Eingehen auf die Marine-[27], Wirtschafts-, Festungs- und Kriegspolitik des französischen Königreichs könnte noch deutlicher belegen, was sich nach den bisherigen Ausführungen als Befund zusammenfassen läßt:

Was sich als höfisches, geist- und lehrreiches Gespräch über das Meer gibt, hat einen eminent politischen Zeit- und Themenbezug. Es ist der aktuellen Politik Colberts und seinen Entscheidungen angepaßt; es setzt sie literarisch in die der Konversation angemessene Behandlung um, welche die Dinge weit weniger direkt beim Namen nennt, als sie in einem mehr oder weniger geistreichen, mehr oder weniger gelehrten und belehrenden Duktus bespricht, welche die mehr oder weniger indirekt angedeuteten Bezüge gleichwohl nahelegt oder offenläßt. Die Protagonisten des Gesprächs handeln vor dem Hintergrund dieser und nehmen zugleich die dem *honnête homme* gebührende und im Frontispiz

---

26 Ein längeres Zitat mag dies verdeutlichen: „Une marine de guerre c'est aussi une infrastructure portuaire et industrielle. Dans ce domaine encore, l'action de Colbert fut déterminante. Six grands arsenaux: Dunkerque en Mer du Nord, Le Havre en Manche, Brest et Rochefort dans l'Atlantique, Toulon et Marseille en Méditerranée furent considérablement développés ou même comme Rochefort, crées de toutes pièces. Le premier en France, Colbert se soucia d'organiser d'une manière rationnelle les fabrications nécessaires à la marine. Constamment préoccupé de libérer la France de sa dépendance à l'égard des techniques et des produits étrangers, il développa, selon Jean Meyer, «une véritable tentative d'organiser l'espace manufacturier en fonction de la marine», fondée essentiellement sur les arsenaux. [...] Colbert luttera avec énergie pour établir en France une industrie d'armement naval, pratiquement inexistante avant lui. Dans son esprit, on obtiendra ainsi un double résultat: militaire par le développement de la flotte, économique car le mouvement entraînera la création de manufactures, de voies de communication et contribuera ainsi à vivifier les régions encore peu industrialisées. S'il y eut des déceptions, il faut reconnaître que les résultats obtenus sont bien loin d'être négligeables et aucun effort ne fut ménagé pour améliorer les techniques de construction navale pour lesquelles on eut largement recours à l'espionnage industriel. Les chantiers nationaux réussirent à construire en une quinzaine d'années les 9/10e d'une flotte qui comptait en 1678, 128 vaisseaux de ligne" (*Colbert* 1983, 192). Vgl. auch Murat 1980, 265-305; bezeichnenderweise behandelt die Nachfahrin und Biographin Colberts dessen Sohn Seignelay in diesem Kapitel unter der Überschrift „La Mer".

27 Lacour-Gayet (1911) geht ausführlich auf die unterschiedlichen Gefechte der französischen Marine vor der spanischen (121-142), italienischen (143-167) und der flämischen (186-199) Küste ein.

optisch dargestellte Distanz dazu. Sie sind als teilnehmende Beobachter konzipiert und nehmen damit eine ähnliche Position ein, wie der unterrichtende, polemisierende und schreibende mondäne Jesuitenpater Bouhours. Dessen erster *entretien* konnte von den Zeitgenossen als literarischer Beitrag zu den im Gespräch behandelten aktuellen Problemen gelesen werden.

Daß dies nun auch für mindestens zwei weitere Gespräche gilt, soll im folgenden zunächst für die *Devises* und dann für Bouhours Kapitel zu *La langue française* gezeigt werden. Auf diesem Wege soll die medial und thematisch umfassende Gesamtstrategie Bouhours deutlicher werden.

### 3.3 Les Devises – ein multimedialer Beitrag zur Repräsentation des absolutistischen Systems und seines Herrschers

In dem langen Gespräch zu den *Devises* unternimmt Bouhours, wie seine Ordensbrüder Le Moyne und Ménestrier, den Versuch, einer altbekannten, traditionellen Gattung neues Leben einzuhauchen.[28] Die neuerliche Beschäftigung mit den Devisen, wie sie von den Jesuiten am Hofe von Ludwig XIV betrieben wurden, war integraler Bestandteil einer multimedialen Strategie der höfisch-staatlichen Repräsentation, die alle Lebensbereiche durchdrang und auch an manchen Collèges Teil des Unterrichtsprogramms war (Bluche 1986, 493; Burke 1993). Mit der Wiederbelebung einer Vertextungstradition ging der Versuch einher, sie im Sinn der neuen und zeitgenössischen Ideale zu normieren. Die entsprechenden Vorgaben lieferte 1666 der Père Le Moyne mit seinem *Traité de l'art des devises*, auf die sich sein Ordensbruder Bouhours im sechsten Gespräch der *Entretiens* immer wieder bezieht, ohne dessen Namen direkt zu nennen, und von dem er sich in wichtigen Teilen seines ersten *Entretien* inspirieren ließ.[29] Mit seinen Kommentaren zu einzelnen Passagen, zu Grundannahmen, Konzeptionen und Auslegungen dieses Textes stellt Bouhours nicht nur unter Beweis, daß er und mit ihm seine beiden Protagonisten mit diesem Text bestens vertraut sind, er führt unter der Hand seine Leser in wichtige Überlegungen aus diesem Text ein. Wenn dies nun in der Form einer Konversation geschieht, werden nicht nur Inhalte vermittelt, vielmehr geschieht dies in eben jener Form, in welcher der Leser sein Wissen, und damit seinen „bel esprit" unter Beweis stellen soll. Inhalt und Form dieses – aber nicht nur

---

28 Der Erfolg dieses jesuitischen Unterfangen sollte allerdings nicht über die Regierung von Louis XIV hinausreichen: „Entre la fin du seizième et le début du dix-septième siècle, la devise connut un déclin rapide, autant comme jeu de la bonne société que comme objet d'études. Le renouveau qui se produisit durant la seconde moitié du dix-septième siècle, grâce aux Pères jésuites Le Moyne, Bouhours et Ménestrier, ne se prolonge pas au delà du règne de Louis XIV" (Paultre 1991, 27).

29 Vgl. Maber 1980. Bouhours' Anlehnungen bei Le Moyne gehen über die bei Maber festgehaltenen hinaus. Dies gilt sowohl für die Rolle des Meeres (so in der *Lettre héroique* von 1660) und für die politisch-erzieherische Zielsetzung (*Lettre héroique* 1660 und *Art de régner* 1665); auf diese Zusammenhänge soll an anderer Stelle ausführlicher eingegangen werden.

dieses Gesprächs – stellen einen sozialen praktischen Nutzen in Aussicht: sie können dazu beitragen, die Konversationsfähigkeit des Lesers zu erhöhen. Er wird mitreden, d. h. etwas in einer konvenablen Form zum Thema beitragen können. Bei dem gewählten Muster der Vertextung kommt nicht zutage, daß die Wiedereinführung der Beschäftigung mit den „Devises" einer jesuitischen Strategie folgt und, um in einer modernen Terminologie zu reden, ein Thema semantisch und pragmatisch besetzt. Die Einführung in das Thema erfolgt auch hier nach dem Muster der Bezugnahme auf das von den Protagonisten unmittelbar Wahrgenommene. In diesem Fall ist es ein in den Hafen einlaufendes Schiff, das mit seiner Pracht und seiner Devise die Aufmerksamkeit von Ariste und Eugène auf sich zieht. Es handelt sich um die Devise von Louis XIV, welche den Bezugs- und Ausgangspunkt des sechsten Kapitels bildet:

„Outre que l'or et l'azur y brilloient de tous costez, le Soleil y étoit peint en plusieurs endroits, avec ces Paroles
*Nec pluribus impar*
Cette devise arresta les yeux d'Eugene, & remplit tellement son esprit, qu'aussi-tost qu'ils furent au bord de la mer, il faut avouër, dit-il qu'il n'appartient qu'à nôtre auguste Monarque de porter une devise aussi heroïque que celle qu'il porte depuis quelques années. A la verité, répondist Ariste, ce grand Prince ne pouvoit prendre un symbole plus illustre, ni plus digne de luy que le soleil; ce bel astre est son veritable portrait." (in-4°, [1]1671, 258s)

Bei der Analyse eines Emblems, das das Bild einer Sonne mit dem Spruch „NUSQUAM META MIHI" (= Je ne connais aucune frontière) verbindet (vgl. Le Moyne 1666, 244s), zeigt Paultre, wie die von Le Moyne vorgeschlagene und vorgeführte Gestaltung der Devisen und Embleme nicht nur Bezüge zwischen Bild (corps) und Text (âme) herstellt, sondern zugleich eine spezifische Weltsicht und Argumentationsweise vermittelt:

„La portée de la sentence est assez universelle pour envelopper la Nature de l'homme, grâce à un jeu de correspondances qui engendre une infinité de devises. Qu'en est-il de la pensée qui a mis en branle ce mécanisme ou, pour reprendre le vocabulaire des *imprese*, quel est le *concetto* qui a permis au Père Le Moyne de formuler cette devise? On peut l'exprimer simplement par la métaphore *Roi-soleil*, à partir de laquelle la devise se construit selon un processus syllogistique particulier: certaines propriétés ont vocation à l'universel; elles sont [communes], par exemple, au soleil dans la Nature et [au] Roi parmi les hommes; le roi est symbolisé par le soleil. Ainsi, le concetto, né d'une intuition, devient grâce à la devise une vérité logique."
(Paultre 1991, 30s)

Und eben jenes Verfahren nutzt Bouhours in dem sechsten der *entretiens,* wenn er seine Protagonisten über die *Devises* für den König sprechen läßt: Die uneingeschränkte Anerkennung seiner Position ist die Grundlage einer Rede, bei der auch die von Ariste gegebene Definition zur Verherrlichung des Sonnenkönigs beiträgt. Begriffsdefinition und Herrscherlob bilden dabei eine untrennbare Einheit. Ihre Formulierung unterstreicht mit der Wahl des Beipiels in der metasprachlich-definierenden Rede den umfassenden Herrschaftsanspruch des absolutistischen Frankreich, wie er schon in der Devise von Louis XIV zum Ausdruck kommt. In den *Explications des Devises* der späteren Ausgaben der *Entretiens* wird „Nec pluribus impar" übersetzt mit „Il suffit à plus d'un monde" (in-12, ⁵1683, 585). Bouhours gibt bei der Erläuterung denkbarer Alternativen eine kurze Begriffsdefinition:

„La devise est à bien la prendre une métaphore, & une métaphore de proportion, qui représente un objet par un autre avec lequel il a de la ressemblance: de sorte que pour exprimer un langage de devise, par exemple, que nostre Monarque est capable de gouverner luy seul tout le monde, il faut chercher une image étrange qui mette cela devant les yeux, & qui donne lieu à une comparaison juste, comme seroit ce Mot
*Mihi sufficit unus*." (in-4°, ¹1671, 259)

Der für den Herrscher vorausgesetzte Zusammenhang und Anspruch wird hier ebenso wie die über ihn getroffenen Aussagen als allgemeingültig und unwidersprochen angenommen und mit dieser Charakteristik in den Diskurs eingeführt. Dieses Verfahren findet in den weiteren Passagen seine Fortsetzung. Auch hier transportieren die gezielt gewählten metasprachlichen Beispiele die Inhalte, denen so eine doppelte Funktion zukommt: metasprachlich dienen sie zur Begriffsdefinition. Objektsprachlich referieren sie auf eine zeitgenössische Realität und eine spezifische Person, die mit ihren Eigenschaften in den Blick gerückt wird. So auch bei der Erläuterung des zuvor gegebenen Beispiels („mihi sufficit unus"):

„C'est parler proprement, & communement que dire, le Roy est un Prince qui a assez de sagesse pour gouverner tous les peuples: c'est parler métaphoriquement que de dire: le Roy est un Soleil qui a assez de lumière pour éclairer toute la terre: où vous voyez qu'on compare le Roy avec le soleil, la sagesse avec la lumière, tous les peuples avec le globe de la terre; & que la comparaison est fondée sur le rapport que les choses ont entre elles." (in-4°, ¹1671, 260)

Die Art, wie Bouhours seinen Diskurs in den Dienst der *Verherrlichung des Sonnenkönigs* stellt, verdiente eine eigene und eingehendere Untersuchung. Die soweit angestellte Betrachtung mag an dieser Stelle als Hinweis darauf genügen, daß die *Entretiens* mit ihrer Aktualisierung und Anpassung an den Zeitkontext auch diese Funktion erfüllen.

## Zweite Zwischenbilanz

Die bisherige Untersuchung ließ einheitliche Gestaltungsprinzipien und Bouhours' Bemühen erkennen, ein dichtes Netz von Referenzen, textuellen wie auktorialen Selbstreferenzen zu knüpfen und seine Redegegenstände in vielfacher Weise an die jeweilige „situation d'énonciation" zu binden. Bouhours ist deutlich bemüht, sie in die Aktualität seiner Sprech- und Schreibsituation sowie in die dort herrschenden politischen und sozialen Machtstrukturen einzupassen. Seine Texte sind nicht nur affirmativ in einem neutralen oder passiven Sinn, sondern ein aktiver erzieherischer und propagandistischer Beitrag zur Gestaltung der offiziellen Staatspolitik.

Dies hat die Betrachtung gerade jener Kapitel gezeigt, deren Thema dem heutigen Leser auf den ersten Blick mit einer solchen Einbindung wenig oder nichts zu tun zu haben scheint. Die bei Radouant (1920) abgedruckten Kapitel der *Entretiens* lassen mit ihrer Beschränkung auf den kulturellen und sozialen Bereich diese Einbindung weitaus weniger deutlich hervortreten. Diese Reduktion hat Bouhours gerade nicht vorgenommen, sondern die Auseinandersetzung mit der *Langue française* und den mit ihr verbundenen Idealen des *Bel esprit* und des *Je ne sais quoi* in einen weiteren Rahmen gestellt. Nun gestattet die Form der Konversation mit der losen thematischen Verbindung die Abtrennung von in sich geschlossenen Abschnitten. Dies entspricht einer Vertextungsstrategie von Bouhours, die nicht zuletzt auch der stückweisen Lektüre entgegenkommt, zumal der Text keinen durchgehenden Spannungsbogen aufweist. So gesehen folgt die Anlage der *Entretiens* der von Vaugelas für die *Remarques* gewählten Ordnung; beide gestatten mit ihrer gezielten Offenheit die potentiell unendliche Fortsetzbarkeit des Diskurses.

Angesichts der aufgezeigten vielfältigen Bezüge und impliziten Querverweise erscheint es jedoch wenig plausibel, bei der Auseinandersetzung mit dem Sprachkapitel der *Entretiens* von den anderen Kapiteln abzusehen. Sie sind nur in einem vordergründigen Sinn überflüssig und weglaßbar. Als Teil einer diskursiven Gesamtstrategie erläutern und erklären sie die Sprachauffassung des Père Bouhours, der auch seine Ausführungen zur Sprache voll in den Dienst der Politik des absolutistischen Staates stellt. Wie er dies tut, soll nun anhand ausgewählter Passagen verdeutlicht werden.

## 3.4 Der *Entretien sur La langue Française* oder die Sprachreflexion im Dienste der Staatspolitik

Der Redeort, der Strand bei einer befestigten Hafenstadt in Flandern, verweist, wie wir gesehen haben, außen-, handels- und militärpolitisch auf die aktuelle Situation. Unter Colbert und Seignelay wird Dünkirchen im Rahmen eines großangelegten maritimen Rüstungsprogramms als nördlichste und neue französische Hafenstadt zum befestigten Kriegshafen ausgebaut. Hier an der neuen Staatsgrenze stoßen Ariste und Eugène auf Sprachprobleme, wie Ariste eingangs feststellt: „Si nous savions bien la langue du pays, nous ne serions pas si solitaires que nous sommes" (Radouant 1920, 33). Die Konsequenz dieser auf den ersten Blick verständlichen Feststellung wäre, die Landessprache Flämisch zu lernen. Eugène lehnt ein solches Unterfangen strikt ab und setzt zu einer Lobrede des Französischen an. Bei dessen Definition (vgl. 1.3) zieht er alle Register des sprachbewertenden Diskurses.

Mit seinen Ausführungen zum Status des Französischen baut er von Beginn an *eine durchgängige Opposition zwischen dem Eigenen und dem Fremden* auf: Ariste greift Eugènes Hinweis auf, daß er keine Fremdsprache lernen wolle und weist auf die Möglichkeit einer Universal- oder Weltsprache hin:

„Au moins vous seriez bien aise, dit Ariste, que toutes les langues fussent réduites à une seule, et que tous les peuples s'entendissent comme nous nous entendons et comme ils s'entendaient autrefois." (Radouant 1920, 35)

Den hier eingeführten Bezug auf die Sprache der Gesprächspartner („comme nous nous entendons") führt Eugènes Antwort weiter, und es ist symptomatisch, daß er dabei mit Bezug auf die eigene Gruppe zuerst von „notre langue" und erst danach vom „français" spricht.[30] Mit einer ausdrücklichen Bestätigung und Weiterführung dieses Arguments fährt Ariste in der eingeschlagenen Richtung fort:

„Vous avez raison de prendre ce parti-là, répondit Ariste; car, parlant aussi bien que vous faites, vous perdriez trop, si l'on ne parloit plus qu'allemand ou le bas breton." (Radouant 1920, 35)

Die Aufwertung des Französischen geht hier von Anfang an deutlich mit einer wechselseitigen Selbstbestätigung der beiden Sprecher und ihrer Sprache unter gleichzeitiger Abwertung zweier anderer Sprachen einher und dies in doppelter Richtung: nach innen mit dem Bezug auf das Bretonische[31] und nach außen mit dem auf das Deutsche. Die selbstbestätigende Selbstaufwertung unter einer nach innen wie nach außen gerichteten Fremdabwertung wird das weitere Gespräch über die *Langue française*, über ihren Wert und ihre allseitige Überlegenheit durchziehen. Sie gilt global wie historisch, gilt für die innere soziale und politische Struktur des zeitgenössischen Frankreichs, aber auch für dessen Beziehung zu den anderen Staaten. Sie gipfelt gegen Ende des *Entretien sur la langue française* in einem Herrscherlob, das Louis XIV an die Spitze Frankreichs und seiner Sprache, aber auch an die der anderen Staaten und Sprachen stellt. Auf dieses Lob steuert dieser ganze *Entretien* zu:

„Mais savez-vous bien que notre grand monarque tient le premier rang parmi ces heureux génies et qu'il n'y a personne dans le royaume qui sache le français comme il le sait? Ceux qui ont l'honneur de l'approcher admirent qu'avec quelle netteté et avec quelle justesse il s'exprime. Cet air libre et facile dont nous avons tant parlé entre dans tout ce qu'il dit; tous ses termes sont propres et bien choisis qu'ils ne soient point recherchés; toutes ses expressions sont simples et naturelles; mais le tout qu'il leur donne est le plus délicat du monde. Dans ses discours les plus familiers, il ne lui échappe pas un mot qui ne soit digne de lui et qui ne se sente de la majesté qui l'accompagne partout; il agit et il parle toujours en roi; mais en roi sage et

---

30 „Je n'en serais pas fâché, répliqua Eugène, pourvu que notre langue fût cette langue universelle, et que toute la terre parlât français" (Radouant 1920, 35).

31 Später wird sich Bouhours als Verfasser, der sich mit seinen *Doutes sur la langue française* an die Mitglieder der Akademie wendet, im Vorwort zu diesem Buch als „bas-breton" ausgeben und in seinen weiteren sprachbezogenen Schriften auf diese Figur zurückgreifen, deren sprachlich-regionale Herkunft dort durch das „bas" noch mehr zum Negativen tendiert.

> éclairé, qui observe en toutes rencontres les bienséances que chaque chose demande. Il n'y a pas jusqu'au ton de sa voix qui n'ait de la dignité et je ne sais quoi d'auguste, qui imprime du respect et de la vénération. Comme le bon sens est la principale règle qu'il suit en parlant, il ne dit jamais rien que de raisonnable, il ne dit rien d'inutile, il dit en quelque façon plus de choses que de paroles; cela paraît tous les jours dans ses réponses si sensées et si précises qu'il fait sur-le-champ aux ambassadeurs des princes et à ses sujets. Enfin, pour tout dire en un mot, il parle si bien que son langage peut donner une véritable idée de la perfection de notre langue." (Radouant 1920, 146s)

Der Tendenz nach reicht das uneingeschränkte Herrscherlob bis in jede Feinheit des sprachlichen und außersprachlichen Habitus hinein. Es macht aus dem Herrscher ein allumfassendes und allseitiges Modell des Sprechens, Denkens und Handelns. Auch der hier artikulierte und bekräftigte Anspruch wird global und historisch verortet und als potentiell universeller Kultur- und Herrschaftsanspruch artikuliert:

> „Les rois doivent apprendre de lui à régner; mais les peuples doivent apprende de lui à parler. Si la langue française est sous son règne ce qu'était la langue latine sous celui d'Auguste, il est lui-même dans son siècle ce qu'Auguste était sous le sien. Entre les grandes qualités qui lui sont communes, avec cet empereur si célèbre, il a l'avantage d'être né éloquent, comme il faut qu'un prince le soit." (Radouant 1920, 147)

Diese abschließenden Passagen fassen einige Hauptpunkte des *Entretien* über *La langue française* zusammen. Sie zeigen deutlich die starke kultur- und machtpolitische Ausrichtung des sprachnormativen Diskurses des Père Bouhours. Der *Entretien sur la langue française* ist nicht zuletzt auch Instrument einer Heim-in-die-Nation Propaganda, mit der die Eroberungskriege von Ludwig XIV gerechtfertigt und vorbereitet werden.[32] Diesem Argument zufolge sind die Grenzen der Nation denen des Sprach- und Kulturraumes anzupassen, und da ein großer Teil der Welt schon französisch redet, spricht nichts dagegen und einiges dafür, daß er auch dem französischen Staat einverleibt wird.

In der mit dem Text gegebenen Situation liegt es nahe, daß Ariste den Blick auf Flandern und die Niederlande richtet, wo er eine auf die französische Übernahme aus natürlicher Anlage heraus wartende Bevölkerung ausmacht:

> „Les dames de Bruxelles ne sont pas moins curieuses de nos livres que de nos modes; le peuple même, tout peuple qu'il est, est en cela du goût des honnêtes gens; il apprend notre langue presque aussitôt que la sienne, comme par un instinct secret qui l'avertit malgré lui qu'il doit un jour obéir au Roi de France, comme à son légitime maître." (Radouant 1920, 36)

Und Eugène fährt in aller Deutlichkeit in einer historischen Vertiefung fort, mit der er einen weiteren, später vertieften Themenstrang eröffnet, nämlich den der

---

32 Die Struktur ähnelt dabei der jener Argumente, die uns Deutschen in diesem Jahrhundert leider nur allzu vertraut wurden und mit denen Gebietsansprüche gerechtfertigt werden sollten. Die Beschreibung der deutschen Kultur und Sprache durch die deutsche Volkskunde hat dazu ihren Teil beigetragen (vgl. Beitl/Chiva 1992).

Überlegenheit des Französischen über das Lateinische, da, anders als bei den Römern, die Verbreitung des Französischen der militärischen Eroberung vorangehe:

„C'est une chose fort glorieuse à notre nation [...] que la langue française soit en vogue dans la capitale des Pays Bas avant que la domination française y soit établie. La langue latine a suivi les conquêtes des Romains; mais je ne vois pas qu'elle les ait jamais précédées." (Radouant 1920, 36)

Man kann es nicht oft genug sagen: der Text ist 1671 erschienen; er ist Seignelay unter gleichzeitiger Ehrerbietung an Colbert und den König gewidmet, und im darauf folgenden Jahr zieht Louis XIV gegen Holland in einen Krieg, zu dessen Vorbereitung und Durchführung Vater und Sohn Colbert an wichtiger Stelle beitragen (vgl. Murat 1980, 309-325).

Folgt man der Logik dieser Argumentation, so ergeben sich aus der im folgenden festgestellten weltweiten Verbreitung des Französischen zwei Konsequenzen. Die erste legt Bouhours Ariste in den Mund; sie enthebt die Franzosen, Fremdsprachen zu lernen, da man mit ihrer Sprache überall auskomme:

„il ne s'en faut rien que je ne vous avoue maintenant que la connaissance des langues étrangères n'est pas beaucoup nécessaire à un français qui voyage. Où ne va-t-on point avec notre langue." (Radouant 1920, 37)

Die zweite läßt Bouhours Eugène aussprechen. Er weist darauf hin, daß das Französische angesichts seiner Qualitäten einer weltweiten Verbreitung würdig sei, welche über die Grenzen Europas hinausgeht:

„C'est lui donner des bornes trop étroites que de la renfermer dans l'Europe, dit Eugène [...] Quoi qu'il en soit, si la langue française n'est pas encore la langue de tous les peuples du monde, il me semble qu'elle mérite de l'être." (Radouant 1920, 37s)

Und wenn schon, wie wir zuvor erfahren haben, im Falle des Französischen die Herrschaft der Sprache folgt, eröffnet die hier umrissene Frankophonie dem französischen Herrschaftsanspruch eine globale Dimension. Französisch als Weltsprache ist hier als Vorreiter einer französischen Weltherrschaft konzipiert. Erinnert man sich an den vorangegangenen *Entretien*, liegt es nahe, Schiffahrt und Sprache als Mittel einer solch globalen Kommunikation zu verstehen: ermöglicht der Fortschritt der Schiffahrt eine weltweite Kommunikation der Menschen und Güter, so gestattet ein global verbreitetes Französisch die allumfassende Kommunikation der Gedanken, und beide sind Grundlage einer weltweiten französischen Herrschaft. Um eben diesen Herrschaftsanspruch geht es den Protagonisten der *Entretiens* in den Erörterungen zum Italienischen und Spanischen. Dabei charakterisiert Bouhours mit den Sprachen auch ihre Sprecher und trägt zur Gestaltung von Stereotypen zur Sicht der feindlichen Fremden, zugleich aber auch zur Betonung der französischen Überlegenheit bei.

## 3.5 Elemente der Sprachkonzeption des Père Bouhours

Auch die dem metasprachlichen Diskurs Bouhours' zugrundegelegte Sprachkonzeption ist stark seiner Redesituation angepaßt. Auch hier folgt er den schon erörterten Gestaltungsprinzipien. Dabei ist die Wahl der *Metaphorik* aufschlußreich, die er bei der allgemeinen Bestimmung seines Sprachbegriffs heranzieht. Allgemein stellt Bouhours eingangs zunächst fest: „les langues n'ont été inventées que pour exprimer les conceptions de notre esprit" (Radouant 1920, 46). Die Ausdrucksfunktion von Sprache spezifiziert er dann umgehend mit Hinblick auf die Einzelsprachen so, daß dabei *der visuelle Wahrnehmungsmodus* in einer dreifachen Charakterisierung *als Konzeptbereich* und *die Malerei als Metapher* erscheint: „chaque langue est un art de rendre ces conceptions sensibles, de les faire voir et de les peindre" (ebd.).[33] Mit der *Metapher von den Sprachen als Malern* eröffnet Bouhours sich einen im wörtlichen Sinne anschaulichen und erfahrbaren Bereich, der es ihm ohne Schwierigkeiten erlaubt, die unterschiedlichen qualitativen Sprachbewertungen in plastischer und unmittelbar nachvollziehbarer Weise vorzunehmen. Die verbale Darstellung folgt damit jener multimedialen Präsentation, die auch für die *Devises* gilt und die mit der Aufmachung des Buches den Rezeptionsprozeß leitet. Sie setzt die Annahme von der Unmittelbarkeit der visuellen Anschauung voraus, die den direkten und unverstellten Zugang zur Welt ermöglicht. Als solche erlaubt sie den Vergleich des Dargestellten mit dem Objekt der Darstellung und bietet damit die Möglichkeit zur Beurteilung und Bewertung der jeweiligen Darstellung. Für die französische Sprache heißt dies: „Il n'y a qu'elle, à mon gré, qui sache bien peindre d'après nature et qui exprime les choses précisément comme elles sont" (Radouant 1920, 48).

Nun überdeckt die Metapher von den Sprachen als Maler, daß die ausgedrückten Gedanken nicht außerhalb der Sprache liegen und nicht wie die Modelle der Maler oder die abzubildende Natur sichtbar sind. Dies ist umso mehr der Fall, als die positive Selbstbewertung dem zeitgenössischen französichen Leser nach dem Gedanken und dem Mund redet.

Diese *Anpassung an ein Repertoire fraglos anerkannter Sachverhalte, Weltsichten und Kategorisierungen* ist ein durchgängiges Verfahren, dessen sich Bouhours in seinem metasprachlichen Diskurs bedient. Dabei entsteht eine Homologie zwischen der Rede über sprachliche und soziale Phänomene, wie die Analyse zweier kurzer Glossen (zu „air" und zu „entrer") zeigen soll.

### 3.5.1 „Air"

„*Air* est tout à fait du bel usage: il a l'air d'un homme de qualité; il a l'air noble, il a bon air, il a méchant air; cela a méchant air; il s'habille, il danse

---

33 An späterer Stelle ähneln Sprachen Statuen (vgl. in der Ausgabe Radouant 1920, 78).

de bon air; il y a dans tous ses ouvrages un air de politesse qui le distingue des autres; de l'air dont il s'y prend, il réussira." (Radouant 1920, 87)

Es handelt sich um eine Glosse, die in keinerlei inhaltlichem Zusammenhang mit ihren Vorgängerinnen und Nachfolgerinnen zu stehen scheint; sie folgt auf *gâter* und geht *façonner, façon* voran. Sie hat einen zweiteiligen Aufbau: auf eine positive Bewertung („*Air* est tout à fait du bel usage") folgen Beispiele, die sich bei referentiellem und inhaltlichem Bezug auf den akutellen höfischen Kontext beziehen und vor diesem Hintergrund ein in sich strukturiertes Feld aufbauen. Ersetzt man in der folgenden Reihe das Semikolon durch den Anzeiger für eine Explikation „c.-à-d.", oder ein „man erkennt das daran, daß", so ergibt sich eine inhaltlich und pragmatisch konsistente Reihe:

... il a l'*air* d'un homme de qualité

[c'est-à-dire; man erkennt das daran, daß]

il a l'*air* noble, il a bon *air*, il a méchant *air* ...

„Air" zu haben und an den Tag zu legen, erstreckt sich aber auf weitere Verhaltensbereiche: „il s'habille, il danse de bon *air*". Kurz: es gilt der Tendenz nach für alles Handeln, „il y a dans tous ses ouvrages un *air* de politesse", und es hat eine sozial distinktive Funktion „qui le distingue des autres".

Das letzte Beispiel schließlich liefert eine praxisbezogene, allgemeine Zusammenfassung. Es verweist auf die positiven Konsequenzen, die die Manifestation jener Verhaltensweisen mit sich bringt, die durch den Ausdruck des „bel usage" bezeichnet werden: „de l'*air* dont il s'y prend, il réussira." Die Schlußfolgerung liegt nahe: Wer tut, was die Beispiele benennen, kann in der Gesellschaft und bei Hof mit Erfolg rechnen.

### 3.5.2 „Entrer"

„*Entrer* a plusieurs significations fines: *Entrer* dans le sens de quelqu'un; *entrer* dans la pensée d'un auteur; *entrer* dans le monde, un jeune homme qui *entre* dans le monde; *entrer* en confidence avec une personne; *entrer* en affaire, pour dire; s'y engager; *entrer* dans aucun détail avec vous; le latin n'*entre* guère dans le commerce du grand monde; on a beau lui représenter, etc., il n'*entre* point là-dedans. En parlant d'une chose qui a contribué à la disgrâce d'une personne, on dit fort bien: il y *entre* un peu de cela. En parlant d'un homme qui ne dit mot en compagnie, on dit: il n'*entre* point dans la conversation, il n'*entre* dans rien." (Radouant 1920, 88s)

Der Abfolge der Beispiele liegt auch hier eine argumentative Struktur zugrunde, mit der Bouhours auf die gesellschaftlichen Ideale, Wert- und Normvorstellungen seiner Zeit und auf Teile der sozialen Handlungspraktiken verweist. Dabei ist die Folge der Beispiele an jener Beziehung zwischen Geist, Gedanke und Vorstellung auf der einen und Ausdruck, Form und jener Exteriorisierung auf der anderen Seite orientiert, die auch seinem Sprachkonzept zugrundeliegt: „les langues ont été inventées pour exprimer les conceptions de notre esprit" (Radouant 1920, 46). Die Parallelführung reicht weiter: wie jede Sprache als

„un art particulier de rendre ces conceptions sensibles" (ebd.) aufgefaßt wird und so wie sich die Sprachen hinsichtlich ihrer Fähigkeiten (talents) unterscheiden, so unterscheiden sich auch die Individuen in ihrer Fähigkeit zur Manifestation des normgerechten sozialen Verhaltens.

Gibt man die fraglichen Passagen in einer Schreibweise wieder, die an die von Blanche-Benveniste/Jeanjean (1987) vorgeschlagene Transkriptionsweise angelehnt ist, dann tritt ein Teil der zugrundeliegenden Strukturierung der Glosse zu „Entrer" in den Blick:

---

*Entrer* a plusieurs significations fines:

---

**[positiv]**

[Bereiche:
1. „MIND"]
*Entrer* dans le sens de quelqu'un;
*entrer* dans la pensée d'un auteur;

[2. „MONDE"]
*entrer* dans le monde,
un jeune homme qui *entre* bien dans le monde

[3."SOZIALE BEZIEHUNG"]
*entrer* en confidence avec une personne;
*entrer* dans les plaisirs
 les intérêts de quelqu'un
*entrer* en affaire, pour dire; s'y engager;

---

**[negativ]**

*entrer* dans aucun détail avec vous;
le latin n' *entre* guère dans le commerce du grand monde;
 on a beau lui représenter, etc.,
il n' *entre* point là- dedans.
 En parlant d'une chose qui a contribué à la
 disgrâce d'une personne, on dit fort bien:
il y *entre* un peu cela.
 En parlant d'un homme qui ne dit mot en
 compagnie, on dit:
il n' *entre* point dans la conversation
il n' *entre* dans rien.

---

Die ersten beiden Belege beziehen sich auf den „Mind", den geistig-kognitiven und inneren, psychischen Bereich, auf „le sens" und „la pensée". Mit dem dritten und vierten Beleg wird der äußere Bereich „le monde" angesprochen, der als soziale Welt konzeptualisiert wird: die „entrée dans le monde" erscheint als Vorgang einer sozialen Initiation. Indem er an einem „jeune homme" festgemacht ist, dürfte dieser einen noch ausstehenden Reifungsprozeß implizieren und könnte als besonderer didaktischer Hinweis an die betroffene Gruppe und damit auch an den apostrophierten Leser Seignelay verstanden werden, der eben diesen Prozeß abgeschlossen hat.[34]

Die weiteren Belege differenzieren andere Faktoren eines solchen Erziehungsprozesses: sie benennen einige seiner Bereiche sowie geeignete bzw. zu vermeidende soziale Verhaltensweisen. Sie gelten zunächst der intimen Beziehung zweier Personen, wobei das Vertrauen, die Freuden und Interessen des jeweiligen Gegenübers genannt werden; dies entspricht der Situation der beiden Protagonisten. Als nächstes wird der Geschäftsbereich angesprochen. Die beiden Einträge „*entrer* en affaire ..." und „*entrer* dans aucun détail avec vous" schließen den ersten Teil der Glosse ab und leiten zum zweiten über. Zum einen sind es die beiden letzten infinitivischen Eintragungen, die weiteren Verbformen sind flektiert und haben die dritte Person Singular zum Numerus. Zum anderen ist „*entrer* dans aucun détail avec vous" der erste negative Eintrag; alle weiteren werden negierte oder negative Ausdrücke haben. Drittens überkreuzen sich mit der Abfolge der beiden Belege der allgemeine soziale Bereich (affaires) mit dem der Zweierbeziehung („*entrer* dans aucun détail avec vous").

Nicht zuletzt beenden diese beiden Einträge den außersprachlichen Bereich: von den folgenden fünf Belegen sind vier eindeutig auf Sprache und sprachliches Handeln bezogen. Der erste von ihnen stellt eine Behauptung auf, zu deren Begründung ein großer Teil des ganzen Gesprächs zur *Langue française* dient; das Latein hat es bei der Überlegenheit des Französischen auch nicht verdient, „[d'entrer] dans le commerce du grand monde". Unterstellt man diesen Zusammenhang, ergibt sich auch zum folgenden Beleg ohne Problem ein inhaltlicher Bezug, denn so läßt sich die Vergeblichkeit des Unterfangens verstehen: es wäre, als versuchte man, das Latein „dans le commerce du grand monde" einzuführen.

Die letzten drei Belege thematisieren die Bezeichnung gesellschaftlicher Sanktionen und Folgen eines sozialen Fehlverhaltens („disgrâce"), und sie benennen in doppeltem Anlauf die Nichtteilnahme an der Konversation als ein Verhalten, von dem man annehmen kann, daß es derlei gesellschaftliche Reaktionen zeitigt.

Der letzte Beleg hat eine konklusive Funktion: er bringt die der Belegfolge zugrundeliegende Argumentation generalisierend auf den Punkt: wer sich nicht so verhält, wie es den in den Beispielen angesprochenen Regeln entspricht, wer sich vor allen Dingen nicht in gebührender Weise an einer Konversation zu beteiligen versteht, für den gibt es keine „[entrée] dans le commerce du grand

---

34 Oder, wenn man die Erziehungspraxis seines Vaters beachtet, eben doch noch nicht abgeschlossen hat.

monde", „il n'entre point là-dedans" falls „il n'entre point dans la conversation".

Deutlich steigert Bouhours die Belegfolge auf die sozialen Konsequenzen normgerechten sprachlichen Verhaltens hin. Er bindet damit auch seine Belege an die „situation d'énonciation", in denen er sie produziert und der Leser sie rezipiert. Obwohl ihr, wie der Konversation, keine feste Struktur zu unterliegen scheint, ist sie gleichwohl in hohem Maße kontrolliert und strukturiert. Mit dem Glossenaufbau konstruiert Bouhours eine Homologie zwischen der behandelten Thematik und der Form des Textes; er unterstreicht so einmal mehr die Bedeutung seines Themas und der Form, in der er es behandelt. Diese Bedeutung ist sozial und praktisch-pragmatisch begründet, denn beide, die Beherrschung der Formen und die Kenntnis wie Meisterung der behandelten Inhalte sind Voraussetzung des sozialen Erfolges. Um ihn zu erreichen, bedarf es einer normgerechten Durchformung des individuellen wie sozialen Gesamtverhaltens, bedarf es der Entwicklung eines normgerechten Habitus, der alle Bereiche des Wahrnehmens, Denkens, Fühlens, Wollens und vor allem auch des gesellschaftlich manifestierten Verhaltens umfaßt. Dem Sprachverhalten kommt dabei eine zentrale Rolle zu, doch ist auf die strenge Homologie zwischen der Normentsprechung von sprachlichem und dem übrigen sozialen Gesamtverhalten zu achten. Die *Entretiens* haben dies nicht nur zum Thema, vielmehr versucht Bouhours, das bis in den Feinaufbau seines Textes mimetisch einzubeziehen, was er fordert und es der Tendenz nach multimedial und auf das Gesamtverhalten bezogen vorzuführen.

So gesehen ist es alles andere als ein Zufall, wenn er bei dem abschließenden sprachbezogenen Herrscherlob von dessen „air" und davon redet, wie diese sich in seiner Rede manifestiert: „Cet *air libre et facile* dont nous avons tant parlé *entre dans tout ce qu'il dit.*"

## 4. Fazit

Durch die ganze vorangehende Argumentation zum Französischen, aber auch durch die Anordnung der untersuchten sowie durch zahlreiche andere metasprachlichen Belege soll der Leser die Eigenschaften des Sonnenkönigs anerkennen und dessen Entscheidungen billigen. Er soll sich in seinem Gesamtverhalten nach den Regeln des höfischen Verhaltenskodex richten und als getreuer Untertan der höchsten Majestät deren Anordnungen und Entscheidungen folgen. Wenn auch nicht alle von ihm dafür – wie der Widmungsempfänger Seignelay und dessen Vater Colbert – persönlich geehrt, belobigt und beschenkt werden können, so dürfen sie doch stolz darauf sein, jener Gesellschaft anzugehören, deren Herrscher, Sprache und Kultur über allen anderen Herrschern, Sprachen und Kulturen stehen.

Das Fremde hat dabei ein unabdingbar doppeltes Gesicht: nach innen, in die eigene Gesellschaft hinein, erfordert es beständige Selbstkontrolle und Beobachtung der anderen; da außer dem idealisierten Herrscher niemand perfekt ist, bedarf es dauernder Anstrengung, um nicht zu versagen. Dieser individuelle und kollektive Aufwand geht mit Abgrenzung von den Fremden einher, mit der die eigene Überlegenheit unterstrichen, die kollektive Identität gebildet und gestärkt wird. Individuelles und kollektives Verhalten sind dabei untrennbar. Das so geschaffene Bild sozialer, kultureller, sprachlicher und politischer Ordnung und Distinktion ist nicht nur bei Bouhours ein Mittel zur Bildung von Identität in eben diesen Bereichen. Es ist in der Situation, in der es entworfen wird, ein Stück Staats- und Herrschaftspropaganda, das die allumfassende Selbstaufwertung nach innen wie nach außen hin betreibt.

Nach innen wirkt es mit seiner unscharfen Begrifflichkeit zugleich versichernd und verunsichernd; es verspricht soziale Distinktion, gesellschaftliche Macht und eine angemessene ökonomische Position, fordert aber dauernde Selbst- und Fremdkontrolle. Nach außen hin untermauert es außen-, wirtschafts-, kolonialpolitische wie militärische Ansprüche, die, wie die Macht, Größe und Ansehen des Regenten unbegrenzt sind. Die Frankophonie wird mit ihrer weltumspannenden Dimension zum Maßstab für einen Herrschaftsanspruch und zu dem einer politisch-staatlichen Ausdehnung.

Der Diskurs über die Sprache ist dabei ein wichtiger Teil einer umfassenderen Strategie zur Artikulation und Rechtfertigung dieses Anspruchs. Die ihm zugrundeliegende Selbstaufwertung, der Aufbau des Bewußtseins eigener kultureller Überlegenheit, läßt die Ausdehnung des eigenen Herrschaftsanspruchs als kulturelle Wohltat erscheinen. Diese Aufwertung geht einher mit der Abwertung der Sprache der Gegner, vornehmlich der Sprache derer, die ähnliche bzw. gleiche Ansprüche erhoben haben oder erheben, oder die, wie die Holländer, in Teilen Machtpositionen aufgebaut haben, die den eigenen Machtinteressen entgegenstehen.[35]

Dabei ist der französische Diskurs über die eigene Sprache und die der Fremden fast durchgängig militärpolitisch mitbestimmt. Im Fall von Bouhours und Colbert ist dies überdeutlich: die herabgesetzten lebenden Sprachen sind vor allem auch die, gegen welche sich die See- und Kolonialpolitik, aber auch die Kriegspolitik von Louis XIV wendet. Vergleicht man die Liste der Seekriege gegen italienische und spanische Flotten, die Frankreich zu jener Zeit führte, so ist es wenig verwunderlich, wenn das erste Kapitel der *Entretiens* dem Meer gewidmet ist und seine Handlung bei einem Kriegshafen spielt, der sich im Aufbau befindet. Das Seegefecht, das in der Bucht stattfindet, an der Ariste und Eugène ihre Unterhaltung führen, ist deutlicher Fingerzeig. Die beiden Protagonisten tragen ihren sprachbezogenen Teil zur Auseinandersetzung mit den Sprachen und Kulturen der fremden wie der feindlichen Völker bei.

---

35 Dabei störten praktische Widersprüche wenig: so holte Colbert durch beste Belohnung englische und niederländische Spezialisten des Schiffbaus nach Frankreich, deren Fachwissen für den beschleunigten Ausbau der französischen Flotte unabdingbar war; doch dies war eben kein Gegenstand der öffentlichen Rede über die Überlegenheit Frankreichs.

Doch dabei bleibt es nicht: die politischen und vor allem auch die militär- und bündnispolitischen Gegebenheiten werden die Rede über die französische Sprache weiterhin durchziehen. Die Auseinandersetzung um das *franglais* erfolgt in den Zeiten der Auflösung des französischen Kolonialreiches. Frankreichs Austritt aus der Nato und der Aufbau einer eigenen Atomstreitkraft ging damit ebenso einher wie die Verstärkung einer werbenden Außenpolitik de Gaulles im frankophonen Afrika und Kanada. Neben der Analyse des historischen Falles mögen diese Hinweise andeuten, daß die Frage, in welchen Situationen Sprachgesetzgebung, Sprachpolitik und sprachnormativer Diskurs in Frankreich – aber beileibe nicht nur dort! – ihre Konjunkturen haben, eine eigene weiterführende Untersuchung verdiente. Zu fragen wäre dann auch, welche Rolle bei diesen sprachpolitischen und sprachnormativen Schüben die medialen Bedingungen spielen; sei es in Form von Umbrüchen[36] – es war die Einführung des Buchdrucks, die Tory 1529 die Normierung des Französischen fordern ließ – oder von Marktentwicklungen.

Ein hoher Symbolwert kommt ihnen auf alle Fälle zu, und ihren Initiatoren versprechen sie Distinktionsgewinn. Wer weiß, wieviele Franzosen weit weniger über ihren aktuellen Kulturminister Toubon redeten, hätte dieser nicht erfolgreich die mit seinem Namen verbundene Sprachgesetzgebung betrieben? Im Ausland hat er mit ihr reichlich Aufsehen erregt. Das ist billiger und weniger aufwendig als eine breit angelegte Werbekampagne oder ein umfassendes Kulturprogramm.[37]

---

36 Die aktuelle Sprachgesetzgebung ist nicht zuletzt auch im Rahmen der Entwicklung der Kommunikationstechniken und der fortschreitenden internationalen Vernetzung zu sehen, die u. a. auch die unkontrollierte Kommunikation ermöglicht; für eine Gesellschaft, welche die öffentlichen elektronischen Medien einer staatlich-institutioneller Kontrolle unterwirft, muß eine derartige Entwicklung mehr als verdächtig sein.

37 Könnte es sein, daß in der französischen Sensibilität gegenüber den zunehmenden amerikanischen Einflüssen und denen des *franglais* die unbewußte kollektive Erinnerung an eben jene Sprachauffassung schlummert, wie sie die Protagonisten der *Entretiens* propagieren? Vielleich die unbewußte Furcht vor zwei gebildeten US-Amerikanern, die an einem französischen Strand spazierengehen und sich darüber unterhalten, daß die Damen in Paris auf amerikanische Moden und Medien neugierig seien, das Volk ihren Geschmack teile, es schon mit „his master's voice" spreche und aus geheimem Instinkt darauf warten, Amerika als „son légitime maître" anzuerkennen?

# Bibliographie

## a) Quellentexte

Bouhours, le Père Dominique (in-4°, ¹1671): *Les Entretiens d'Ariste et d'Eugene*. A Paris, Chez Sebastien Mabre-Cramoisy, Imprimeur du Roy, ruë Saint-Jacques, aux Cigognes. M. DC. LXXI. Avec Privilege de sa Majesté.
- (in-12, 1671): *Les Entretiens d'Ariste et d'Eugene*. A Paris, Chez Sebastien Mabre-Cramoisy, Imprimeur du Roy, ruë Saint-Jacques, aux Cigognes. M. DC. LXXI. Avec Privilege de sa Majesté.
- (1683): *Les Entretiens d'Ariste et d'Eugene. Cinquiéme Edition, où Les Mots des Devises sont expliquez*. A Paris, Chez Sebastien Mabre-Cramoisy, Imprimeur du Roy, ruë Saint-Jacques, aux Cicognes. M. DC. LXXXIII. Avec Privilege de sa Majesté. In-12.

Le Moyne, le Père Pierre (1660): *Lettre Heroique à Monseigneur le Prince sur son retour*. Par le Pere le Moyne de la Compagnie de Iesus. A Paris, chez François Muguet, rue de la Harpe au Trois Rois, vis à vis la Barbe d'Or. Et schez Iean Guignard, dans la grande Salle du Palais, à l'Image Saint Iean. MDCLX. Avec Privilège du Roy.
- (1665): *De l'art de regner*. Au roy. Par le Pere Le Moyne de la Compagnie de Iesus. A Paris. Chez Sebastien Cramoisy, & Sebastien Mabre-Cramoisy, Imprimeurs du Roy. ruë Saint Iacque, aux Cigognes. In-8°.
- (1666): *De l'art des devises*. Par le P. Le Moyne de la Compagnie de Iesus. Diever recueils de divises du mesme Autheur. A Paris. Chez Sebastien Cramoisy, & Sebastien Mabre-Cramoisy, Imprimeurs du Roy. ruë Saint Iacque, aux Cigognes. Avec privilège du Roy.

Radouant, René (Hg.) (1920): *Entretiens d'Ariste et d'Eugène, par le Père Bouhours*. Introduction et notes de R. Radouant. Paris: Bossard.

## b) Sekundärliteratur

Beitl, Klaus/Chiva, Isac (Hg.) (1992): *Wörter und Sachen. Österreichische und deutsche Beiträge zur Ethnographie und Dialektologie Frankreichs. Ein französisch-deutsch-österreichisches Projekt*. (= Sitzungsberichte der philos.-hist. Klasse, 586). Wien: Österr. Akademie der Wissenschaften.

Berrendonner, Alain (1982): *L'Eternel grammairien. Etude de discours normatif*. Bern/Frankfurt: Lang.

Beugnot, Bernard (1990): Prolégomènes à une édition critique des *Entretiens d'Ariste et d'Eugène*, in: Lathullière, Roger (éd.): *Langue, littérature du XVIIe et du XVIIIe siècle. Mélanges offerts à Frédéric Deloffre*. Paris: Sedes, 171-186.

Blanche-Benveniste, Claire/Jeanjean, Colette (1987): *Le français parlé*. Paris: Didier-Érudition.
Bluche, François (1986): *Louis XIV*. Paris: Hachette, 1988.
Bourdieu, Pierre (1982): *Ce que parler veut dire*. Paris: Fayard.
– (1984): Capital et marché linguistiques, in: *Linguistische Berichte* 903-24.
Bourdieu, Pierre/Boltanski, Luc (1975): Le fétichisme de la langue, in: *Actes de la Recherche en Sciences Sociales* 4, 2-32.
Burke, Peter (1993): *Ludwig XIV. Die Inszenierung des Sonnenkönigs*. Berlin: Wagenbach.
Cherot, le Père Henri (1887): *Etude sur la vie et les œuvres du P. Le Moyne (1602-1671)*. Paris: Alphonse Picard.
Chevalier, Jean-Claude (1975): L'analyse du discours et sa signification texte-cible: les *Entretiens d'Ariste et Eugène* du Père Bouhours, in: *littérature* 18, 63-78.
*Colbert* (1983) = *Colbert 1619-1683*. Exposition Paris, Catalogue. Paris.
*Dictionnaire des littératures de langue française* (1984), sous la direction de Jean-Pierre de Beaumarchais/Daniel Couty/Alain Rey. Paris: Bordas.
*Dictionnaire du grand siècle* (1990), sous la direction de François Bluche. Paris: Fayard.
Doncieux, Georges (1886): *Un Jésuite homme de lettres au XVII$^e$ siècle. Le père Bouhours*. Thèse présentée à la Faculté des lettres de Paris. Paris: Hachette.
Duportal, Jeanne (1914): *Etude sur les livres à figures édités en France de 1601 à 1660*. Paris: Champion.
Elias, Norbert (1969): *Über den Prozeß der Zivilisation. Soziogenetische Untersuchungen,* 2 Bde. Frankfurt/Main: Suhrkamp, 1977.
– (1969): *Die höfische Gesellschaft*. Frankfurt/Main: Suhrkamp. 1983.
Lacour-Gayet, Georges (1911): *La marine militaire de la France sous les règnes de Louis XIII et Louis XIV*. Tome I, Richelieu, Mazarin, 1624-1661. Paris: Champion.
Maber, R. G. (1980): Bouhours and the Sea. The Origins of the First 'Entretien d'Ariste et d'Eugène', in: *Modern Language Review*, 75, 76-85.
Moreri, Louis M$^{re}$ (1759): *Le grand dictionnaire historique, ou le mêlange curieux de l'histoire sacrée et profane. Qui contient en abrégé l'histoire fabuleuse des Dieux et des héros de l'antiquité païenne ...* Nouvelle édition, dans laquelle on a refondu les supplémens de M. l'Abbé Goujet. Le tout revu, corrigé & augmenté par M. Drouet. Tome second. A Paris ches les Libraires Associés. Avec approbation et Privilège du Roi.
Murat, Inès (1980): *Colbert*. Paris: Fayard.
Praz, Mario (1964): *Studies in Seventeenth-Century Imagery*. Second Editon. Roma: Edizione di storia et letteratura.
Paultre, Roger (1991): *Les images du livre. Emblèmes et devises*. Paris: Hermann.

Settekorn, Wolfgang (1979): „... mettre & ordonner la Langue Françoise par certaine Reigle". Überlegungen zur Genese des Sprachnormenbegriffs in Frankreich, in: Bergerfurth, W./Dieckmann, W./Winkelmann, O. (Hgg.): *Festschrift Rupprecht Rohr zum 60. Geburtstag*, Heidelberg: Groos, 495-513.

— (1981): Bemerkungen zum bon usage: Genese und Erfolg eines Normkonzeptes, in: *Lendemains* 22, 17-31.

— (1987): Le Nouveau Bon Usage est arrivé. Jubiläumscuvé 1986, in: *Lendemains* 45, 92-97.

— (1988): *Sprachnorm und Sprachnormierung in Frankreich. Einführung in die begrifflichen, historischen und materiellen Grundlagen.* Tübingen: Niemeyer (= Romanistische Arbeitshefte Bd. 30).

— (1988a): Normalisation et différenciation. Réflexions sur la naissance et les effets de la langue imprimée en France, in: Kremer, D. (Hg.): *Actes du XVIIIe Congrès International de Linguistique et de Philologie Romane. Université de Trier. Tome V, Section IV, Linguistique pragmatique et sociolinguistique.* Tübingen: Niemeyer, 55-67.

— (1994): Wort, Bild und Zahl. Konzepte und Praktiken des Weltbezugs in historischen Wetterberichten, in: Ansorge, R. (Hg.): *Schlaglichter der Forschung. Zum 75. Jahrestag der Universität Hamburg.* Berlin/Hamburg: Reimer, 273-303.

Solnon, Jean-François (1987): *La cour de France*. Paris: Fayard.

Strosetzki, Christoph (1978): *Konversation. Ein Kapitel gesellschaftlicher und literarischer Pragmatik im Frankreich des 17. Jahrhunderts.* Frankfurt/Bern/Las Vegas: Lang.

— (1981): Moralistik und gesellschaftliche Norm, in: Brockmeier, P./ Wetzel, H. (Hg.): *Französische Literatur in Einzeldarstellungen.* Band 1, Von Rabelais bis Diderot. Stuttgart: Metzler, 177-223.

Weigert, Roger-Armand (Hg.) (1954): *Bibliothèque Nationale. Département des Estampes. Inventaire du fonds français. Graveurs du XVI$^e$ siècle.* Tome III. Paris: Bibliothèque Nationale.

# II. Gegen die englischen Wörter

## *Tomatine* statt *ketchup*.
## Ein Weg zum reinen Französisch?

CHRISTIANE BEINKE
Münster


## 1. Zum Konzept einer 'reinen' Sprache

Eine der grundsätzlichen Bemühungen sprachpflegerischer Instanzen[1] gilt häufig der Reinheit bzw. Reinhaltung der Sprache. Unter einer 'reinen' Sprache wird dabei in vielen Fällen sowohl eine Sprache verstanden, die keine oder lediglich ein Minimum an 'fremden' Elementen enthält,[2] als auch eine Sprache, die – und das gilt auch in ästhetischer Hinsicht – möglichst vollkommen sein soll.[3]

Die Normierung einer sprachlichen Varietät und damit gegebenenfalls auch die konkrete Füllung des Konzepts der 'reinen' Sprache – sofern es angestrebt wird – erfolgt nach Kriterien, die grundsätzlich als arbiträr anzusehen sind. Dies gilt sowohl im Hinblick auf die zeitliche als auch im Hinblick auf die geographische und soziale Ebene der Fixierung der Sprache.[4] Bezogen auf das Französische heißt dies beispielsweise, daß die Wahl des Franzischen, des Dialekts der späteren Ile-de-France, als Basis für die Standardsprache letztlich nur eine der verfügbaren und grundsätzlich denkbaren Möglichkeiten darstellt. Ähnliches gilt für die soziale Fixierung, die sich an einer gesellschaftlichen Elite orientiert, die mit Vaugelas als „plus saine partie de la cour" umschrieben wird. Ein anderer Dialekt als Basis hätte prinzipiell ebenfalls im Rahmen des Möglichen gelegen, ebenso wie im späteren Verlauf der Normierung des Franzö-

---

[1] Zu solchen Instanzen sind Einzelpersonen und private wie (halb)staatliche Institutionen ebenso zu zählen wie, beispielsweise in Frankreich, der Staat als Gesetzgeber.

[2] Wie eine 'reine' Sprache – bzw. eine 'Mischsprache' am anderen Ende der Skala möglicher Beeinflussungen durch andere Sprachen – sich mit sprachwissenschaftlichen Kriterien fassen läßt, d. h. wie der jeweilige Grad an Beeinflussung zu bestimmen ist, der eine 'reine' Sprache auf der einen und eine 'Mischsprache' auf der anderen Seite annehmen läßt, ist jedoch nahezu ungeklärt. Während Haugen (1972, 178) vom Verschwinden der beiden Konstituenten und von der Entstehung einer gänzlich neuen Entität ausgeht, reicht für Décsy ein – wenn auch nicht näher definiertes – „hohes Maß an Fremdelementen" (Décsy 1973, 184).

[3] Dies entspricht auch den grundsätzlichen Bedeutungen von *pur:* „sans mélange; sans défaut d'ordre moral, sans corruption, sans tache, sans défaut d'ordre esthétique" (Petit Robert 1994, s.v. *pur*).

[4] Zur Geschichte der Normierung des Französischen cf. beispielsweise die Überblicksdarstellungen von Settekorn (1988) und Winkelmann (1990).

sischen in soziologischer Hinsicht die Wahl auf eine andere gesellschaftliche Gruppe hätte fallen können.

Auch für die die Reinheit der Sprache gefährdenden Einflüsse von außen gilt letztlich ähnliches. Nicht alles Fremde – sofern es überhaupt als 'fremd' wahrgenommen wird – muß automatisch als bedrohlich und damit als bekämpfenswert empfunden, sondern kann durchaus auch als Bereicherung aufgefaßt werden. Als Beispiel lassen sich, v. a. in Fachsprachen, griechische und lateinische Entlehnungen nennen, die in Frankreich über Jahrhunderte heftig attackiert wurden. Heute jedoch stellen sie eine so geringe Herausforderung bzw. 'Gefahr' für die Reinheit des Französischen dar, daß sie in vielen Fällen sogar als Ersetzungen für Anglizismen im Französischen propagiert werden (cf. infra).

## 2. Das Sprachgesetz von 1975

Als bedrohlich 'fremd' wird heute nahezu ausschließlich der angloamerikanische Einfluß im Französischen aufgefaßt, der nach Ansicht vieler bereits so extreme Ausmaße angenommen hat, daß von einer 'Mischsprache', dem sog. *franglais,* ausgegangen wird. Zwar läßt das Vorhandensein einer solchen Mischsprache sich nicht beweisen, die Furcht vor ihrer Existenz prägt jedoch weite Kreise der Normgeber in Frankreich.[5]

Als ein Weg zur 'Rettung' des Französischen wird die Ersetzung angloamerikanischer Lexeme im Französischen durch Neologismen u. ä. angesehen, zu der eine ganze Phalanx von Normgebern aufruft und zu der der Staat seine Bürger seit den 70er Jahren per Gesetz verpflichtet.[6] Seit 1973 veröffentlicht die Regierung in unregelmäßigen Abständen Erlasse, die Verwendung oder Meidung bestimmter Lexeme zwingend vorschreiben. Diese Listen von Neologismen sollen Anglizismen, andere Entlehnungen oder weitere 'unliebsame' Bildungen ersetzen. Zustandegekommen sind sie aufgrund der Vorarbeiten der seit Anfang der 70er Jahre sukzessive bei der Mehrzahl der Ministerien

---

5 Zum Ausmaß des angloamerikanischen Einflusses sowie zur Debatte um die 'Überfremdung' des Französischen durch den angloamerikanischen Einfluß cf. Beinke 1990.

6 Angeknüpft wird damit an eine Tradition, die bekanntermaßen bereits 1539 durch das Edikt von Villers-Cotterêts begründet wird. Diese Verordnung, die den Gebrauch des Lateinischen in der Justiz und allen amtlichen Schriftstücken verbietet und an seiner Stelle das Französische als Gerichts- und Amtssprache des Reiches von François I$^{er}$ einsetzt, ist das früheste Beispiel für einen „der seltenen *Fälle direkter staatlicher Legislative* in Sprachfragen" (Müller 1975, 237) in der gesamten Romania. Dieses Edikt bedingt eine grundsätzlich neue Einstellung zur französischen Sprache, und es ist somit gerechtfertigt, es in höherem Maße als *politisches Manifest* denn als administrative Maßnahme zu verstehen (Schmitt 1979, 473).

eingesetzten *Commissions de terminologie*.[7] Diese Kommissionen, die sich aus Angehörigen der jeweiligen Ministerien und Fachleuten zusammensetzen, sind damit beauftragt, in eigener Verantwortung Listen von Entlehnungen auf ihre Ersetzbarkeit hin zu prüfen. Ihre Vorschläge werden in einem zweiten Schritt 'nachrichtlich' an den *Conseil international de la langue française* weitergeleitet und müssen vor der Veröffentlichung im *Journal officiel* durch die *Académie Française* begutachtet werden. Koordiniert werden die jeweiligen Arbeiten durch das damalige *Haut Comité de la langue française* bzw. ab Mitte der 80er Jahre durch das *Commissariat général de la langue française* und ab 1989 durch die *Délégation générale à la langue française* als Nachfolgeorganisationen. Das bedeutet also, daß nicht nur die Terminologiekommissionen an der Erarbeitung dieser Erlasse beteiligt sind, sondern mehrere weitere Instanzen.

Die Listen, die seit 1973 veröffentlicht werden, betreffen in erster Linie Fachgebiete wie audiovisuelles Vokabular, Urbanismus und Wohnungsbau, Informatik, Kernenergie, Ölindustrie, Raumfahrt, Transportwesen, Wirtschaft und Finanzwesen, Gesundheitswesen sowie Verteidigung, in Ansätzen jedoch auch den Gemeinwortschatz.[8] Das heißt konkret, daß „das *Journal Officiel*, das Gesetzblatt der Republik, [...] damit allen Bürgern die *norme du français* [definiert], an die sie sich zu halten haben." (Müller 1975, 237)

Verbindlich werden diese Erlasse am 1.1.1977 durch Inkrafttreten des Sprachgesetzes vom Dezember 1975. Dieses Sprachgesetz wird schon im Jahre 1972 vom *Haut Comité de la langue française,* das zum damaligen Zeitpunkt gewissermaßen als Dachorganisation der französischen Sprachpflegeorganisationen fungiert, beantragt, und es ist – Schmitt folgend – davon auszugehen, daß ohne das Wirken des *Comité* das parlamentarische Verfahren kaum in Gang gekommen wäre.[9] Nach anfänglichen Schwierigkeiten (Ende der 4. Legislaturperiode, Tod Pompidous) und längeren parlamentarischen Debatten wird am 19.12.1975 das Sprachgesetz schließlich verabschiedet. Betroffen sind alle nachgeordneten Instanzen, d. h. es handelt sich bei dem 'großen Schlag', den das Gesetz Bas-Lauriol für Gebhardt darstellt, um „ein Gesetz, das sämtliche englischen Fremdwörter, für die es eine gebilligte Übersetzung oder Französierung gibt, aus der Werbung, aus den Verpackungsaufschriften, Gebrauchsanweisungen, Garantieurkunden, Arbeitsverträgen, Stellenanzeigen und – ganz wichtig – aus allen Schul- und Lehrbüchern beseitigen soll" (Gebhardt 1981, 24s).

Begründet wird dieser Schritt mit dem „Schutz des *consommateur* und [der] Interessenvertretung des *salarié,* worunter verstanden wird, daß der Ver-

---

7 Zu den Hintergründen, die zur Einsetzung dieser Kommissionen geführt haben, zu ihrem Status, ihren Aufgaben und zu geplanten Änderungen ihrer Arbeitsweise im Hinblick auf eine mögliche höhere Effizienz cf. de Bessé 1980.
8 So z. B., wenn es sich um Ersetzungen wie *palmarès* für *hit-parade* oder *industrie du spectacle* für *show-business* handelt.
9 Cf. hierzu und zum folgenden Schmitt 1977, 110.

braucher ein Recht darauf habe, verständliche Gebrauchsanweisungen (d. h. in genetisch lupenreinem Französisch abgefaßte Texte) vorzufinden und die arbeitende Bevölkerung vor Verträgen in einer ihr fremden Sprache geschützt werden müsse" (Schmitt 1977, 111). Die Sprachgesetzgebung zielt jedoch de facto weit weniger auf den Schutz der Verbraucher (in den 70er Jahren sicher eine konsensfähige Zielformulierung) als auf eine Eindämmung des englischen Einflusses sowie auf die Bekämpfung der Vormachtstellung des Englischen in zentralen Bereichen der internationalen Kommunikation. Hierfür spricht vor allem der rein quantitative Aspekt – nur die allerwenigsten Neologismen werden nicht als Ersetzungen für Anglizismen gekennzeichnet.[10] Zusätzlich wird diese Zielsetzung durch die äußere Präsentation z. B. der entsprechenden Wörterbücher unterstrichen: So enthält z. B. der Anhang der vom *Journal Officiel* herausgegebenen Sammlung der bis 1984 verabschiedeten Gesetze und Erlasse, *Langue Française*, ein Verzeichnis aller indizierten Anglizismen und ihrer französischen Entsprechungen, das von der Form her einem englisch-französischen Glossar nicht unähnlich ist.[11] Ähnliches ist auch bei dem 1994 erschienenen *Dictionnaire des termes officiels de la langue française* festzuhalten, das in Wörterbuchform alle zwischen 1973 und 1993 festgelegten offiziellen Neuwörter sowie ihre Definitionen enthält. Auf dem Umschlag findet sich folgender Kommentar:

„Les termes officiels paraissent austères, mais ils chantent. Vive baladeur, logiciel, disquette, conteneur, remue-méninges, coche de plaisance et voyagiste! Ces mots sont entrés dans la langue française sans même que l'on s'en aperçoive.

C'est oublier l'intense bataille qui a accompagné leur naissance, pour les substituer à leur équivalent anglais (walkman, software, floppy-disk, container, brainstorming, houseboat et tour-operator). Doter la langue française de termes inventifs telle est la tâche, depuis 20 ans, sous l'autorité de l'État, des commissions ministérielles de terminologie."

## 3. Versuch einer Bewertung des Sprachgesetzes

Versucht man, diese Sprachgesetzgebung zu bewerten, kommt man zu mehreren Ergebnissen. Einerseits bezeugen die Erlasse „eine Wandlung in der Einstellung zum technisch-fachsprachlichen Wortschatz [...], die innerhalb der französischen Sprachgeschichte als einmalig zu bezeichnen ist" (Schmitt 1979a, 9). Nachdem jahrhundertelang der technisch-fachsprachliche Wortschatz ausgeklammert war, wird nun, wenn auch nur indirekt, sein hoher Stellenwert im Gegenwartsfranzösischen anerkannt. Ähnliches gilt für die Einstellung gegen-

---

10 So beispielsweise im Erlaß vom 5.10.1984 (zum Verteidigungswesen) *activité nucléaire* und im Erlaß vom 12.1.1973 (zum Transportwesen) *altiport*.
11 Hinzu kommt der Einband dieser Sammlung, der neben dem Titel ca. zwanzig Anglizismen sowie – in der Mitte – die eindeutige Aufforderung PARLONS FRANÇAIS enthält.

über Neologismen, die ebenfalls seit Beginn der ersten Normierungstendenzen im Bereich der Lexik generell abgelehnt wurden, nun aber den Anglizismen vorgezogen werden. Die Wiederbelebung französischer lexikalischer Kreativität gehört für de Bessé denn auch zu den zentralen Aspekten der jetzigen französischen Sprachpolitik, denn: „For some time now the French language has seemed to suffer from passiveness, i. e. an inability to create not only new forms but to find new uses for existing forms" (de Bessé 1980, 44). Dieses Ziel wird allerdings nicht nur von offizieller Seite intendiert, sondern durchaus auch positiv rezipiert.[12]

Andererseits ist offensichtlich, daß es den Verantwortlichen bei diesem Sprachgesetz nicht in erster Linie um die französische Sprache als Verständigungsmittel geht, was das Motto 'Verbraucherschutz' eindeutig suggeriert. Erreicht werden weder eine verbesserte kommunikative Leistung, die bei einem solchen Ziel im Vordergrund stehen müßte, noch die angestrebte 'Demokratisierung' des französischen Wortschatzes. Neologismen wie *spationef (space craft), chouquage (chugging)* oder *oriel (bow window)* dienen dem Ziel, Leistung und Funktionsfähigkeit des Kommunikationssystems zu sichern, kaum besser als die Anglizismen, die sie ersetzen sollen. Es ist sogar zu befürchten, daß hier eventuell Barrieren eines Typs entfallen, jedoch neue, andersgeartete Barrieren entstehen. Dies könnte auch den Verantwortlichen durchaus bewußt sein, denn das *Dictionnaire des termes officiels de la langue française* dient ausdrücklich der Orientierung in offiziellen Texten.[13] Wenn eine solche Orientierung nur mittels entsprechender Wörterbücher möglich ist, dann spricht dies sicher für sich. Im Zentrum der sprachplanerischen Bemühungen der französischen Regierung steht mithin nicht das Verständigungsmittel Sprache. Die Aktivitäten beziehen sich vielmehr primär auf die Prestigefunktion des Französischen und lassen sich im Grunde nur unter ein Motto stellen: „Tout plutôt que le franglais encore et toujours" (Thévenot 1976, 168).

Ein weiterer Einwand gilt den Ersetzungsvorschlägen selbst, die aus mehreren Gründen durchaus nicht in jedem Fall akzeptabel sind.
– Zunächst einmal scheinen einheitliche Kriterien für die Entscheidung zwischen Ersetzung und graphisch-phonischer Französierung zu fehlen. Dies führt z. T. zu vergleichsweise inkonsequenten Entscheidungen: *pipeline*[14] bei-

---

[12] So sieht Bécherel als positiven Aspekt der Spracherlasse vor allem die Problematisierung der Einstellung zu Neologismen: „leur intérêt essentiel est pour nous: 1° d'avoir sensibilisé l'opinion au problème de la productivité de notre langue, et d'avoir ainsi commencé peut-être à changer la mentalité des locuteurs vis-à-vis de la néologie en illustrant parfaitement l'instabilité du lexique soumis à l'action contradictoire 'des forces de conservation et des forces de novation'" (Bécherel 1981, 121).

[13] „Cet ouvrage répertorie l'ensemble de leurs travaux [sc. des commissions ministérielles de terminologie], et permet de se retrouver dans les nombreux textes officiels de politique linguistique" (Klappentext).

[14] Die folgenden Beispiele sind, sofern nicht anders gekennzeichnet, FRANTERM 1984, 11-206, entnommen.

spielsweise wird mit dem Hinweis akzeptiert: „Le terme se prononce à la française", d. h. es erfolgt lediglich eine minimale graphische und deutliche phonische Assimilierung. Gleichzeitig wird im Kommentar auf die Existenz von *oléoduc* und *gazoduc* hingewiesen. Da zudem eine Reihe anderer Neologismen auf gleicher Basis gebildet werden (*oléoprise, oléoréseau, oléoserveur*), wäre eine Ersetzung von engl. *pipe-line* durch *oléoduc* nur konsequent gewesen.[15] Durch das Ausschöpfen beider Möglichkeiten wird eine Entscheidung im Grunde also nicht getroffen.

Daneben fallen mehrere Ersetzungen auf, die eher erstaunen. So wird nicht der Versuch gemacht, *drugstore* zu ersetzen, sondern es wird lediglich eine französische Aussprache propagiert. Im Fall der Bedeutungsentlehnung von engl. *control* jedoch wird eine Ersetzung zwingend vorgeschrieben. So bei *régulation d'orientation* statt *attitude control*, bei der die Zusatzbemerkung eine Ersetzung durch das möglicherweise näherliegende *contrôle d'orientation* explizit verbietet.[16] Die Bedeutungsentlehnung zu vermeiden scheint also von noch entscheidenderer Bedeutung zu sein als die in vielen anderen Zusammenhängen so vehement geforderte Respektierung französischer Wortbildungsmuster, die ja bei *contrôle d'orientation* gewahrt wäre.

– In inhaltlicher Hinsicht stellt darüber hinaus die Berücksichtigung des Integrationsgrades der zu ersetzenden Anglizismen einen wichtigen Punkt dar. Bedenken müssen sich vorrangig gegen die Indizierung bereits verhältnismäßig integrierter Anglizismen (wie *show-business* oder *hit-parade*) richten. Geht man davon aus, daß sie im Gemeinwortschatz 'verankert' und damit dem Durchschnittssprecher des Französischen geläufig sind, so ist ihre Ersetzung durch Neologismen kaum als Schritt in Richtung auf eine Optimierung des Kommunikationssystems zu interpretieren. Den staatlichen Instanzen scheint diese Schwierigkeit auch durchaus bewußt gewesen zu sein, denn bei den Ersetzungsvorschlägen für eine ganze Reihe von als integriert zu erachtenden Anglizismen finden sich Zusatzhinweise, die den Gebrauch der betreffenden Entwicklung nochmals explizit untersagen. Bei *groupiste* findet sich der Hinweis: „Le terme *groupman* ne doit pas être employé" (FRANTERM 1984, 95), und *walkman* wird ebenfalls im Zusatzhinweis nochmals verboten – mit der Begründung, es handele sich um einen geschützten Markennamen (FRANTERM 1984, 27). Fraglich ist auch gerade in solchen Fällen, inwieweit die Ersetzungen sich wirklich durchsetzen können.

---

15 Es handelt sich hier um keinen Einzelfall. Ähnlich gelagert ist die Behandlung von engl. *container*, dessen französierte Form *(conteneur)* ebenso vorgeschlagen wird wie seine Ersetzung durch *gaine*.
16 *régulation d'orientation* – „Note: Le terme *contrôle d'orientation* ne doit pas être employé." (FRANTERM 1984, 155)

– Kritik erscheint des weiteren angebracht an einigen Ersetzungen, die als nicht bedeutungsgleich mit der entsprechenden Entlehnung anzusehen sind, wie *disk-jockey* und *animateur, stand-by* und *attente, hit-parade* und *palmarès*.[17]

– Skepsis ist auch gegenüber umständlichen Umschreibungen wie *(de) haut de gamme* für *standing* sowie gegenüber 'Kunstwörtern' wie *facob*[18] nicht unangebracht. Dies gilt um so mehr, als viele der Ersatzbildungen als „zu lang, zu aufwendig, system- und informationsunökonomisch" (Gebhardt 1981, 28) qualifiziert werden müssen,[19] weshalb sie zweifellos nur eine äußerst geringe Chance haben dürften, sich gegenüber in der Tat häufig kürzeren Anglizismen durchzusetzen. Größere Chancen wären dagegen solchen Neubildungen zuzugestehen, die einen eher spielerischen Umgang mit der französischen Sprache unter Beweis stellen, wie beispielsweise *tomatine,* das *ketchup* ersetzen soll (Lamy 1993) – stünde dem nicht der Integrationsgrad von *ketchup* entgegen. Gerade solche Ersetzungen finden sich in den offiziellen Listen jedoch kaum.

– Ästhetischen Regeln oder auch dem *génie de la langue française* müßten auch, folgt man der Mehrzahl sprachpflegerischer Werke, nunmehr vorgeschriebene Bildungen wie *couper sec* widersprechen, denn gerade der adverbiale Gebrauch von Adjektiven gehört zu den stets aufs neue angegriffenen Entwicklungstendenzen des Gegenwartsfranzösischen, die darüber hinaus üblicherweise gerade auf angloamerikanischen Einfluß zurückgeführt werden. Gleiches gilt für eine stattliche Anzahl von Siglen und Kontaminationen wie *docudrame*, ebenfalls häufig genug angeprangert, die nun zur *norme nationale* gehören.

– Problematisch ist in einer Reihe von Fällen auch die Tatsache, daß für einen Anglizismus mehrere Ersetzungen vorgeschlagen werden, wie im Fall von *space craft*, das – ohne Bedeutungsunterschiede – durch *astronef* und *spationef* ersetzt werden soll, *pinpoint*, das – ebenso gleichwertig – durch *point identifié* und *position identifiée* zu ersetzen ist. Inwiefern zahlreiche synonyme Ersetzungsvorschläge ihrerseits dem Postulat der 'Klarheit' des Französischen gerecht werden können, mag dahingestellt bleiben. In anderen Fällen sollen durch zwei Ersetzungsvorschläge Bedeutungsnuancen berücksichtigt werden: So ist *planning* durch *planification* zu ersetzen, wenn es sich um eine „organisation suivant un plan" handelt, jedoch durch *planigramme*, wenn es sich um eine „matérialisation graphique d'une planification" handelt (FRANTERM 1984, 138). Zweifel an der praktischen Durchsetzbarkeit dieser Differenzierung müssen erlaubt sein und werden durch einen Blick in eine 200 Wörter umfassende Liste der Zeitschrift *Capital* (August 1994) bestätigt, in der sich für *planning* lediglich *planigramme* findet.

---

17 Zur Kritik an *disk-jockey – animateur* cf. u. a. Becherel 1981, 129 und Schmitt 1979a, 16ss.
18 Als obligatorische Bezeichnung für Rückversicherungsverträge von Versicherungsgesellschaften statt *opencover* vorgeschrieben; FRANTERM 1984, 85.
19 Gebhardt (1981, 28) führt als Beispiel den Extremfall *société de service et de conseil en informatique* als Ersatz für *software house* an.

Letztlich bleibt darüber hinaus zu kritisieren, daß prinzipiell mit zwei Kategorien von Ersetzungen zu operieren ist, den *termes obligatoires* und den *termes recommandés*. Während *planification* als empfohlen eingestuft wird, ist *planigramme* als obligatorische Ersetzung anzusehen. Da Kriterien für die Zuordnung zu den beiden Kategorien sich grundsätzlich nicht ermitteln lassen, Zuwiderhandlungen aber je nach Gruppenzuordnung bestraft werden oder nicht, dürfte nicht zuletzt – ist man bestrebt, nicht zum potentiellen 'Sprachsünder' zu werden – eine erhebliche Unsicherheit angesichts der korrekten Anwendung der Ersetzungen unumgängliche Folge dieser Erlasse sein. Die 'Gefahr', zum 'Sprachsünder' zu werden, ist zudem in den letzten Jahren noch gestiegen, da einige Erlasse durch neue Erlasse zum gleichen Wortschatzgebiet außer Kraft gesetzt wurden, die Inhalte sich jedoch teilweise nicht decken. So werden *show-business* und *hit-parade* im Erlaß vom 12.1.1973 indiziert. Im Erlaß vom 25.3.1983, der den ersten Erlaß außer Kraft setzt, werden sie nicht aufgenommen, jedoch ist *hit-parade* seit der Veröffentlichung des Erlasses vom 13.11.1985 – sozusagen nach fast dreijähriger stillschweigender Tolerierung – wieder verboten. *Show-business* dagegen ist, obwohl beide Erlasse es nicht wieder indizieren, noch in den Anhang der Erlaßsammlung des *Journal Officiel* aufgenommen.[20] Solche Inkonsequenzen ständig bedenken zu wollen, dürfte selbst für den sprachbewußtesten und gesetzestreuesten Bürger nicht leicht sein.

Auch die grundsätzlich als positiv einzustufende Hinwendung zu Neologismen (cf. supra) bedarf nach Überprüfung der einzelnen Erlasse einer Relativierung. Es entsteht durchaus der Eindruck, als existierten zwei 'Klassen' von Neologismen, die offiziell vorgeschlagenen und damit akzeptablen auf der einen Seite und ohne Normierung entstandene auf der anderen, die ebenso diffamiert werden wie Anglizismen. So ist z. B. *landing* durch *atterrissage* zu ersetzen und nicht durch *alunissage*, to *squatt* durch *squatter* und nicht durch *squatteriser* (FRANTERM 1984, 23 u. 173) u. ä. m., wobei auf die nicht zu verwendenden Neologismen in Zusatzkommentaren noch einmal gesondert hingewiesen wird.

Faßt man die genannten Punkte zusammen, so läßt sich festhalten, daß eine hohe Anzahl der Ersetzungen im Einzelfall nicht akzeptabel ist. Zuzustimmen ist somit dem Ergebnis Schmitts, der aufgrund einer Analyse der ersten Ministerialerlasse zu dem Urteil kommt, daß diese vielen an eine sinnvolle Sprachplanung zu stellenden Anforderungen (Schmitt 1979a, 15s) nicht Rechnung tragen und daß auf paradigmatischer Ebene eine Reihe „unsachgerechter Sprachplanungseinheiten" (Schmitt 1979a, 20) festzuhalten sind.

Es handelt sich also bei dem Gesetz Bas-Lauriol in höchstem Maße um ein politisches Manifest, das „auf bisher nie in Frage gestellten Traditionen des französischen Nationalstaats [basiert]" (Schmitt 1979, 487), und das eine konsequente Fortführung französischer Geschichte von Sprachpolitik und

---

20 Im *Dictionnaire des termes officiels de la langue française* allerdings findet es sich nicht mehr.

Sprachplanung darstellt. In Anbetracht dieser Tatsache sind die eben erörterten Einwände aus linguistischer Sicht in einigen Fällen nahezu völlig irrelevant, da sie ganz einfach nicht greifen.[21] Sprachgesetz und Ministerialerlasse sind als ein Versuch zu sehen, die Vormachtstellung des Englischen in bestimmten Bereichen wie, global formuliert, Technik und Wissenschaften, zu durchbrechen und das Französische als Sprache dieser Bereiche (wieder) durchzusetzen. Anders ausgedrückt geht es sowohl um Reinheit, d. h. um Normierung bestimmter Bereiche der französischen Lexik, als auch um Expansion der französischen Sprache, und diese Bemühungen sind in Frankreich, über Parteigrenzen hinweg, durchaus als konsensfähig anzusehen. Man kann davon ausgehen, daß „das erklärte Ziel aller französischen Regierungen seit Charles de Gaulle und Pompidou [...], die französische Sprache in Schutz zu nehmen [...]" (Schmitt 1979, 483), von einer breiten Mehrheit der politisch Verantwortlichen getragen wird. Dies belegen die von Schmitt wiedergegebenen, einhelligen Beiträge von Abgeordneten der verschiedenen politischen Parteien bei der Diskussion des Gesetzesentwurfs in Parlament und Senat (Schmitt 1977, 111ss), die Tatsache, daß der Entwurf schließlich von beiden Häusern ohne Gegenstimme angenommen wird (Gebhardt 1981, 25) – und letztlich auch die weitere Entwicklung bis hin zur sog. *Loi Toubon* 1994.

Bleibt schließlich die Frage nach der Wirksamkeit solcher Planungsmaßnahmen. Zunächst gilt es zu berücksichtigen, daß die Normierungsinstanzen, deren Einschaltung im Falle einer gesetzlich verordneten Norm nötig ist, mit der Entwicklung der Sprache kaum Schritt halten können. Gerade in den Fachsprachen verlaufen die Entwicklungen mit einem solchen Tempo, daß Normierungen im Grunde immer erst dann eintreten können, wenn die Entlehnungen innerhalb der Fachsprachen wahrscheinlich bereits integriert sind. Möglich scheint auch der Fall, daß eine Normierung dann erfolgt, wenn die Entlehnung – z. B. bei sog. *Modewörtern* – schon wieder 'aus der Mode gekommen' ist. So ist es durchaus nicht unmöglich, daß sich *top ten* zu einem Zeitpunkt auf Kosten von *hit-parade* durchsetzt, zu dem das veraltende Lexem gerade aufwendig verboten wird.

Einen weiteren nicht unproblematischen Punkt stellt die Frage der Anwendung des Gesetzes dar. Selbst wenn einige den Ministerien direkt nachgeordnete Instanzen wenigstens grundsätzlich kontrolliert werden können, entziehen sich der nichtstaatliche Bereich und vor allem die alltäglich gesprochene Sprache de facto jeder effektiven Kontrolle, und dies trotz eigens zu diesem Zweck gegründeter Vereinigungen wie der *Association générale des usagers de la*

---

21 Dies gilt z. B. bei der Kritik an der fehlenden Berücksichtigung der Opposition 'Fachsprachen' versus 'Gemeinsprache', da gerade die Fachsprachen um jeden Preis unter Ausmerzung der Anglizismen 'bereichert' werden sollen und die Frage des Entstehens möglicher neuer Kommunikationsbarrieren sich für den Gesetzgeber nicht stellt. Die ebenfalls oft monierte Vernachlässigung der möglicherweise bereits erfolgten Integration nunmehr indizierter Anglizismen, so relevant sie aus linguistischer Sicht ist, kann ebenfalls nicht greifen.

*langue française*. Auch die zahllosen Versuche, die neue *norme nationale* zu propagieren,[22] tragen im Augenblick wohl allenfalls zu einer Erhöhung des Problembewußtseins bei, nicht aber zu einer konsequenten Befolgung des Sprachgesetzes. Eine wirkungsvolle Kontrolle dürfte schon allein aus rein praktischen Erwägungen undurchführbar sein. Im Hinblick auf die Wirksamkeit dieser gesetzgeberischen Maßnahmen sind Zweifel also durchaus berechtigt.

Auch eine Vervielfachung der indizierten Lexeme, wie sie in den letzten Jahren zu beobachten ist, immer tiefer greifende Veränderungen rein fachsprachlicher Terminologien, die letztlich auch zur Ersetzung von *Internationalismen* und damit langfristig zur Isolierung Frankreichs führen könnten, tragen kaum dazu bei, die Wirksamkeit dieser Maßnahmen zu erhöhen.

Andererseits scheint, und dies dürfte den Erfolg der Bemühungen nicht unerheblich beeinflussen, die Akzeptanz in der Bevölkerung zuzunehmen, glaubt man den bisher veröffentlichten Umfragen und gesteht man ihnen Repräsentativität zu: Ende der 70er Jahre hält teilweise nur die Hälfte der von Fugger befragten Personen Sprachplanung für nötig, nur 15,38 % der Befragten bekennen sich dazu, sich in jedem Fall nach den Ministerialerlassen zu richten und die vorgeschriebenen Ersetzungen zu verwenden, und fast die Hälfte lehnen die Ministerialerlasse entschieden ab (Fugger 1980, 72).[23] Ein solches Ergebnis läßt in keinem Fall darauf schließen, daß die bisher ergriffenen Maßnahmen erfolgreich sein könnten. Anfang 1994 dagegen erklären sich laut einer SOFRES-Umfrage über 80 % der Franzosen mit dem Gesetzesentwurf von Toubon einverstanden (Cassen 1994, 94).

Festzuhalten gilt jedoch auch, daß Bemühungen um die Reinhaltung des Französischen, wie sie im Sprachgesetz von 1975 sowie in der frühen Fassung der *Loi Toubon* ihren Ausdruck finden, als Topoi zu werten sind, die eines bestimmten Kontextes bedürfen, um erfolgreich sein zu können. In der Geschichte der französischen Sprachpolitik lassen sich – mindestens seit dem Ende des II. Weltkriegs – sehr konkrete Zusammenhänge zwischen politischen Schlüsselereignissen, antiamerikanischer Einstellung im allgemeinen und beispielsweise der Gründung von Organisationen zur Bekämpfung des angloamerikanischen Einflusses sowie der Publikation puristischer Pamphlete sehr deutlich nachweisen (Beinke 1990, 7-44). Für das Sprachgesetz dürfte der EG-Beitritt Großbritanniens ebenso als ein „événement catalyseur" (Trescases 1982, 70) einzustufen sein – wenn auch unter anderen –, wie die GATT-Verhandlungen als Schlüsselereignis im Fall der *Loi Toubon* gesehen werden müssen.

---

22 So gibt es eine Reihe von Wörterbüchern, die ausschließlich die in den Erlassen vorgeschriebenen Neologismen aufnehmen. Überdies werden die Erlasse regelmäßig in den Publikationen zahlreicher Sprachpflegeorganisationen abgedruckt und kommentiert. Seit einiger Zeit sind die Listen sogar über Minitel verfügbar.
23 Ähnliche Skepsis vermittelt Brusse, demzufolge 97 % aller von einem Meinungsforschungsinstitut befragten Schüler „keine Ahnung davon zu haben [schienen], daß ihr *walkman* umgetauft war" (Brusse 1986, 72).

## Bibliographie

Anon. (1994): 200 mots clés et leur traduction, in: *Capital,* Août 1994, 40-43.

Bécherel, D. (1981): A propos des solutions de remplacements des anglicismes, in: *La Linguistique* 17/2, 119-131.

Beinke, C. (1990): *Der Mythos 'franglais'. Zur Frage der Akzeptanz von Angloamerikanismen im zeitgenössischen Französisch – mit einem kurzen Ausblick auf die Anglizismen-Diskussion in Dänemark,* Frankfurt am Main/Bern/New York/Paris.

Bessé, B. de (1980): Terminology Committees in France: Balance and Perspectives, in: *Intl.J.Soc.Lang.* 23, 43-49.

Brusse, J. (1986): „itparad". Französisch soll französisch bleiben, in: *DIE ZEIT,* Nr. 9, 9. Februar 1986, 76.

Cassen, B. (1994): Parler français ou la «langue des maîtres»?, in: *Manière de voir* 23, 94-95.

Décsy, G. (1973): *Die linguistische Struktur Europas. Vergangenheit – Gegenwart – Zukunft,* Wiesbaden.

Délégation générale à la langue française (1994): *Dictionnaire des termes officiels de la langue française,* Paris.

FRANTERM (1984): *Dictionnaire des néologismes officiels. Tous les mots nouveaux. Avec en annexe l'ensemble des textes législatifs et réglementaires sur la langue française.* Ouvrage réalisé sous la direction d'A. Fantapié et M. Brulé, Paris.

Fugger, B. (1980): Die Einstellung der Franzosen zur französischen Sprachpolitik, in: *ZFSL* Beiheft 6, 58-78.

Gebhardt, K. (1981): Sprachlenkung und Sprachpflege im heutigen Frankreich: Zum Problem des franglais, in: *NS* 80, 18-34.

Haas, R. (1991): *Französische Sprachgesetzgebung und europäische Integration,* Berlin.

Haugen, E. (1972): The Analysis of Linguistic Borrowing, in: Firchow, E. S. et al., Eds.: *Studies by Einar Haugen. Presented on the occasion of his 65th birthday – April 19, 1971,* The Hague/Paris, 161-185 (erstmals erschienen 1950 in: *Language* 26, 210-231).

Journal officiel de la République Française, Ed. ($^4$1985): *Langue française. Textes législatifs et réglementaires. Enrichissement du vocabulaire,* Paris.

Judge, A. (1993): Linguistic Legislation and Practice, in: Sampson, R., Ed.: *Authority and the French Language.* Papers from a Conference at the University of Bristol, Münster, 63-73.

Lamy, J.-C. (1993): L'Académie française résiste au «franglais», in: *Le Figaro,* 13.12.1993.

Müller, B. (1975): *Das Französische der Gegenwart. Varietäten, Strukturen, Tendenzen,* Heidelberg.

Robert, P.: *Dictionnaire alphabétique et analogique de la langue française.* Texte remanié et amplifié sous la direction de Rey-Debove, J./Rey, A., Paris 1994 (= Petit Robert 1994).

Schmitt, Ch. (1977): Sprachengesetzgebung in Frankreich, in: *Osnabrücker Beiträge zur Sprachtheorie* 5, 107-117.

– (1979): Die französische Sprachpolitik der Gegenwart, in: Kloepfer, R., Ed.: *Bildung und Ausbildung in der Romania.* Bd. II: Sprachwissenschaft und Landeskunde. Akten des Romanistentages in Gießen 1977, München, 471-491.

– (1979a): Sprachplanung und Sprachlenkung im Französischen der Gegenwart, in: Rattunde, E., Ed.: *Sprachnorm(en) im Fremdsprachenunterricht*, Frankfurt am Main/Berlin/München, 7-44.

– (1990): Französisch: Sprache und Gesetzgebung, in: Holtus, G./Metzeltin, M./Schmitt, Ch., Eds.: *Lexikon der Romanistischen Linguistik*, Bd. V: Französisch, Tübingen, 354-379.

Settekorn, W. (1988): *Sprachnorm und Sprachnormierung in Frankreich. Einführung in die begrifflichen, historischen und materiellen Grundlagen*, Tübingen.

Thévenot, J. (1976): *Hé! La France, ton français fout le camp!*, Gembloux.

Trescases, P. (1982): *Le franglais vingt ans après,* Montréal/Toronto.

Winkelmann, O. (1990): Französisch: Sprachnormierung und Standardsprache, in: Holtus, G./Metzeltin, M./Schmitt, Ch., Eds.: *Lexikon der Romanistischen Linguistik*, Bd. V: Französisch, Tübingen, 334-353.

# Das Fremde als Staatsaffäre:
## *hebdo Langage*, *télélangage* und *MÉDIAS & langage*

CHRISTIAN SCHMITT
Bonn

## 1. Vorüberlegungen

In der Soziologie gibt es die Vorstellung von der Existenz einer „Kerngesellschaft", um die herum sich zahlreiche Randgruppen scharen; eine der wichtigsten Determinanten für die Randgruppen bildet dabei, wie Fürstenberg ausführt, die „relative Ferne zur 'Kerngesellschaft'" (Fürstenberg, 1965, 237). Bei diesen Gruppen handelt es sich um eine Kategorie von Menschen, „die sich in unterprivilegierter Lebenslage befinden und zu der die Majorität der Bevölkerung eine hohe Distanz (hohe Stigmatisierungs-, Diskriminierungs- und Absetzungsbereitschaft)" (Endruweit/Trommsdorf, 1989, II, 414) einzunehmen bereit ist. Besonders hoch ist das soziale und ethnische Vorurteil dabei gegen Gruppen, denen Fremdheit als Charakteristikum zugewiesen wird. Hier gilt in besonderem Maße die von Uta Quasthoff vertretene These, daß Vorurteile nicht das Ergebnis je individueller Erfahrung sein müssen, denn sie werden „kulturell tradiert und sind abhängig von historisch und politisch-situationellen Gegebenheiten des Verhältnisses beider beteiligten Gruppen" (Quasthoff, 1973, 51), wobei van Dijk (1987, 125) gar von der Existenz der „distanced neighborship" ausgeht, von der Ideologie und Persuasion bestimmt seien. Vorurteile tragen damit entschieden zu dem bei, was Umberto Eco (1991, 168) die „partielle Interpretation der Welt" genannt hat, worunter die in einem persuasiven Diskurs vermittelte Weltanschauung zu verstehen ist.

Dieses Phänomen hat z. B. in der Massenkommunikation dazu geführt, daß sich eine Zeitung in ihrem *Libro de Estilo* die Verpflichtung auferlegt hat, die Minderheitenzugehörigkeit einer Person nur dann anzuführen, wenn sie einen zentralen Teil einer Nachricht darstellt; so ist hier unter dem Stichwort *gitano* zu lesen:

„El hecho de que una persona sea gitana no debe citarse en las informaciones a no ser que constituya un elemento fundamental de la noticia. Podrá hablarse de la discriminación que sufre 'un barrio de gitanos', por ejemplo, pero nunca de que el protagonista de una información es gitano, si ello no aporta un dato sin el cual perderá sentido la noticia (...)" (El País, 1990, 257)

Da die Herausgeber der Zeitung um die Marginalisierung des Begriffes *gitano* mit allen Epiphänomenen wissen, aber auch gleichzeitig die mit *gitano* verbundene Konnotation als unvermeidbar erachten, sozusagen als vorgegebene

Einschätzung und Bewertung, die mit der Wortbedeutung verbunden bleibt und die Tonalität des Gesamttextes bestimmen kann, sind sie bereit, auf das die Kommentierung implizit beinhaltende *gitano* zu verzichten.

*In linguisticis* verfügen wir über ähnlich stigmatisierte Begriffe, die sich auf die Sprache marginalisierter Gruppen beziehen. Die besondere Stigmatisierung etwa der *patois* besonders zur Zeit der Französischen Revolution (Balibar/ Laporte, 1974; de Certeau/Julia/Revel, 1975; Renzi, 1981) und im 19. Jahrhundert war bereits Gegenstand umfangreicher Diskussion. Ebenso wurde ausführlich die Xenismusbewertung etwa zur Zeit des *fin-de-siècle* behandelt (Görtz, 1990, 147-164), die als Dekadenz vielfach mit der Notwendigkeit oder auch ganz einfach dem Phänomen der sprachlichen Entlehnung (Langenbacher, 1980) assoziert wurde. Zu den stigmatisierten Begriffen des normativen Diskurses gehört spätestens seit der Jahrhundertwende auch frz. *anglicisme*; dabei ist symptomatisch, daß z. B. selbst dem *Robert* (Robert, $^{3}$1993)[1] eine puristische Definition von *anglicisme* vorgeworfen werden muß, wie dies Manfred Höfler (1976) überzeugend dargelegt hat. Die sprachwissenschaftlichen Termini *patois* und *anglicisme* sind damit in linguistischen Abhandlungen kaum mehr ohne die stigmatisierende Konnotation zu verwenden: Wenn hier also von Fremdem aus dem angloamerikanischen Bereich die Rede ist, darf implizit eine negative Bewertung der lexikalischen Einheit oder der grammatischen Regel vorausgesetzt werden, und diese implizite Präsupposition gilt für den Sprecher ebenso wie für den Hörer; die Bewertung einer sprachlichen Erscheinung als dem Französischen nicht eigene, fremde Einheit oder Regel darf damit pragmatisch gleichgesetzt werden mit der Aufforderung zur Vermeidung bzw. der Abwehr des Fremden, so wie etwa die Existenz einer Gesellschaft *Défense de la langue française* mit gleichnamiger Zeitschrift die Präsupposition nahelegt, die heutige französische Sprache, die international eine bedeutendere Rolle spielt als ihr von der Zahl der Sprecher zusteht, werde tatsächlich attackiert, und zwar in erster Linie von der Weltsprache Englisch (Schmitt, 1990, 379-391).[2]

## 2. *hebdo Langage*, *télélangage* und *MÉDIAS & langage*

Zu den von der deskriptiven wie der normativen Linguistik kaum wahrgenommenen Bereichen der Sprachpflege und Sprachlenkung gehören die offiziellen wie halboffiziellen sprachnormativen Aktivitäten in den französischen Medien, darunter auch die Sprachkritik in der früheren O.R.T.F. , die in der *Maison de l'O.R.T.F.* (116, Avenue du Président-Kennedy, 75790 Paris) ihren Hauptsitz hatte. Hier wurde 1972 unter der Leitung von Roland Godiveau, *secrétaire permanent du langage*, ein *Secrétariat Permanent du Langage* unter Berufung auf *la loi du 2 juillet 1972 portant création de nouveaux statuts de l'O.R.T.F.*, ein dem Generaldirektor Arthur Conte unterstelltes Sprachbüro begründet, das

---

1 Die Kritik bezieht sich auf die beiden ersten Auflagen von 1967 und 1977.
2 Zum Einfluß des Französischen auf das Englische vgl. Chirol, 1973.

ab 1972 eine in loser Blattfolge erscheinende Sprachzeitschrift mit dem Namen *hebdo Langage* herausgab, die einer von Jean-Pierre Angrémy gezeichneten *Note à l'attention des collaborateurs de l'O.R.T.F.*[3] zufolge „n'a d'autre intention que de rappeler simplement et sans prétention un certain nombre de règles indispensables à la correction de la langue française, tout en respectant les lois de son évolution". Bis zum 16.12.1974 sind 83 Nummern erschienen, die letzte Nummer begründet den Abschied vom Leser mit folgenden Worten:

„Voici le 83$^e$ numéro d'HEBDO-LANGAGE, celui qui, avec la fin de l'année marque, pour sa part, la disparition de l'O.R.T.F.. Renaîtra-t-il l'année prochaine? Il est permis de l'espérer. C'est le vœu que formule le Secrétariat permanent du langage. C'est celui aussi qu'il souhaite recevoir de tous ses lecteurs" (*hebdo Langage* 83, 3$^e$ année, 1).

Diesen Wünschen folgt eine Bewertung der eigenen Arbeit und der Meriten, die sich der Sprachendienst der O.R.T.F. selbst zuerteilt:

„On peut dire que l'un des mérites de l'O.R.T.F. aura été de faire prendre conscience à tous ses membres et surtout – par delà l'antenne – à tous ceux qui l'écoutent, des risques énormes de pollution, de confusion voire d'incompréhension qu'encourt le langage depuis que la parole est partout présente, amplifiée par les fantastiques moyens de communication de masse que sont la radio et la télévision" (*hebdo Langage* 83, 3$^e$ année, 1).[4]

Der Wunsch blieb nicht unerhört, denn nach einer kurzen Umorientierungsphase konnte das *Secrétariat permanent du langage de l'audiovisuel* am 15.4.1975 folgende Anzeige aufgeben: „De nouveau, une publication au service de la qualité du langage, spécialement du français parlé de l'audiovisuel, mais sous un titre nouveau. Après HEBDO-LANGAGE, TELELANGAGE, dans la même perspective d'action et de pensée" (*hebdo Langage* 83, 3$^e$ année, 1); zum Redaktionskomitee gehören Repräsentanten von TDF, TF1, A2, FR3, Radio-France, SFP und dem *Institut de l'audiovisuel*. Auch diesem Organ war kein langes Leben beschieden, denn mit der Veröffentlichung von *télélangage* 45 am 1.7.1977 stellte das Sekretariat, das jetzt dem *Service juridique et technique de l'information* und mithin dem *Premier Ministre* unterstand, nach nur drei Jahren die Veröffentlichung ein.

Mit *MÉDIAS & langage* wurde am 15.10.1978 ein dritter Versuch gestartet; diese Zeitschrift ist aufwendiger, umfangreicher und informativer als die beiden Vorgängerinnen und begründet ihre Existenz auf dem Rundfunkgesetz N° 64496 vom 7.8.1974, ihre Aufgabe wird von Alain Fantapié, dem neuen *Secrétaire permanent du langage de l'audiovisuel* wie folgt umrissen:

„Il ne s'agit pas d'établir des relevés de 'fautes' ou 'd'incorrections' de langage commises à l'antenne, ni de dresser des palmarès. *Médias et Langage*

---

3 Dieses Heft von *hebdo Langage* ist ohne Datum; zur offiziellen Sprachpolitik in Radio und Fernsehen vgl. Balous, 1970, 84ff.

4 Hier tauchen wieder das markierte Vokabular der Sprachpolitik und die dem Bereich der Umweltdiskussion entliehenen Metaphern auf, die auch sonst die Sprachdiskussion bestimmen.

a pour objet d'apporter une information: listes de terminologie nouvelle fixées par les commissions ministérielles; mots nouveaux au fur et à mesure que l'évolution des techniques ou des besoins de la communication les font apparaître; équivalents d'anglicismes abusifs et inutiles: et d'une manière générale toute observation d'ordre phonétique, lexical ou morphosyntaxique qui pourrait favoriser la qualité du français parlé à l'antenne. *Médias et Langage* publiera en outre des informations et des réflexions sur la langue française dans le monde" (*MÉDIAS & langage* 1, 1978, 1).

Gerade der frankophone Aspekt wird in dieser Zeitschrift besonders hervorgehoben; der Literat Philippe de Saint Robert betont in seinem das erste Heft einleitenden Artikel, es sei „paradoxal mais néanmoins véridique de le soutenir: si la France vivait encore dans ses frontières bien protégées, et dans la fraternité privilégiée des peuples qu'elle a conduits à l'indépendance, je pense que notre langue ne connaîtrait pas de problème excessif au-dedans, et qu'au-dehors ce qu'elle a pu avoir d'universel serait encore respecté dans une large mesure" (*MÉDIAS & langage* 1, 1978, 1b), um diesen nostalgischen Kolonialistenträumen gleich noch ein Wort des ehemaligen französischen Staatspräsidenten Georges Pompidou nachzuschicken, der sich vielfach zum Thema Sprachpflege geäußert hat:

„Georges Pompidou, en effet, avait eu conscience du danger qu'il créait lui-même [durch die Zustimmung zum Beitritt Englands zur Europäischen Gemeinschaft, d. Vf.], puisque dans un entretien accordé au *Soir* de Bruxelles le 19 mai 1971, il déclarait à l'attention particulière et incertaine des Belges: 'Je dis que si demain l'Angleterre étant entrée dans le Marché commun, il arrivait que le français ne reste pas ce qu'il est actuellement, la première langue de travail de l'Europe, alors l'Europe ne serait jamais tout à fait européenne. Car l'anglais n'est plus la langue de la seule Angleterre, il est avant tout, pour le monde entier, la langue de l'Amérique'" (*MÉDIAS & langage* 1, 1978, 1b).

Diesem Vermächtnis und Auftrag entsprechend, widmet die bis N° 18 (1983) erscheinende und danach eingestellte Zeitschrift *MÉDIAS & langage*, die 1985 durch *Qui vive international* ersetzt wurde, gerade den Anglizismen besondere Beachtung, wobei Fachsprachen, Fachübersetzungen und die Fachsprachenlinguistik allgemein einen breiten Raum einnehmen.

*Hebdo langage, télélangage* und *MÉDIAS & langage* markieren damit etwas mehr als eine Dekade staatlicher Sprachpflege und Sprachkritik beim französischen Rundfunk und Fernsehen; die stets gegebene Zuordnung zum *Secrétariat* bzw. *Commissariat général de la langue française* beim Premierminister gestattet sicher die Folgerung, in der Analyse der sprachwissenschaftlichen Behandlung des Fremden in diesen drei Publikationsorganen eine Form der offiziösen und offiziellen Reaktion des Französischen Staates auf die zunehmend im *usage* implantierten Entlehnungen aus dem Englischen zu sehen und die Texte als Stellungnahme zum *aménagement linguistique* (oder moderner, noch fachsprachlicher, zur *ingénierie linguistique*) auszulegen.

## 3. Das Fremde in *hebdo Langage*, *télélangage* und *MÉDIAS & langage*

*hebdo-Langage*

Wer die im Anhang zu diesem Aufsatz reproduzierte Abbildung der *table des sujets traités dans les numéros d'HEBDO-LANGAGE du n° 5 au n° 36* konsultiert, wird hier den Eintrag *anglicisme(s)* vergeblich suchen (vgl. Abb. 1). Nur einmal ist die Rede von *franglais* (18 décembre 1972), ansonsten fühlt man sich eher an den Index bei Vaugelas (1647/1934)[5] oder an die von Christoph Schwarze (1977) behandelten Sprachchroniken als an Etiembles (1964, [²1973]) *Parlez-vous franglais?*, das Manifest des antiangloamerikanischen Sprachpurismus, erinnert. Doch dieser Eindruck trügt: Bereits bei der ersten Nummer ist im Zusammenhang mit *Qu'est-ce qui vous EXCITE dans ce programme* folgende Bewertung zu lesen: „Anglicisme irritant ou amusant suivant l'humeur, car le sens français relève du langage vulgaire" (*hebdo Langage* 1, 1972, 2); und bei N° 7 stellen die Autoren im Zusammenhang mit „*le Français n'a réalisé que le 35ème MEILLEUR temps* oder *le deuxième MEILLEUR de cette course a été*" die Frage: „Pourquoi dire (...) en subissant l'influence de l'anglais (*second best*)? Alors qu'en français on dit simplement *le 35ème temps* ou *le deuxième de cette course*" (*hebdo Langage* 7, 1972, 1). Ausschließlich dem Anglizismus gewidmet ist sogar N° 11, wo dem *franglais* als Form des *ne dites pas* stets ein *le 'francophone' dit* entgegengestellt wird (vgl. Abb. 2). Was wird hier stigmatisiert? Es fällt auf, daß in erster Linie syntagmatische Varietäten kritisiert werden, sowie sog. *faux-amis*, die aus der durch den Strateinfluß bedingten formalen Ähnlichkeit zwischen dem Englischen und dem Französischen bedingt sind:

- So taucht mit der Stigmatisierung von *les premiers trente coureurs* statt *les trente premiers coureurs* und *les autres six Ministres* statt *les six autres Ministres* wieder ein mit der Logik begründetes Phänomen[6] auf, das bereits aus einem früheren Blatt bekannt ist. Warum die syntaktische Konvergenz, die alt ist und die man durchaus semantisch erklären kann, schlecht sein soll, wird nicht begründet.
- Die Ausbildung von *faux-amis* wird stets dann mißbilligt, wenn ein Lexem wie z. B. frz. *conventionnel* in einer auch im Englischen gegebenen Bedeutung gebraucht wird (*hebdo Langage* 11, 1972, 4)[7] und dieser semantische Wandel einen Neologismus darstellt:

---

5 Vgl. auch Marzys, 1984, 9-11.
6 Vgl. Grevisse, ¹³1993, 496f.; die historische Erklärung überzeugt nicht: „Etiemble (*Parlez-vous franglais?* 1973, p. 185) considère ces faits comme un calque de l'anglais. – Indépendamment de cela, *autre* était jadis couramment placé avant le numéral cardinal. (...) Plus tard, cette construction est signalée dans divers français régionaux (Midi, centre de la France, Picardie)" (§ 318b).
7 Vgl. auch *hebdo Langage* 27, 1973, 1.

- „l'équipe de France est très 'conventionnelle' (...)"
- „des armes 'conventionnelles' (...)";
stattdessen solle der echt Frankophone[8] sagen:
- „la composition de l'équipe de France est sans *surprise* (...)"
- „des armes *classiques*, ou *non-atomiques* (...)", als ob die Ersatzformen gleichwertig wären.
- Interne Wortbildung bzw. Lehnprägung wird explizit zurückgewiesen bei dem aus dem Xenismus *marketing* abgeleiteten Verb *marketer* oder bei dem in Analogie zu engl. *accomplishment* abgeleiteten *accomplissement*:[9]
 - „le 'franglophone' dit qu'il 'markète' un produit. En français on le commercialise";
 - „le 'franglophone' dit: ce disque est un bel 'accomplissement' de Baremboïn, mais le francophone dit: ce disque est une belle réussite de Baremboïn."
 - Auch bei *Galles* statt frz. *Pays de Galles* wird ein Analogon zum Englischen entschieden abgelehnt.
- Die merkwürdigsten Ausführungen betreffen jedoch eine Rückentlehnung des Französischen aus dem Englischen: *supporter* und *supporteur*:
 - *supporteurs* oder sogar *supporters* mit Fremdaffix werden akzeptiert und „font désormais partie du vocabulaire français" (*hebdo Langage* 11, 1972, 1);
 - hingegen wird das Verb *supporter*[10] des Franglophonen verteufelt: „Le 'franglophone' supporte son équipe. En français, on l'encourage ou on la soutient"; die Bedeutungsentwicklung von *supporter* „soutenir, souffrir, accepter, endurer" → „soutenir, encourager, soutenir (un sportif, une équipe sportive)" wird dabei strikt abgelehnt (*hebdo Langage* 11, 1972, 2).

Basiert hier der normative Diskurs auf der Antithese *le franglophone dit* vs. *en français on dit*, so stehen ab 1973 die im *Journal officiel* publizierten empfohlenen und obligatorischen Wortlisten im Vordergrund.[11] Dabei war zu erwarten, daß die im *Journal officiel* vom 18.1.1973 erschienenen „mots qui relèvent de l'audiovisuel" (*hebdo Langage* 15 bis, spécial; 22.1.1973) einen Schwerpunkt bilden. Nicht zu erwarten hingegen ist, daß hier so großes Verständnis für wenig gelungene Schreibtischwörter wie *industrie du spectacle* für *show business*, *palmarès* für *hit-parade*, *publipostage* für *mailing*, etc.[12] aufgebracht

---

8 Die hier verwendete Dialogstruktur mit These und Antithese erinnert an Henricus Stephanus' Werk *Deux dialogues du nouveau langage françois italianizé* (Estienne 1885).
9 Zur restriktiven Handhabung der genuinen Ableitungs- und Wortbildungsregeln vgl. Schmitt, 1978.
10 Laut Robert, ³1993, ist das Verb *supporter* „encourager, soutenir (un sportif, une équipe sportive)" ein seit 1963 ausgewiesener Anglizismus (2173a); die Notation *anglic.* (gegenüber *mot anglais* bei *le supporter* „partisan") darf dabei wohl als puristische Bewertung ausgelegt werden.
11 Vgl. dazu Schmitt, 1979; 1979a; Wolf, L., 1977.
12 Vgl. dazu Schmitt, 1977, 89-110; 1979.

wird. An anderer Stelle habe ich nachzuweisen versucht, daß durch diesen Eingriff in die Gebrauchsnorm (Schmitt, 1977; 1977a; 1978; 1990) die Kommunikation erschwert wird, da, wie auch Goudailler (1982, 28-51) und Fugger (1980/1983) dargelegt haben, viele dieser Bildungen nicht französischen Sprachregeln entsprechen und weder von einer Synonymie noch von einer kommunikativen Äquivalenz etwa bei *média/moyen*, *message/spot* oder *reporteur d'images/reporteur-caméraman* ausgegangen werden darf; *retour arrière* oder *retour en arrière* müssen gar als Tautologien angesehen werden; dabei werden solche Bildungen bekanntlich seit Jahrhunderten im Französischen verdammt.

Ein bemerkenswertes Ereignis stellt die sprachlich im Französischen nicht eindeutig bewältigte Freigabe der Wechselkurse dar: traditionell verfügte das Französische über *fluctuer*[13], doch bereits in *hebdo Langage* 21 (19.3.1973, 1) stellten die Verantwortlichen unter dem Titel 'A TECHNIQUE NOUVELLE, MOT NOUVEAU?' fest: „L'usage tend à substituer à *fluctuer librement* le verbe *flotter*, plus court, pris dans un sens particulier". Während von *floating* nicht die Rede ist, zeigt *hebdo Langage* durchaus Verständnis für *libre fluctuation* oder die Neubildung *fluctuance*:

„Quel nom donner à cette technique monétaire nouvelle? Au verbe *fluctuer* (*librement*) correspond l'expression nominale *libre fluctuation*, qui définit bien l'opération (ou pourrait aussi en tirer, si on veut absolument un terme spécifique, un néologisme comme fluctuance)" (*hebdo Langage* 21, 1973, 1).

Nach der Diskussion von *flottement*, *flottage*, *flottaison*, *flottation* hält *hebdo Langage* zwei weitere Bildungen für aussichtsreich:

„C'est sans doute entre *flottement* et *flottation* que l'usage (et le Ministre de l'Economie et des Finances) tranchera ..." (*hebdo Langage* 21, 1973, 1).

Diese Entscheidung wird „après mûres réflexions" zwei Monate später zurückgenommen: „En définitive, Hebdo-Langage marquait son choix pour '*flottement*'", denn *fluctuer* und *fluctuation* „sont réservés par l'usage à désigner des mouvements de plus faible amplitude", wobei so getan wird, als hätte man selbst die Lösung gefunden (*hebdo Langage* 24, 1973, 1).

Einen Kampf gegen Windmühlen bildet das *médicalement vôtre* vom 4. Juni 1973 (*hebdo Langage* 24, 1973, 1) (vgl. Abb. 3), denn *examen/bilan (de santé)*, *stimulateur* und *effort intense* dürften selbst von ideologisch voreingenommenen frankophonen Sprachbenutzern nie als Äquivalente zu *check-up*, *pacemaker* und *stress* angesehen werden; ähnliches gilt für die beiden *sportivement vôtre* (*hebdo Langage* 33, 1973 und 34, 1973) und das *administrativement vôtre* (*hebdo Langage* 35, 1973, 1), denn im Sport (Becker, 1970; Bäcker, 1975)[14] und in der Verwaltung (Schmitt, 1977b, 511-521; 1988)[15] gehören die Anglizismen längst zur Norm im Sinne des Erwartbaren, wie selbst Etiemble

---

13 *Fluctuer* wird von Robert, [3]1993, nur in den Bedeutungen (1) „flotter" und (2) „être fluctuant, changer" (938a) ausgewiesen.
14 Vgl. auch *hebdo Langage* 45, 1973, 1.
15 Vgl. auch Etiemble, 1966.

(1964; 1966) einräumt; ähnliches gilt auch für die Attacken gegen die Reimporte *instance* „poursuite en justice", für das entweder *autorités internationales* oder *institutions internationales* vorgeschlagen wird, bzw. *performance* und *performant*, denen *résultat chiffré* und *exploit* vorgezogen werden. Dabei überrascht kaum die *in adiecto* gemachte Bemerkung: „Ces deux termes [scil. *performance* und *performant*, d. Vf.] sont particulièrement à déconseiller" (*hebdo Langage* 38, 1973, 1).

Mit der Kritik gegen *leasing* „crédit-bail, location-vente", *discount* „remise, escompte", *promotion* „accroissement de ventes" (*hebdo Langage* 40, 1973, 1)[16] bzw. *pipeline* „oléoduc, gazoduc", *off-shore* „en mer", *royalty* „redevance" (*hebdo Langage* 50, 1974, 1), *marketing* „marchéage", *merchandising* „marchandisage", *cash and carry* „payer-prendre" (*hebdo Langage* 57, 1974, 1) oder *software* „logiciel", *hardware* „matériel", *display* „visuel" (*hebdo Langage* 63, 1974, 1) stehen dann wieder die Fachsprachen, das wohl wichtigste Thema der aktuellen Sprachplanung (Muller, 1985, 186ff.; Beinke, 1990, 211ff.; Schmitt, 1979a; 1988b) im Mittelpunkt des Interesses.

*télélangage*

*télélangage*, für das Roland Godiveau verantwortlich zeichnet, setzt diese Loseblattfolge inhaltlich wie formal fort. So werden hier die sog. *communiqués de mise en garde* der *Académie française* (Langenbacher, 1980) vulgarisiert und die Resultate der offiziellen Sprachplanung, die sog. *arrêtés ministériels* (Schmitt, 1977), engagiert verteidigt. Einen solchen „rappel de certains bons usages (non pour un beau langage, mais simplement pour un langage correct)" beinhaltet etwa die zweite Nummer von *télélangage* (1975, 1-2), in der die Anglizismen *informel* „sans cérémonie"[17], *dimension* „au sens figuré de IMPORTANCE, AMPLEUR" und *prestation* „tribut de l'Etat à ses administrés"[18] kritisiert werden.

Auf im *Journal Officiel* erschienene fachsprachliche Terminologien bezieht sich eine andere Ausgabe (*télélangage* 12, 1975, 1).[19] Hier wird der Entscheidung des *Comité d'étude des termes médicaux français* eine Breitenwirkung geschaffen: „Pour l'information du grand public, rappelons à l'intention de nos confrères journalistes les termes principaux adoptés par référence à la terminologie de langue anglaise, certains étant d'ailleurs déjà entrés dans l'usage"; dabei werden speziell *battade* „technique de massage ('beating')", *déconnection* „en anesthésiologie ('deconnection')", *dopage* „procédé destiné à augmenter le rendement général d'un individu ('doping')", *hissage* ou

---

16 Vgl. auch *hebdo Langage* 53, 1974, 1 und *hebdo Langage* 59, 1974, 1. Zur Wirtschaftsfachsprache vgl. Ihle-Schmidt, 1983.
17 Vgl. auch *hebdo Langage* 27, 1973.
18 Vgl. auch *Défense de la langue française* vom 14.11.1973.
19 Vgl. auch *télélangage* 30, 1976, 1f.

*remodelage* „technique employée pour la suppression des rides du visage ('lifting')", *moniteur* „appareil électronique réalisant automatiquement certaines opérations à la place de l'homme ('monitor')" und *stipulateur* „appareil interne ou externe, cardiaque ou non ('pace maker')" (*télélangage* 12, 1975, 1) nachdrücklich in Erinnerung gebracht (vgl. Abb. 4).

Einen besonderen Schwerpunkt bildeten die Olympischen Spiele von Montréal (*télélangage* 25 bis, 1976; vgl. Abb. 5), bei denen es natürlich galt, die Flagge der Frankophonie neben dem *Union Jack* und den *Stars and Stripes* hochzuhalten (vgl. Abb. 5); es überrascht kaum, daß die von den *Services Sportifs* erarbeitete Liste ausschließlich Anglizismen des Französischen zum Gegenstand hat und damit zumindest indirekt den Erlaß über die Reinhaltung der französischen Sportsprache (Ernst/Wimmer, 1992) vorwegnimmt.

## *MÉDIAS & langage*

*MÉDIAS & langage* (N° 1, 15 octobre 1978) ist facettenreicher, informiert breiter, allerdings auch in aggressiverem Ton:

„Médias et Langage a pour objet d'apporter une information: listes de terminologie nouvelle fixées par les commissions ministérielles; mots nouveaux au fur et à mesure que l'évolution des techniques ou des besoins de la communication les font apparaître; équivalents d'anglicismes abusifs ou inutiles: et d'une manière générale toute observation d'ordre phonétique, lexical ou morphosyntaxique qui pourrait favoriser la qualité du français parlé à l'antenne (...)" (Alain Fantapié in: *MÉDIAS & langage* 1, 1978, 1).

Daß dabei die Frankophonie einen besonderen Stellenwert einnimmt, entspricht den Intentionen der Regierung, die mit der Stärkung des *Haut Comité de la langue française* und einem am 15.1.1981 von Raymond Barre vorgestellten 14-Punkte-Plan andeutet, welches Gewicht sie der frankophonen Politik beimißt (*MÉDIAS & langage* 10/11, 1981, 13); zumindest implizit wird dabei von folgenden Punkten der Einfluß von außen, der Kampf gegen das Englische, betroffen:

– MESURE n° 2: favoriser l'emploi d'une langue claire et précise par les cadres de la science, de l'administration et des entreprises;
– MESURE n° 3: veiller à la qualité du langage administratif;
– MESURE n° 4: mettre la radio au service de la langue française;
– MESURE n° 5: adapter et moderniser les vocabulaires scientifiques et techniques;
– MESURE n° 7: établir un bilan prospectif de la langue;
– MESURE n° 12: favoriser la rédaction et la publication des ouvrages scientifiques et techniques en langue française (*MÉDIAS & langage* 10/11, 1981, 13-30).

Natürlich werden auch hier weiterhin Anglizismen gebrandmarkt, aber im wesentlichen geht es jetzt global um das Thema *pour une politique de la langue*, wie dies etwa der Titel des folgenden Heftes[20] oder auch ein späteres Heft zu den Sektorialsprachen[21] andeuten.

## 4. Das Fremde im normativen Diskurs

Der normative Diskurs des Französischen unterscheidet sich fundamental von dem der übrigen romanischen Sprachen; wenn sich etwa der historische normative Diskurs des Spanischen durch die regelmäßige Diskussion von Spitzenbegriffen wie *razon, claridad* und *autoridad* auszeichnet[22] und diese aus der Sprachdiskussion des 17. und 18. Jahrhunderts überkommenen Begriffe auch den modernen Diskurs der *Real Academia*[23] bestimmen, dominiert in der Diskussion um das gute Französisch noch immer die in der Diskussion der *ne dites pas, mais dites* enthaltene Dichotomie den heutigen Diskurs.[24] Der Antagonismus wird dabei schwerpunktmäßig auf das Verhältnis von ererbtem Wort und lateinisch-romanischer Tradition versus entlehntes angloamerikanisches Wort und englische Überlieferung übertragen, wobei dem außenstehenden Betrachter merkwürdig erscheinen mag, daß es nur selten um genealogische Aspekte geht, denn die zahlreichen Rückkehrer, die oft wie trojanische Pferde unerkannt bleiben, da hier Integrationsprobleme selten auftreten, werden *grosso modo* nicht anders behandelt als von germanischer Basis kommende Anglizismen.

Der normative Diskurs wirkt dabei recht schablonenhaft, wie dies auch Berrendonner (1982, 21ff)[25] für die Geschichte der französischen Sprachnorm betont hat. Die hier auftauchenden Argumentationsstrukturen kennen wir auch aus dem Neuspanischen bzw. der spanischen Akademiegrammatik (Schmitt, 1990a; Fries, 1984),[26] die Kriterien aus der französischen oder auch der spanischen normativen Grammatik (Weinrich, 1973; Schmitt, 1988a, 155ff) werden hier weitgehend aufgegriffen[27] und argumentativ ausgenutzt.

Höchste Autorität in sprachlichen Dingen bleibt das Gesetz; dieser Instanz entspricht im normativen Diskurs „est préconisé par la loi" (*hebdo Langage* 1, 1978, 5), „cette loi fait obligation (...)" (*hebdo Langage* 1, 1978, 5), „liste de termes d'emploi obligatoire" (*hebdo Langage* 59, 1974, 1), etc. Dabei kann natürlich auch der Rechtsvertreter prolexematisch im Text auftauchen, etwa in

---

20 *MÉDIAS & langage* 10/11, 1981, 13& *langage* 12/13, 1982, mit gegen den angloamerikanischen Einfluß gerichteten *fiches techniques informatiques*.
21 „Vers une politique linguistique", *Médias & langage* 18, 1983, mit einer *terminologie de l'informatique*, 24-27, und einer *terminologie de la télédétection aérospatiale*, 28-30.
22 Vgl. dazu Schmitt, 1989.
23 Vgl. dazu Sarmiento, 1978; 1979; 1981; und Schmitt, 1990a.
24 Vgl. auch Muller, 1985, 263ff.
25 Vgl. auch Brüch, 1941.
26 Zum Italienischen vgl. Fanfani, 1991-1993; zum Rumänischen Eliade, 1972.
27 Zur normativen Argumentation vgl. auch Berrendonner, 1982, passim.

der Form „le Ministre de l'Economie et des Finances tranchera (...)" (*hebdo Langage* 21, 1973, 1), oder durch die Erwähnung einer offiziellen bzw. offiziösen Einrichtung, wie bei „la Commission du Dictionnaire de l'Académie Française adoptait (...)" (*hebdo Langage* 24, 1974, 1) oder „L'Académie Française rappelle le sens exact" (*hebdo Langage* 16, 1973, 1).[28]

Auf der Liste der inakzeptablen Eigenschaften findet man die seit Jahrhunderten bekannten Stigmatisierungen wie *le franglophone dit* vs. *en français on dit* (*hebdo Langage* 11, 1972, 1), das der Dialogstruktur bei Henricus Stephanus entspricht, die ebenfalls antithetisch aufgebaut ist, oder *c'est un pur anglicisme* (*hebdo Langage* 27, 1973, 1) oder *barbarisme* (*hebdo Langage* 6, 1972, 1) bzw. *anglicisme*, oder auch *anglicismes inutiles*, nur implizit evozierend, *le terme français est* (...) (*hebdo Langage* 40, 1973, 1). Qualitäten bilden *clair/clarté* oder *précis/ précision* (*télélangage* 19, 1976, 1) und die zahlreichen Autoritäten, von denen Rivarol, La Bruyère, Vaugelas und Paul Valéry als Autoren metasprachlicher Reflexion den höchsten Kredit besitzen,[29] es sei denn, man möchte der Aussage einer Autorität aus dem gegnerischen Lager aus gegebenem Anlaß noch mehr Gewicht beimessen: So wird z. B. mehrfach der Brief zitiert, in dem Charles Dickens in französischer Sprache am 7.7.1850 an John Forster geschrieben haben soll:

„La difficulté d'écrire l'anglais m'est extrêmement ennuyeuse. Ah! Si l'on pouvait toujours écrire cette belle langue de France" (*hebdo Langage* 33, 1973, 1; der Beleg wurde nicht überprüft).

Derartige Aussagen können dem Fremden – hier sogar dem 'ehrlichen' Engländer – durchaus sympathische Züge verleihen, vorausgesetzt, seine Ehrlichkeit ist mit der herrschenden Ideologie vereinbar.

## 5. Ergebnisse und Perspektiven

Unabhängig von der jeweils herrschenden Regierungspartei hat sich bei der französischen O.R.T.F. die Meinung durchgesetzt, Sprachpflege und das Fernhalten des Fremden gehörten zu den wichtigsten Aufgaben der Medien; diese Auffassung hat sich seither nicht geändert. Wie Fugger (1980, 58-78) dokumentierte, ist die Mehrzahl der frankophonen Sprecher gegen den Xenismus eingestellt und begrüßt – ohne genaueres zu wissen – den Kampf gegen das *franglais*. So konnte auch Patrick Gofman auf Zustimmung hoffen, als er im letzten Heft der *Défense de la langue française* schrieb:

„L'agonie du français semble trop longue, dans certains milieux. Et l'on s'y emploie à l'abréger. Sur les ondes nationales (ou supposées telles) de *France Inter*, on a hurlé contre la proposition récente de l'écrivain Maurice Druon: mettre à l'amende les brillants animateurs de la radio d'État, à chaque

---

[28] Vgl. auch *télélangage* 2, 1975, 2. Zur semantischen Sprachpflege vgl. Schmitt, 1985.
[29] Dabei liegt das Schwergewicht der Autoritäten eindeutig in der Klassik, wie dies auch schon Muller, 1985, 291f., andeutet.

attentat trop sanglant contre la langue du peuple qui les paie" (*Défense de la langue française* 174, 1994, 17).

Symptomatisch bleibt die enge Fixierung und Eingrenzung des Fremden auf einen einzigen Kulturbereich: das Angloamerikanische und die mit der Neuen Welt zu Recht oder zu Unrecht verbundenen Phänomene der Gegenwart.[30] Kontaktphänomene mit anderen Sprachen, die als Italianismen, Germanismen, Russismen, Hispanismen oder Lusismen auftreten,[31] sind von dieser Einschätzung nicht betroffen, im Gegenteil: In mehreren Fällen dienen sie dazu, die Terminologien der durch *arrêtés ministériels* standardisierten Fachsprachen aufzufüllen.[32] Latinismen und Gräzismen gar scheinen Teil des *patrimonium culturale* zu bilden.[33] Durch die Zentrierung auf das Fremde aus dem Angloamerikanischen wird sogar der Blick für die objektive Sicht und eine auch nur halbwegs vertretbare Beurteilung des vom Fremden ausgehenden Einflusses auf die französische Sprache verstellt.[34] Dabei sind – um nur eines von vielen möglichen Beispielen herauszugreifen – selbst Reimporte, die leicht integrierbar scheinen, von dieser ideologisierten Sicht betroffen.[35]

Den Fernsehzuschauern ist aufgefallen, daß die Tennissprache durch *arrêté* normiert[36] und Anglizismen hier weitgehend eliminiert wurden.[37] Wer französische Übertragungen etwa aus Quebec oder Montreal verfolgt, kann leicht feststellen, daß den Sprachbürokraten einiges noch durch die Lappen gegangen ist. In Europa werden immer noch *tie-break* und *mini-break* benutzt, in Kanada hingegen sind bereits *le bris* und *le mini-bris* im Gebrauch.[38] Ob auch hier im Ausmerzen des Fremden und in einer national-frankophonen Lösung die Zukunft liegt?

---

30 Zum Kampf gegen den englischen Einfluß vgl. auch Muller, ²1985, 286ff. und Wolf, H. J., ²1991, 182ff.; vgl. auch Schmitt, 1991 und Feyry, 1973.
31 Zum Einfluß dieser Spendersprachen vgl. Guiraud, 1965, und Muller, 1985, passim.
32 So etwa in Erlassen zur Militärsprache, vgl. Délégation générale à la langue française, ⁷1991, 81-103 (*Journal officiel*, du 9 novembre 1976; du 30 décembre 1984; du 10 juin 1989); vgl. auch Schmitt, 1989a.
33 Hier reicht die Tradition im Grunde bis zu Du Bellay, 1548; allein das Portugiesische scheint eine Ausnahme zu bilden, vgl. Schmitt, 1980.
34 Eine objektive Darstellung findet sich bei Muller, 1985, 141ff., 191ff. und Désirat/Hordé, 1976, 188ff.
35 So etwa in der von Frankreich ausgegangenen Tennissprache und ihrer Standardisierung, vgl. Ernst/Wimmer, 1992; zur Semantik vgl. Schmitt, 1988c.
36 Vgl. Délégation générale à la langue française, ⁷1991, 169-175; zu den kulturhistorischen Gegebenheiten vgl. Gillmeister, 1990, und Schmitt, 1993.
37 Zu den Streichungen gehören z. B. *ace* „as", *break* „brèche", *deuce* „égalité", *passing shot* „tir passant", *tennisplayer* „joueur, -euse de tennis", *tie-break* „jeu décisif (bzw. échange décisif, manche décisive)" und *time* „reprise".
38 Vom Verfasser 1994 mehrfach aufgenommen und beim Montréal Open als *usage* beobachtet. Hier wirkt sich wohl die semantische Überlastung von *jeu décisif* (vgl. Fußnote 39) aus, die die Sprachplaner nicht vorausgesehen haben.

# Bibliographie

Agencia EFE, ⁷1990: *Manual de español urgente*, Madrid.
Alarcos Llorach, Emilio, 1994: *Gramática de la lengua española*, Madrid.
Alvar, Manuel, 1987: *El lenguaje político*, Madrid.
Bäcker, Notburga, 1975: *Probleme des inneren Lehnguts, dargestellt an den Anglizismen der französischen Sportsprache*, Tübingen.
Balibar, Renée/Laporte, Dominique, 1974: *Le français national. Politique et pratique de la langue nationale sous la Révolution française*, Paris.
Balous, Suzanne, 1970: *L'action culturelle de la France dans le monde*, Paris.
Bas, Pierre, 1976: „La loi relative à l'emploi de la langue française". In: *Courrier ornais*, spécial 24, 23-26.
Baum, Richard, 1976: „Zum Problem der Norm im Französischen der Gegenwart". In: Helmut Stimm (Hg.): *Aufsätze zur Sprachwissenschaft*, Wiesbaden, 53-89.
Bécherel, Danielle, 1981: „A propos des solutions de remplacements des anglicismes". In: *La linguistique* 17, 2, 119-131.
Becker, Karlheinz, 1970: *Sportanglizismen im modernen Französisch (auf Grund von Fachzeitschriften 1965-1967)*, Meisenheim am Glan.
Bédard, Edith/Maurais, Jacques, 1983: *La norme linguistique*, Québec/Paris.
Beinke, Christiane, 1990: *Der Mythos* franglais. *Zur Frage der Akzeptanz von Angloamerikanismen im zeitgenössischen Französisch – mit einem kurzen Ausblick auf die Anglizismen-Diskussion in Dänemark*, Frankfurt/Bern/New York/Paris.
Bengtsson, Sverker, 1968: *La défense organisée de la langue française. Etude sur l'activité de quelques organismes qui depuis 1937 ont pris pour tâche de veiller à la correction et à la pureté de la langue française*, Uppsala.
Bergsdorf, Wolfgang, 1978: *Politik und Sprache*, Wien.
Berrendonner, Alain, 1982: *L'éternel grammairien: étude du discours normatif*, Bern/Frankfurt.
Brüch, Josef, 1941: *Die Anglomanie in Frankreich*, Stuttgart/Berlin.
Bucher, Hans-Jürgen/Straßner, Erich, 1991: *Mediensprache – Medienkommunikation – Medienkritik*, Tübingen.
Caput, Jean-Pol, 1986: *L'Académie française*, Paris.
Castellani, Arrigo, 1987: „Morbus Anglicus". In: *Studi linguistici italiani* 13, 137-153.
Certeau, Michel de/Julia, Dominique/Revel, Jacques, 1975: *Une politique de la langue. La Révolution française et les patois*, Paris.
Chervel, André, 1977: *... et il fallut apprendre à écrire à tous les petits Français. Histoire de la grammaire scolaire*, Paris.
Chirol, Laure: 1973, *Les 'mots français' et le mythe de France en anglais contemporain*, Paris.
Coulmas, Florian, 1985: *Sprache und Staat. Studien zur Sprachplanung*, Berlin/New York.

Daninos, Pierre, 1986: *La France prise aux mots. Inventaire des folies du langage*, Paris.
Délégation générale à la langue française, ⁷1991, *Dictionnaire des termes officiels. Textes législatifs et réglementaires*, Paris.
Deschanel, Emile, ⁴1898: *Les déformations de la langue française*, Paris.
Désirat, Claude/Hordé, Tristan, 1976: *La langue française au 20ᵉ siècle*, Paris.
Dijk, Teun Adrianus van, 1987: *Communicating racism – ethnic prejudice in thought and talk*, London.
Du Bellay, Joachim, 1548/1948: *La deffence et illustration de la langue francoyse*, éd. critique publiée par Henri Chamard, Paris (STFM).
Eco, Umberto, ⁷1991, *Einführung in die Semiotik*, München (*La struttura assente*, Milano 1968).
Eliade, Ion, 1972: „Rezistenta împotriva noului val de anglicisme în limba franceza". In: *Revista de filologie romanica si germanica* 6, 271-290.
El País, ⁷1990: *Libro de estilo*, Madrid.
Endruweit, Günter/Trommsdorf, Gisela (Hgg.), 1989: *Wörterbuch der Soziologie*, Stuttgart.
Ernst, Gerhard/Wimmer, Evelyn, 1992: „'forfait' oder 'walk over' für das Französische? Zum 'arrêté relatif à la terminologie du sport'". In: Blank, Claudia (Hg.): *Language and Civilization. A Concerted Profusion of Essays and Studies in Honour of Otto Hietsch*, Frankfurt/Bern/New York/Paris, 683-699.
Estienne, Henri, 1885: *Deux dialogues du nouveau langage françois, italianizé, et autrement desguizé principalement entre les courtisans de ce temps: De plusieurs nouveautez, qui ont accompagné ceste nouveauté de langage: De quelques courtisanismes modernes, et de quelques singularitez courtisanesques*, avec introduction et notes par P. Ristelhuber, 2 Bde, Paris.
Etiemble, René, 1964: *Parlez-vous franglais?*, Paris, [²1973].
–, 1966: *Le jargon des sciences*, Paris.
Fanfani, Massimo Luca, 1991-1993: „Sugli anglicismi nell'italiano contemporaneo". In: *Lingua nostra* 52, 21-41, 74-90, 103-118; 53, 18-20, 79-86, 120-121; 54, 13-20.
Feyry, Monique, 1973: „Les commissions ministérielles de terminologie. Observations générales". In: *La banque des mots* 5, 47-74.
Fontanillo, Enrique/Riesco, María Isabel, 1990: *Teleperversión del lenguaje*, Barcelona.
Fries, Dagmar, 1984: *Sprachpflege in der Real Academia Española*, Aachen.
Fürstenberg, Friedrich, 1965: „Randgruppen in der modernen Gesellschaft". In: *Soziale Welt* 16, 236-245.
Fugger, Bernd, 1980: „Die Einstellung der Franzosen zur französischen Sprachpolitik". In: Stimm, Helmut (Hg.): *Zur Geschichte des gesprochenen Französisch und zur Sprachlenkung im Gegenwartsfranzösischen*, Wiesbaden, 58-78.

–, 1980/1983: „Les Français et les arrêtés ministériels. Etude sur l'impact de la loi linguistique dans l'est de la France". In: *La banque des mots* 18, 157-170; 25, 53-62.

Gillmeister, Heiner, 1990: *Kulturgeschichte des Tennis*, München.

Görtz, Barbara, 1990: *Untersuchungen zur Diskussion über das Thema Sprachverfall im fin-de-siècle*, Frankfurt u. a.

Gofman, Patrick, 1994: „Carré noir contre la langue française". In: *Défense de la langue française* 174, 17.

Gordon, David C., 1978: *The French Language and National Identity (1930-1975)*, The Hague/Paris/New York.

Goudailler, Jean-Pierre, 1982: „Sprache und Macht: Wie ein Gesetz in Frankreich die Sprache reinigen will". In: *Dialect* 6, 28-51.

Grevisse, Maurice, [13]1993: *Le bon usage, grammaire française*, refondue par André Goosse, Paris/Louvain-la-Neuve.

Guilhaumou, Jacques, 1989: *Sprache und Politik in der Französischen Revolution. Vom Ereignis zur Sprache des Volkes (1789-1794)*, Frankfurt.

Guiraud, Pierre, 1965: *Les mots étrangers*, Paris.

Heringer, Hans Jürgen, 1981: *Holzfeuer im hölzernen Ofen. Aufsätze zur politischen Sprachkritik*, Tübingen.

Höfler, Manfred, 1969/70: „Das Problem der sprachlichen Entlehnung". In: *Jahrbuch der Universität Düsseldorf*, 59-67.

–, 1976: „Zur Verwendung von *anglicisme* als Indiz puristischer Haltung im *Petit Robert*". In: *ZFSL* 86, 334-338.

Ihle-Schmidt, Lieselotte, 1983: *Studien zur französischen Wirtschaftsfachsprache*, Frankfurt/Bern.

Joseph, John Earl, 1987: *Eloquence and Power. The Rise of Language Standards and Standard Languages*, London.

Langenbacher, Jutta, 1980: „Normative Lexikologie. Die 'communiqués de mise en garde' der Académie française (1964-1978) und ihre Rezeption in den französischen Wörterbüchern der Gegenwart". In: Stimm, Helmut (Hg.), *Zur Geschichte des gesprochenen Französisch und zur Sprachlenkung im Gegenwartsfranzösischen*, Wiesbaden, 79-95.

–, 1983: „Die französische Sprachkritik des fin-de-siècle – Gedanken zur 'déformation de la langue française'". In: Corbineau-Hoffmann, Angelika/ Gier, Albert (Hgg.), *Aspekte der Literatur des fin-de-siècle in der Romania*, Tübingen, 1-20.

Lüger, Heinz-Helmut, 1983: *Pressesprache*, Tübingen.

Mareschal, Geneviève, 1988: „Contribution à l'étude comparée de l'anglicisation en Europe francophone et au Québec". In: Pergnier, Maurice (Hg.), *Le français en contact avec l'anglais*, en hommage à Jean Darbelnet, Paris, 67-77.

Martinet, André, [2]1974: *Le français sans fard*, Paris.

Marzys, Zygmunt, 1994: *La préface des 'Remarques sur la langue françoise'*, éditée avec introduction et notes, Neuchâtel/Genève.

Miguel, Amado de, 1985: *La perversión del lenguaje*, Madrid.

Muller, Bodo, 1985: *Le français d'aujourd'hui*, Paris.

Múrias, Augusto, 1991: „O registo de estrangeirismos na impresa portuguesa contemporânea". In: *Terminologie et traduction* 1, 269-302.

Pottier Navarro, Huguette, 1990: „La prensa y la evolución de la lengua". In: *Lingüística española actual* 12, 243-256.

Pratt, Chris, 1980: *El anglicismo en el español peninsular contemporáneo*, Madrid.

Quasthoff, Uta, 1973: *Soziales Vorurteil und Kommunikation. Eine sprachwissenschaftliche Analyse des Stereotyps*, Frankfurt.

Rat, Maurice, 1963: *Grammairiens et amateurs de beau langage*, Paris.

Rattunde, Eckhard, 1979: „Sprachnorm und Fehlerkorrektur. Zur Relevanz der neuen 'tolérances grammaticales ou orthographiques' (déc. 1976)": In: Rattunde, Eckhard (Hg.), *Sprachnorm(en) im Fremdsprachenunterricht*, Frankfurt/Berlin/München, 62-90.

Renzi, Lorenzo, 1981: *La politica linguistica della Rivoluzione francese. Studio sulle origini e la natura del Giacobinismo linguistico*, Napoli.

Rey-Debove, Josette, 1987: „Effet des anglicismes lexicaux sur le système du français". In: *Cahiers de lexicologie* 51, 257-265.

Robert, Paul, ³1993: *Le nouveau Petit Robert. Dictionnaire alphabétique et analogique de la langue française*, sous la direction de Josette Rey-Debove et Alain Rey, Paris.

Sarmiento, Ramón, 1978: „La gramática de la Academia: Historia de una metodología". In: *BRAE* 58, 435-466.

–, 1979: „Filosofía de la gramática de la Real Academia Española". In: *Anuario de Letras* 17, 59-96.

–, 1981: „La doctrina gramatical de la Real Academia Española". In: *Anuario de Letras* 19, 47-84.

Schaff, Adam, 1980: *Stereotypen und das menschliche Handeln*, Wien.

Schmitt, Christian, 1977: „La planification linguistique en français contemporain: bilan et perspectives". In: Conseil international de la langue française (Hg.), *Le français en contact avec: la langue arabe, les langues négro-africaines, la science et la technique, les cultures régionales*, Sassenage, 89-110.

–, 1977a: „Sprachgesetzgebung in Frankreich". In: *Osnabrücker Beiträge zur Sprachtheorie* 5, 107-135.

–, 1977b: „Zur Kodifizierung der neufranzösischen Wirtschaftssprache". In: *Imago Linguae, Festschrift für F. Paepcke*, München, 511-532.

–, 1978: „Wortbildung und Purismus". In: Dressler, Wolfgang/Meid, Wolfgang (Hgg.), *Proceedings of the Twelfth International Congress of Linguists, Vienna 1977,* Innsbruck, 456-459.

–, 1979: „Sprachplanung und Sprachlenkung im Französischen der Gegenwart". In: Rattunde, Eckhard (Hg.), *Sprachnorm(en) im Fremdsprachenunterricht*, Frankfurt/Berlin/München, 7-44.

–, 1979a: „Die französische Sprachpolitik der Gegenwart". In: Kloepfer, Rolf (Hg.), *Bildung und Ausbildung in der Romania*, Bd. II, Sprachwissenschaft und Landeskunde, München, 470-490.

–, 1980: „Sprachplanung im Bereich des brasilianischen Portugiesisch". In: *Ibero-Amerikanisches Archiv* N.F. 6, 187-203.

–, 1985: „Sémantique et planification linguistique". In: *Semantische Hefte* 4, 2, 235-250.

–, 1988: „La formation des langues de spécialité allemandes et françaises et l'apport de l'anglais". In: C.I.L.F. (Hg.), *Les relations entre la langue allemande et la langue française, Wissenschaftsforum der Universität Heidelberg 1988*, Paris 1989, 69-78.

–, 1988a: *Contribuciones a la lingüística evolutiva. Temas románicos*, Barcelona/Caracas.

–, 1988b: „Typen der Ausbildung und Durchsetzung von Nationalsprachen in der Romania". In: *Sociolinguistica* 2, 73-116.

–, 1988c: „Gemeinsprache und Fachsprache im heutigen Französisch. Formen und Funktionen der Metaphorik in wirtschaftsfachsprachlichen Texten". In: Kalverkämper, Hartwig (Hg.), *Fachsprachen in der Romania*, Tübingen, 113-129.

–, 1989: „Die Ausbildung der Sprachnorm des Neuspanischen". In: Strosetzki, Christoph/Tietz, Manfred (Hgg.), *Einheit und Vielfalt der Iberoromania – Geschichte und Gegenwart*, Hamburg, 125-146.

–, 1989a: „Zur Ausbildung technischer Fachsprachen und Terminologien im heutigen Französisch". In: Dahmen, Wolfgang u. a. (Hgg.), *Technische Fachsprache und Technolekte in der Romania, Romanistisches Kolloquium II*, Tübingen, 173-219.

–, 1990: „Französisch: Sprache und Gesetzgebung". In: Holtus, Günter/ Metzeltin, Michael/Schmitt, Christian (Hgg.), *Lexikon der romanistischen Linguistik*, VI, 1, 354-391.

–, 1990a: „Bemerkungen zum normativen Diskurs in der Grammatik der 'Real Academia Española'". In: Settekorn, Wolfgang (Hg.), *Sprachnorm und Sprachnormierung. Deskription – Praxis – Theorie*, Wilhelmsfeld, 27-43.

–, 1991: „L'Europe et l'évolution des langues de spécialité". In: *Terminologie et traduction* 2, 115-127.

–, 1992: „Español: tecnolectos". In: Holtus, Günter/Metzeltin, Michael/Schmitt, Christian (Hgg.), *Lexikon der romanistischen Linguistik* VI, 1, 295-327.

–, 1993: „Etymologie und Sprachgeschichte. Zur Entstehung der Zählweise beim Tennissport". In: *Sprachwandel und Sprachgeschichte, Festschrift für H. Lüdtke*, Tübingen, 191-201.

–, 1993a: *Wörterbuch für Industrie und Technik, Französisch/Deutsch, Deutsch/Französisch; Dictionnaire des industries, allemand/français, français/allemand*, Paris (Conseil International de la langue française).

Schwarze, Christoph, 1977: *Sprachschwierigkeiten, Sprachpflege, Sprachbewußtsein. Das Phänomen der 'Chroniques de langage'*, Konstanz.

Teschner, Richard Vincent, 1974: „A Critical Annotated Bibliography of Anglicisms in Spanish". In: *Filología moderna* 57, 631-678.

Truchot, Claude, 1990: *L'anglais dans le monde contemporain*, Paris.

Vaugelas, Claude Favre de, 1647: *Remarques sur la langue françoise*, éd. Jeanne Streicher, Paris 1934 [Nachdruck 1970].

Vázquez, Ignacio/Aldea, Santiago, 1991: *Estrategía y manipulación del lenguaje*, Zaragoza.

Viereck, Wolfgang/Bald, Wolf-Dietrich (Hgg.), 1986: *English in Contact with other Languages. Studies in honour of Broder Carstensen on the occasion of his 60th birthday,* Budapest.

Weinreich, Uriel, 1953: *Languages in Contact. Findings and Problems*, The Hague/Paris.

Weinrich, Harald, 1973: „Das spanische Sprachbewußtsein im Siglo de Oro". In: *Spanische Literatur im Goldenen Zeitalter, Fritz Schalk zum 70. Geburtstag*, Frankfurt, 524-547.

Wodak, Ruth (Hg.), 1989: *Language, Power and Ideology. Studies in Political Discourse*, Amsterdam/Philadelphia.

Wolf, Heinz Jürgen, [2]1991: *Französische Sprachgeschichte*, Heidelberg.

Wolf, Lothar, 1977: „Französische Sprachpolitik der Gegenwart. Ein Gesetz gegen die Anglomanie". In: *Politische Studien*, Sonderheft 3, 45-68.

Zolli, Paolo, [2]1991: *Le parole straniere*, Bologna.

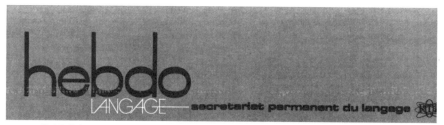

TABLE DES SUJETS
traités dans les numéros d'HEBDO-LANGAGE  Paris, le 16 juillet 1973
du n° 5 au n° 36  N° 36 bis

GRAMMAIRE ET SYNTAXE

| N° 13 | 8 janvier 1973 | Masculin ou Féminin ? Confusion des genres et titres féminins. |
| N° 14 | 15 janvier 1973 | "S.O.S. Syntaxe" ou emploi des modes. |
| N° 16 | 29 janvier 1973 | Recommandations de l'Académie Française. |
| N° 18 | 26 février 1973 | Quelques questions sur l'interrogation en français (I) |
| N° 22 | 26 mars 1973 | Parlons français ou "l'article zéro" des grammairiens. |
| N° 25 | 16 avril 1973 | Propos de circonstance ("Pâques fleuries") et nouvelle recommandations de l'Académie Française. |
| N° 30 | 28 mai 1973 | Encore l'interrogation (II). |

VOCABULAIRE

| N° 5 | 6 novembre 1972 | Quelques notes de vocabulaire (impropriétés). |
| N° 7 | 20 novembre 1972 | Après les Jeux Olympiques de Munich. |
| N° 8 | 27 novembre 1972 | De quelques confusions ... (I) |
| N° 11 | 18 décembre 1972 | Parlez-vous "Franglais" ? |
| N° 12 | 2 janvier 1973 | De quelques confusions ... (II) |
| N° 17 | 19 février 1973 | De quelques confusions ... (III) |
| N° 20 | 12 mars 1973 | Des mots précis pour une communication précise. |
| N° 23 | 2 avril 1973 | Ce que les mots veulent dire ... ("sophistiqué", "amodi" |
| N° 27 | 7 mai 1973 | Ce que parler veut dire ... ("informel", "conventionne" |
| N° 29 | 21 mai 1973 | Expressions périlleuses. |
| N° 31 | 4 juin 1973 | Médicalement vôtre |
| N° 33 | 18 juin 1973 | Sportivement vôtre (I) |
| N° 34 | 25 juin 1973 | Sportivement vôtre (II) |
| N° 35 | 2 juillet 1973 | Administrativement vôtre |
| N° 36 | 9 juillet 1973 | Invitation au voyage (vocabulaire des transports). |

PRONONCIATION

| N° 6 | 13 novembre 1972 | Quelques notes sur la prononciation ... |
| N° 9 | 4 décembre 1972 | Avez-vous une "cin" chevaux ou une "cink" chevaux ? |
| N° 10 | 11 décembre 1972 | Prononciation de quelques noms propres. |
| N° 15 | 22 janvier 1973 | Quelques difficultés de prononciation :"quinquagénaire" |
| N° 19 | 5 mars 1973 | Prononciation de noms communs. |
| N° 26 | 30 avril 1973 | La liaison (I) |
| N° 28 | 14 mai 1973 | Prononciation des finales. |
| N° 32 | 11 juin 1973 | La liaison (II) |

NUMEROS SPECIAUX

| N° 15 bis | 22 janvier 1973 | Nouvel usage du vocabulaire professionnel de l'audio-visuel |
| N° 21 | 19 mars 1973 | A technique nouvelle, mot nouveau (techn. monétaire). |
| N° 24 | 9 avril 1973 | Flottement - Flottation : le point. |

Si vous avez besoin de conseils n'hésitez pas à appeler le Secrétariat Permanent du Langage
**PARIS - DIRECTION GÉNÉRALE - S.P.L. — MAISON DE L'O.R.T.F. - TÉL. 224.36.93**
Tél. provisoire : 828.16.40 postes 61.00-61.0

Abb. 1 – *hebdo Langage*, N° 36 *bis* vom 16.7.1973

N° 11

PARLEZ-VOUS "FRANGLAIS" ?

1 - Le "franglophone" dit :
  - les premiers trente coureurs
  Mais en français on dit : les trente premiers coureurs

2 - Le "franglophone" dit :
  - les autres six ministres
  Mais en français on dit : les six autres ministres

3 - Le "franglophone" dit qu'il "markète" un produit.
  En français, on le commercialise.

4 - Le "franglophone" dit :
  - l'équipe de France est très "conventionnelle"...
  - des armes "conventionnelles"...
  Mais en français on dit :
  - la composition de l'équipe de France est sans surprise...
  - des armes classiques, ou non atomiques.

5 - Le "franglophone" dit :
  - ce disque est un bel "accomplissement" de Barenboïm
  mais le français dit : ce disque est une belle réussite de Barenboïm.

6 - Le "franglophone" "supporte" son équipe.
  En français, on l'encourage ou on la soutient ( si le verbe "supporter" n'est pas admis avec le sens de soutenir, encourage en revanche les "supporters" ou plutôt les supporteurs font désormais partie du vocabulaire français.)

7 - Le "franglophone" salue la victoire de la France sur Galles.
  En français, on dit le Pays de Galles.

Si vous avez besoin de conseils n'hésitez pas à appeler le Secrétariat Permanent du Langage
**PARIS - DIRECTION GÉNÉRALE - S.P.L. — MAISON DE L'O.R.T.F.   -   TÉL. 224.36.93**

Abb. 2 – *hebdo Langage*, N° 11, 1972

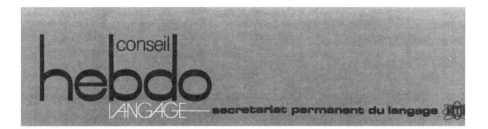

MÉDICALEMENT VÔTRE       Lundi 4 juin 1973
N° 31

CHECK-UP — De l'anglais *to check* qui signifie *examiner, contrôler*.

Il désigne un "examen médical approfondi comportant un ensemble d'épreuves pratiquées systématiquement et permettant d'apprécier l'état des organes et leur fonctionnement". (Grand Larousse Encyclopédique).

L'emploi de ce vocable est déconseillé au profit de ses équivalents : *bilan, examen (de santé)*, qui connaissent déjà une certaine faveur dans le public.

PACE-MAKER encore trop souvent entendu dans les chroniques médicales, a un équivalent français de plus en plus connu, *stimulateur (cardiaque, respiratoire...)* dont l'emploi est vivement recommandé.

Petite curiosité :

Les piles qui l'alimentaient jusqu'ici ont été remplacées par un générateur nucléaire, baptisé expressivement G I P S I E, formé des initiales de Générateur Isotopique Pour Stimulation Implantable Electrosystolique.

STRESS — Terme anglais signifiant *effort intense, tension*.

Proposé en 1936 par un médecin canadien pour "désigner l'effet que produit sur l'organisme toute action physiologique ou pathologique : choc infectieux ou chirurgical, décharge électrique, bruit intense, fatigue excessive, émotion, choc, traumatisme psychique ..."

L'emploi de ce terme est fortement déconseillé dans le vocabulaire courant parlé, du fait qu'il s'agit d'une notion complexe et donc vague, comportant en français 21 acceptions différentes : agression, attaque, stimulation, excitation, émotion, trouble déséquilibre, dépression, malaise ...

BREAK DOWN — Il serait plus simple — pour être mieux compris — de dire *dépression (nerveuse)*.

CONFUSIONS *à éviter entre mots de sons voisins* :

Artériosclérose, où l'on reconnaît le mot artère, est une maladie caractérisée par le durcissement progressif de la paroi des artères.

Athérosclérose, variété de sclérose artérielle dont *l'infarctus* du myocarde est une manifestation type (et non pas *infractus* comme on le dit parfois à tort par un rapprochement inattendu avec fracture).

N° de téléphone provisoire : 828.16.40 - Postes 61.01. - 61.00 -

Si vous avez besoin de conseils n'hésitez pas à appeler le Secrétariat Permanent du Langage
**PARIS - DIRECTION GÉNÉRALE - S.P.L. — MAISON DE L'O.R.T.F. - TÉL. 224.36.93**

Abb. 3 – *hebdo Langage*, N° 31 vom 4.6.1973

est à votre disposition - consultez-le à 224.23.18
116 AVENUE DU PRÉSIDENT KENNEDY 75016 PARIS

Paris, le 1er décembre 1975

N° 12 - 1re année

GRAMMAIRE

En réponse à la question d'un lecteur, voici ce qu'il faut savoir sur l'accord de CI-JOINT, CI-ANNEXE, CI-INCLUS.

Ces expressions sont <u>variables</u> quand on les considère comme épithètes ou attributs. Ex. : *les copies ci-jointes*, ou *vous trouverez ci-jointes les copies demandées*.

Ces expressions sont <u>invariables</u> quand on leur donne une valeur adverbiale (comme *ci-contre* ou *ci-dessus*). Ex. : *vous trouverez ci-joint, (ci-inclus, ci-annexé) les copies demandées*.

Bref, ces expressions sont variables <u>au choix</u> dans les cas ci-dessus, mais elles sont <u>toujours invariables</u> - selon l'usage - :

- quand elles sont <u>en tête de la phrase</u>. Ex. : *ci-joint la copie demandée*.

- quand, dans le corps de la phrase, elles précèdent <u>un nom sans article</u>, sans démonstratif, ni possessif. Ex. : *veuillez trouver ci-joint (ou ci-inclus, ci-annexé) copie de la lettre du...* (mais on dira : *veuillez trouver ci-jointe la copie de...*).

VOCABULAIRE MEDICAL

Par arrêté publié au Journal Officiel du 16.2.75 sous le titre "Enrichissement du vocabulaire de la santé et de la médecine", la Commission de terminologie médicale a proposé d'adapter la langue française à l'actuel développement, accéléré, des sciences et des techniques. Pour l'information du grand public, rappelons à l'intention de nos confrères journalistes les termes principaux adoptés par référence à la terminologie de langue anglaise, certains étant d'ailleurs déjà entrés dans l'usage (1).

1 - <u>EMPLOI OBLIGATOIRE</u>.

- *Battade* (n.f.) - technique de massage ("beating").
- *Déconnection* (n.f.) - en anesthésiologie (angl. "deconnection").
- *Dopage* (n.m.) - procédé destiné à augmenter le rendement général d'un individu ("doping").
- *Lissage* ou *remodelage* (n.m.) - technique employée pour la suppression des rides du visage ("lifting").
- *Moniteur* (n.m.) - appareil électronique réalisant automatiquement certaines opérations à la place de l'homme ("monitor").
- *Stimulateur* (n.m.) - appareil interne ou externe, cardiaque ou non. Ex. : *un stimulateur cardiaque* ("pace maker").

T.S.V.P.

(1) Pour obtenir une documentation complète, s'adresser au Comité d'étude des termes médicaux français (Professeur J.C. Sournia), 105 ter, rue de Lille 75007 Paris.

SECRÉTARIAT PERMANENT DU LANGAGE DE L'AUDIOVISUEL : Roland GODIVEAU
PREMIER MINISTRE - SERVICE JURIDIQUE ET TECHNIQUE DE L'INFORMATION. (Contrôle des programmes)

Abb. 4 (diese und folgende Seite) – *télélangage*, N° 12 vom 1.12.1975

2 - TERMES RECOMMANDÉS :

- *Régulation des naissances* ("birth control").
- *Dépression* ("break down").
- *Dérivation, anastomose*... ("by pass").
- *Examen de santé* ("check up").
- *Classique, courant, usuel*, ("conventional").
- *Alimentation* ("feeding").
- *Soins à domicile* ("home care").
- *Stupéfiant* ("narcotic").
- *Continu* (traitement) - en anglais "non stop".
- *Maternage, soins infirmiers* ("nursing").
- *Infirmière, garde-malade, nourrice, gouvernante* ("nurse").
- *Surdose* ("overdose").
- *Exfoliation* (dermatologie) - en anglais "peeling".
- *Etalon, norme, normal, courant* ("standard").
- *Normalisation* ("standartization").
- *Frémissement* (en sémiologie) - anglais "thrill".
- *Formation* (pédagogie médicale) - anglais "training".
- *Impromptu* (psychothérapie de groupe) - anglais "happening".
- *Paramètre* : "terme précieux qui passe des mathématiques et de la géométrie à la médecine par l'intermédiaire de l'information. Les mots ""facteur", "variable", "constante" sont plus précis et mieux "compris".
- *Pulvérisation, aérosol*, ("spray").
- *Agression*, choc,("stress").

N.B.- Un chroniqueur médical de F.R.3. demande si l'emploi de "cancérogène" est correct, au lieu de "cancérigène", terme d'usage courant. A la vérité, "cancérogène", terme rare qui a surpris souvent le lecteur et l'auditeur, est recommandé par l'Académie des Sciences. Question à suivre...

## LECTURE

Vient de paraître : "ECRIRE POUR ÊTRE LU", de Sven SAINDERICHAIN (Entreprise Moderne d'Edition). Un petit livre de lecture facile et de bon conseil à une époque où les mots et les phrases sont victimes de la turbulence générale.

Au chapitre : *Les secrets du style* : TROIS RECOMMANDATIONS CLÉS.

1 - Employez, chaque fois que c'est possible, les mots les plus courants, les plus simples, les plus familiers : le vocabulaire de tous les jours.

2 - Ne faites pas de phrases trop longues et n'hésitez pas à aller à la ligne.

3 - Ne tentez jamais d'exprimer dans une même phrase trop d'idées à la fois.

Car savoir écrire, c'est aussi finalement savoir parler !

Montaigne disait : *Le parler que j'aime, c'est un parler simple et naïf et tel sur le papier qu'à la bouche.*

est à votre disposition - consultez-le à 224.23.18
116 AVENUE DU PRÉSIDENT KENNEDY 75016 PARIS

Paris, le 15 juillet 1976
N° 25 bis - 2e année

## SPECIAL MONTREAL

A l'occasion des *JEUX OLYMPIQUES*, des représentants des Services Sporti[fs] des quatre Sociétés de programme se sont réunis au Secrétariat permanent du langa[ge] pour faire le point sur quelques termes sportifs, et en particulier certains angl[i]cismes discutables et réellement discutés. Ils vous proposent la liste suivante qui n'a trait qu'à quelques cas concrets relatifs aux disciplines sportives qui seront disputées à Montréal dans quelques jours :

ATHLETISME

- STARTING-BLOCK : *bloc* ou *butée* (de départ), *bloc-départ*.

BOXE

- COME BACK : *retour* ou *rentrée* (en activité d'un joueur).
- ROUND : *reprise*.

FOOTBALL

- CORNER : terme accepté en France, mais en Belgique : "coup de coin".
- GOAL : *gardien*.
- RUSH : *ruée* (dans le sens d'*élan*).
- SHOOT : *tir*.

HIPPISME

- DEAD-HEAT (en usage également en cyclisme et en athlétisme) : *ex-aequo* avec *photo* pour départager.

NAUTISME

- DOUBLE-SCULL : *deux de couple* (comportant deux rameurs nageant en couple).
- PAIR OAR : - *deux de pointe* (deux rameurs en pointe sans barreur).
  Noter que le *deux barré* est composé de deux rameurs en pointe avec barreur.
- RACER : *bateau de course*.
- YACHTING : - Equivalents : *plaisance* (à voile ou à moteur),
  *voile* (en compétition).

RUGBY

- PACK : *paquet, paquet d'avants*.

TIR

- BALL TRAPP : *tir au plateau*.
- NO BIRD : *à remettre* ou *coup nul*.

T.S.V.P.

SECRÉTARIAT PERMANENT DU LANGAGE DE L'AUDIOVISUEL : Roland GODIVEAU
PREMIER MINISTRE - SERVICE JURIDIQUE ET TECHNIQUE DE L'INFORMATION. (Contrôle des programmes)

Abb. 5 (diese und folgende Seite) – *télélangage*, N° 25 *bis* vom 15.7.1976

N.B. : - La syllabe finale -ER de "supporter", "sprinter","reporter"..., ayant été normalisée, est prononcée naturellement (et doit s'écrire) -EUR.

- On n'oubliera pas que les termes de "rugbyman" ou "rugbymen", "tennisman" ou "tennismen" ne s'emploient pas en anglais. Il est vivement conseillé d'employer le mot *joueur* (de tennis ou de rugby).

# Vom Fremderleben in der Sprachpflege: die Radiosendung *La langue française, joyau de notre patrimoine*

GABRIELE BECK-BUSSE
Berlin

0.1. In Zusammenhang mit dem Rahmenthema dieses Kolloquiums, der *Herausforderung durch das Fremde*, drängen sich zwei Fragen auf, die die folgenden Überlegungen maßgeblich bestimmen werden: zunächst stellt sich die Frage, *was* als „fremd" *wahrgenommen* wird; daran schließt sich die Frage an, *wie* mit diesem als „fremd" Abgegrenzten *umgegangen* wird. Dies sind die beiden zentralen Fragen, unter denen ich mich dem Thema *Verteidigung der französischen Sprache gegen das Fremde* nähern möchte.[1] Dabei beschränke ich mich bewußt von vornherein darauf, *eine* konkrete Radioserie, nämlich die alle vierzehn Tage ausgestrahlte, einstündige Sendung *La langue française, joyau de notre patrimoine*[2] zum Anlaß zu nehmen, diesen beiden Fragen

---

1 Wenn hier Sprachpflege reflektiert wird, so geschieht dies also stets vor dem Hintergrund des *Fremden*; weitere Aspekte der Sprachpflege bleiben ausgespart. Die Tatsache aber, daß Sprachpflege mehr ist als nur die Auseinandersetzung mit dem *Fremden*, kann kein Grund sein, die Frage der *Herausforderung durch das Fremde* nicht zu stellen bzw. für irrelevant zu halten. Es sei bereits hier eine Parallele zum politischen Leben erlaubt, eine Parallele, die sich aufdrängt, gerade wenn es um *das Fremde* geht: es wäre wohl kaum hinnehmbar, in bezug auf die Gesellschaft die *Herausforderung durch das Fremde* als irrelevant abzutun, mit dem Argument, daß außer oder neben den Fremden noch andere „Randgruppen" eine „vergleichbare" „Behandlung" erfahren. Genauso wenig ist in Zusammenhang mit der Sprachpflege die Frage der Herausforderung durch das Fremde irrelevant, nur weil sich die sogenannte *Défense* auch noch gegen anderes als das Fremde richtet.
Der Vollständigkeit halber sei noch erwähnt, daß das im Rahmen dieses Kolloquiums ebenfalls behandelte *Gesetz Toubon* nur am Rande in meine Betrachtungen einfließt.

2 Die folgenden Ausführungen basieren im wesentlichen auf Hörerfahrungen und Tonbandaufzeichnungen während der Monate Oktober 1991 und Januar 1992. Die Transkriptionen sind selbstverständlich das Ergebnis meiner persönlichen Interpretation, wobei nicht immer zweifelsfrei zu entscheiden ist, wo z. B. eine Satzgrenze anzunehmen ist, welche Stellen Jacques Lacant in besonderem Maße hervorhebt (im Text durch Unterstreichungen gekennzeichnet) u. ä. m. – gerade der zuletzt genannte Punkt gehört mit zu den heikelsten, und es ist nicht auszuschließen, daß manch eine Akzentuierung aufgrund ihrer (relativen) Unauffälligkeit in dem betreffenden Zusammenhang vernachlässigt ist. Darüber hinaus sind die Transkriptionen in der Hinsicht stark vereinfacht, als Einwürfe von der gerade nicht sprechenden Person, wenn sie mir in dem betreffenden Zusammenhang unwesentlich erscheinen, unterdrückt sind, ebenso wie Versprecher oder analoge Phänomene der spontanen Rede – nicht zuletzt mit dem Ziel, die Lesbarkeit der Texte so wenig wie möglich zu beeinträchtigen. Dieses Vorgehen ist m. E. unproblematisch, da in dem hier behan-

nachzugehen, wobei die Sendung natürlich die Auffassungen einer ganz bestimmten Person, Jacques Lacant, widerspiegelt.[3] Über dessen persönliche Vorstellungen hinaus kommen noch einige derjenigen zu Wort, denen sich Jacques Lacant in besonderem Maße verbunden fühlt und die er, in seiner Rolle als *Intermédiaire*, zitiert, paraphrasiert und kommentiert. Diese Verweise dienen im wesentlichen dazu, Jacques Lacants Position zu illustrieren und in besonders „markant" oder „einzigartig" erscheinenden Fällen deutlich zu machen, daß seine Ansichten bzw. seine „Tonart", auch wenn sie das eine oder andere Mal „extrem" erscheinen mögen, so „einzigartig" doch nicht sind und er insofern exemplarisch für eine Richtung innerhalb der Sprachpflege stehen kann. Darüber hinaus ließen sich natürlich noch Legionen von analogen Beispielen anführen, worauf ich aber bewußt verzichte.[4]

Zuvor erscheint es noch angebracht, die Frage nicht zu vernachlässigen, was Sprache (und das meint: die französische Sprache) für Jacques Lacant bedeutet. Genau dieser Punkt wird helfen zu verstehen, weswegen der Diskurs leicht in eine *Polemik* übergeht.

Zunächst jedoch noch einige allgemeine Informationen zu Sender und Sendung.

0.2. *La langue française, joyau de notre patrimoine* wird von einem Radiosender ausgestrahlt, der sich als „radio culturelle associative" (vgl. Fußnote 6) bezeichnet, d. h. als Sender, der

1. an sich und sein Programm gewisse kulturelle Ansprüche stellt und

---

delten Zusammenhang nicht die Struktur des Diskurses, sondern dessen Inhalte und vor allem dessen „Tonart" interessieren.
Findet sich kein Hinweis auf den Sprecher, so handelt es sich um eine Äußerung Jacques Lacants; die Kommentare von Brigitte Level sind durch „B. L.:" als solche gekennzeichnet.
Die ausgewerteten Sendungen wurden zuerst am 21.10., 4.11., 18.11., 2.12.1991 sowie am 13.1.1992 ausgestrahlt. Am 28.1.1992 hatte ich darüber hinaus Gelegenheit, mit Jacques Lacant ein persönliches Gespräch zu führen.

3 Daß es natürlich „Affinitäten" zwischen dem *Chroniqueur* und seinem Publikum gibt, versteht sich von selbst (vgl. auch Cellard 1983: 653), und es sind ja Leserschaft bzw. Zuhörerschaft, die den *Chroniqueur* in Form von Briefen oder Telefonanrufen bestärken können – oder eben auch nicht. Dabei wird gerade die enge Beziehung zum Publikum (vgl. auch unten: „notre émission est vraiment un lien entre nous"; 18.11.) als ein wesentlicher Zug der *Chroniques* angesehen, und Cellard geht sogar so weit, eine Parallele zwischen einem *Chroniqueur* und einem *directeur de conscience* herzustellen (vgl. auch Berrendonner 1982: 55): „Le chroniqueur un peu chevronné en arrive ainsi à se faire, *volens nolens*, directeur de consciences linguistiques" (Cellard 1983: 664).

4 Für weitergehende Untersuchungen sei nur auf die beiden Bände der *Bibliographie des chroniques de langage* (1970, 1972) verwiesen; darüber hinaus vergleiche man z. B. auch Bengtsson (1968: 29-40), Beinke (1990: bes. 117-255 sowie Anhang 1 und 2), Christmann (1986), Müller (1975: 26-29, 236-237, 241), Settekorn (1988: bes. 100-104, 124-134) oder Winkelmann (1990: bes. 349-352).

2. sich über sogenannte „Mitgliedsbeiträge" finanziert.[5]

Beide Aspekte werden als eng ineinander verflochten verstanden. Wie immer wieder betont wird, kann, dank der Finanzierung über Mitgliedsbeiträge, auf Werbesendungen verzichtet werden, womit der Sender „unabhängig" bleibe.[6] Zugleich ist es, dank des ausdrücklichen Verzichts auf diese Art von Kommerzialisierung, möglich, sich von den anderen, in kultureller Hinsicht eher „vernachlässigbaren" privaten Sendern deutlich abzuheben, Sender, die sich, sei es in der Musikauswahl, sei es in ihrer Sprache, sei es bei der Auswahl ihrer Themen, und eben gerade auch aufgrund der Öffnung dem Kommerz gegenüber, zu wenig vom *American way of life* distanzieren. Mit anderen Worten: Der Sender bewegt sich in dem selbst abgesteckten Feld von kulturellem Anspruch und Rückbesinnung auf Französisches und Frankreich, wobei sich beides in vielen Bereichen zu überschneiden scheint und die Betonung des Französischen leicht in Antiamerikanismus übergeht. Nachdem grob die Koordinaten des Selbstverständnisses dieses Senders bestimmt sind, bietet es sich an, auch seinen Namen nicht länger zu verschweigen. Man nennt sich *Radio Courtoisie*, und auch wenn dies bereits Programm genug sein könnte, verzichtet man nicht darauf, sich, sozusagen im „Untertitel", noch genauer zu definieren: *la radio libre du pays réel et de la francophonie*.[7]

Es sei nur noch am Rande erwähnt, daß der Sender politisch eher rechts als links einzuordnen ist, und so darf es nicht weiter verwundern, wenn sich bekennende Royalisten, Anhänger von Le Pen, dezidierte Antikommunisten und Anti-'68er zu Wort melden.[8]

---

5 1991 betrug der Mindestbeitrag 200 Francs. Ob die Einnahmen aus den Mitgliedsbeiträgen jedoch ausreichend sind, um einen Sender zu finanzieren, der (in der Zwischenzeit) rund um die Uhr ausstrahlt, auch wenn viele Sendungen mehrmals in der Woche wiederholt werden und Mitarbeiter ehrenamtlich tätig sind, kann hier nicht weiter hinterfragt werden.

6 So wiederholt das (mit klassischer Musik unterlegte) Logo zur Sendung: „N'oubliez pas que Radio Courtoisie est une radio culturelle associative. Afin de sauvegarder une indépendance absolue, Radio Courtoisie refuse toute ressource publicitaire. Radio Courtoisie ne vit que grâce à ses auditeurs. Aidez-nous à demeurer libres, adhérez à notre association. Pour cette année, la cotisation minimum est de deux cents francs. Adressez votre chèque à [...]."

Und auch Jacques Lacant betont ausdrücklich die *Freiheit des Ausdrucks*: „Mais elle [une auditrice] me demande encore si, écrivant des chroniques dans la presse, j'ai jamais été censuré. Non, je n'ai jamais fait cette expérience, Dieu soit loué. ... Et ici, naturellement, c'est totalement impensable. Il y a encore en France beaucoup de lieux où règne l'expression libre, et ce sont les seuls, Madame, que je fréquente." (21.10.)

7 Zur Entstehung der *Radios libres* vergleiche man auch Liehr (1993: bes. 230-235).

8 Für Interessierte noch folgende Informationen: Kassetten der verschiedenen Sendungen können bei *Radio Courtoisie* (61, boulevard Murat, 75016 Paris, Tel.: 46.51.00.85; Fax: 46.51.21.82) gegen Entgelt angefordert werden. *Radio Courtoisie* sendet auf folgenden Frequenzen: Paris – 95,6 MHz; Caen – 100,6; Chartres – 104,5; Cherbourg – 87,8; Le Havre – 101,1; Le Mans – 98,8.

0.3. Die vierzehntägig ausgestrahlte und in der betreffenden Woche noch dreimal wiederholte Sendung wird von zwei Personen gestaltet, die beide in der sprachpflegerischen Gesellschaft *Défense de la langue française* führende Positionen innehaben: es handelt sich zum einen um Jacques Lacant, Vizepräsident der betreffenden Vereinigung,[9] zum andern um Brigitte Level,[10] die innerhalb der *Défense de la langue française* u. a. dem *Cercle Paul Valéry* als Präsidentin vorsteht.[11]

Es wäre zweifellos interessant, die Aufgabenteilung zwischen beiden genauer zu untersuchen, woraus sich dann seinerseits Rückschlüsse auf die „Rollen" ziehen ließen, die beide in der Sendung zu spielen übernehmen.[12] Dies muß hier jedoch ebenso unterbleiben wie die Frage danach, welche „Art" von Französisch Jacques Lacant oder Brigitte Level sprechen – hier wäre z. B. die Aussprache zu berücksichtigen (Frage der *liaisons*, des *e muet* usw.), aber auch die Wortwahl (Anteil literarischer Wörter und Wendungen) oder grammatische „Auffälligkeiten" (Archaismen wie der *imparfait du subjonctif*,[13] die Verwendung des *passé simple*,[14] beides in der ersten Person Singular, etc.). Darüber hinaus wäre

---

9 Zur Person Jacques Lacants, Jahrgang 1915, emeritierter Universitätsprofessor, führt der *Who's who* u. a. noch folgendes aus: „émissions vers l'Allemagne et l'Autriche à la Radiodiffusion française (1944-1945), Administrateur en zone française d'occupation en Allemagne (1945-1952), Directeur de l'Institut français de Cologne (1952-1960)"; darüber hinaus ist Jacques Lacant *Chevalier* der Ehrenlegion, *Officier des Palmes académiques* sowie Träger des Bundesverdienstkreuzes.

10 Brigitte Level, Jahrgang 1918, ehemals Professorin an der Sorbonne, veröffentlichte (unter Pseudonym) mehrere Gedichtbände, war Mitarbeiterin bei verschiedenen literarischen Zeitschriften und erhielt zahlreiche Preise und Auszeichnungen, darunter u. a. von der *Académie française*, der *Académie des Treize* und der *Académie des Jeux floraux*; für Details vergleiche man ebenfalls den *Who's who*.

11 Was Geschichte, Organisation, Intentionen o. ä. dieser sprachpflegerischen Gesellschaft betrifft, so vergleiche man z. B. auch die von DLF herausgegebene Broschüre *40 ans de Défense de la Langue française. 1952-1992* (1992).

12 Man erwartet zunächst gewiß eine relative Ausgewogenheit, die sich auch in einem ausgeglichenen Verhältnis der Redeanteile widerspiegeln würde. Es ist jedoch auffällig, daß Brigitte Level nur in relativ wenigen Fällen *argumentativ* zu Wort kommt und daß ihre Hauptaufgabe die zu sein scheint, den „eigentlichen" Gestalter der Sendung anzukündigen, ihm Hörerfragen zu übermitteln, Stichwörter zu liefern, Beispiele zu ergänzen u. ä. m., wobei sie es sich jedoch nicht nehmen läßt, wenn sie anderer Meinung ist oder eine Äußerung Jacques Lacants abschwächen möchte, dies in einem (im allgemeinen kurzen) Einwurf auch zu tun. M. a. W.: Die Chance zu einem wirklich „dialogischen Gespräch" (man sehe mir den Pleonasmus nach), die zugleich – für auditive Medien äußerst wichtig – mit einem hörerfreundlichen Stimmwechsel zwischen Mann und Frau verbunden wäre, wird also kaum genutzt.

13 So sagt z. B. Brigitte Level, wenn auch vielleicht mit einem Unterton, der das „gewisse Etwas" dieser Form unterstreichen soll, doch ist dies nicht mit Bestimmtheit zu sagen: „Oui, je [voulais] dire que c'était le seul mot de la dictée [des Pivot-Diktates] que je ne connusse point" (4.11.). Man vergleiche auch die Lobrede Jacques Lacants auf einen *Présentateur*, weil dieser seine *Imparfaits du subjonctif* „à bon escient et sans pédantisme" (13.1.) zu setzen versteht – in der 3. Person allerdings.

14 Jacques Lacant in der Sendung vom 21.10.: „Alors, je pris ma plume et écrivis au journal [...]".

es gerade in Hinblick auf das Medium und die spezifische Kommunikationssituation interessant, sowohl die Sprache mit der Sprechsituation zu korrelieren[15] wie auch zu untersuchen, ob und wenn ja, welche Züge des gesprochenen Französisch auszumachen sind, inwieweit die Hörerinnen und Hörer, z. B. in Form von Kontaktsignalen („vous savez" etc.), in die Kommunikation „eingebunden" werden u. ä. m. Schließlich könnte man das Augenmerk auch noch auf zwei andere Punkte lenken, auf die auch Schwarze (vgl. 1976; 1977: 19) hinweist:[16] die u. U. *wie en passant* eingestreute Anekdote sowie die Lust, gerade die Wörter oder Formen in den Diskurs spielerisch einfließen zu lassen, die es zu erläutern gilt.[17]

Von allen sprachpflegerischen Einzelaspekten abgesehen,[18] verfolgt die Sendung *ein übergeordnetes Ziel*: das Bewußtsein für die Bedeutung der französischen Sprache zu stärken. Dabei ist es Jacques Lacant selbst, der ausführlich zum Konzept der Sendung Stellung nimmt:

C'est pour cela que je dis très simplement que notre émission est vraiment un lien entre nous, entre ... entre vous ..., Brigitte Level et moi, et qu'elle est notre œuvre commune. [...]

Un auditeur ..., qui est devenu un ami, m'a suggéré d'inviter [...] à l'émission telle ou telle personne – grammairien, linguiste, écrivain, professeur, lexicologue, correcteur, etc., etc. Il est certain que, si je dirigeais un journal d'une durée de trois heures, je le ferais; mais je ne dispose que d'une petite heure. Et j'y ai renoncé. Si vous prenez par exemple une question aussi épineuse ... que ... l'était celle de la réforme de l'orthographe, j'aurais dû inviter ceux qui étaient pour – les linguistes Bernard Quemada, Claude Hagège, le lexicographe Alain Rey, etc. – et ceux qui étaient contre – Jean Dutourd, Philippe de Saint Robert et beaucoup d'autres. J'ai préféré vous dire ce que j'en pensais ... personnellement, en résumant les arguments des uns et des autres et en citant les réactions des auditeurs, vos réactions à vous, non spécialistes pour la plupart mais usagers de la langue française. Je crois que justement ce lien entre nous est le plus précieux et fait l'originalité de

---

15 Welche Aspekte sprechen für Nähe? Welche Aspekte sprechen für Distanz? Zur Dichotomie Nähe : Distanz vergleiche man z. B. Koch/Oesterreicher (1990: bes. 8-12). In diesem Zusammenhang wäre gewiß auch dem Aspekt der (u. U. nur gespielten) Improvisation Rechnung zu tragen.

16 Am Rand kommt dieser Punkt auch bei Cellard (vgl. 1983: 651), selbst ehemals *Chroniqueur* bei *Le Monde*, zur Sprache.

17 An dieser Stelle seien nur zwei kurze Beispiele angeführt.
1. Als Jacques Lacant in einer Sendung bedauernd feststellen muß, daß das *H aspiré* für manche Journalisten so gut wie nicht mehr zu existieren scheint („d'hurler [sic!] comme un tribun"), läßt er es sich nicht nehmen, seine Ausführungen mit folgenden Worten zu beschließen: „il n'y a plus d'H aspiré en français pour certains journalistes, qui risquent d'être pris finalement pour [dezeRo] [*des héros / des zéros*]" (21.10.).
2. Der „néologisme aventureux" *se péjorer* verleitet Jacques Lacant zu dem abschließenden Urteil: „Avec ces phraseurs qui ne cessent, eux, de pérorer, c'est la langue française qui risque fort de se péjorer" Sic! (13.1.).

18 Vgl. hierzu z. B. auch Cellard (1983: 654-660).

cette émission, qui n'est pas conçue comme un <u>débat</u> entre spécialistes <u>mais</u> comme une <u>chronique</u> fondée sur la correspondance. (18.11.)

Jacques Lacant sieht seine Aufgabe also darin, als *Intermédiaire* all das *zusammenzutragen* und zu *erläutern*, was seine Zuhörerschaft interessieren könnte, d. h. was in welcher Form auch immer mit dem *Universum der französischen Sprache* (vgl. 18.11.) zu tun hat.[19] Dazu konsultiert er Wörterbücher, Sprachlehrwerke und Grammatiken, gibt Literaturhinweise, zitiert, paraphrasiert oder resümiert Passagen bzw. Artikel aus Tageszeitungen, aus älteren, immer wieder anführbaren,[20] aber auch ganz aktuellen[21] Texten zu Sprachfragen, zur Bildungssituation und, schließlich, zur Kultur im allgemeinen, wobei er sich gewiß in die Reihe der *gezielt* unakademisch (und das meint: *unpedantisch*) plaudernden Sprachpfleger eingereiht wissen möchte, denn:

Die plaudernd geistreiche Darstellungsweise hat die Funktion, die schulmeisterlich-normative Grundeinstellung des traditionellen Sprachpflegers zu verhüllen und die Chroniques als eine allgemein interessierende Lektüre erscheinen zu lassen. [...] Der Chroniqueur, der diesen Stil pflegt, nimmt somit die Rolle einer Person ein, die als fachliche Autorität vor einem breiten gebildeten Publikum spricht. (Schwarze 1977: 18)

Und genau als solches will auch Jacques Lacant sein Publikum verstanden wissen: als „gens qui ont de la culture":[22]

Chaque fois que nous montrons une incertitude ici, nous recevons un message pour rectifier le tir, et au fond j'en suis très fier: ça prouve que nous sommes écoutés par des gens qui ont de la culture. (21.10.)

Dabei verbindet alle, Jacques Lacant, Brigitte Level und ihr Publikum, eines: das ausgeprägte Bedürfnis nach Korrektheit und Reinheit der Sprache:

---

19 Gerade auch aufgrund ihres Kompilationscharakters ist diese Sendung ein so wertvolles Dokument, kondensieren, kristallisieren sich doch hier (allerwenigstens) rund 450 Jahre sprachpflegerischer Diskurstradition: von der *Deffence* Joachim Du Bellays aus dem Jahre 1549 bis zur „guerre de l'orthographe" von 1990/1991.

20 Vgl. z. B. die Sendung vom 21.10., in der er aus Etiemble (1991: 48; zuerst 1964) bzw. einem Artikel Maurice Rats im *France Soir* von 1959 zitiert.

21 Die Sendung vom 13.1. z. B. widmet sich ausführlich der öffentlichen Ansprache des *Secrétaire perpétuel* vom 5.12.1991, nachzulesen in Académie française (Hg.) (1991).

22 Was das Alter der Hörer dieser Sendung bzw. des Senders generell betrifft, so sind Aussagen hierüber natürlich schwierig. Bei der vom Sender alljährlich am 7. November, dem Gründungstag, organisierten *Fête de la Langue française*, bei der sich 1991 „Freunde" des Senders bzw. Hörer sowie die Equipe von *Radio Courtoisie* bei einem Abendessen vereinten, war der Großteil der Anwesenden, die sich im zugegebenermaßen nicht leicht überschaubaren *Palais de la Mutualité* zusammengefunden hatten, meiner Schätzung nach zwischen 40 und 50 Jahren alt (vgl. auch Beck-Busse 1993b: 147). Daneben kommt es aber offensichtlich auch vor, daß sich die wirklich Allerjüngsten, wohl von Eltern oder Großeltern unterstützt, mit Fragen an Brigitte Level oder Jacques Lacant wenden: den Rekord hielt zu jener Zeit ein angeblich *fünfjähriger* Junge (vgl. die Sendung vom 18.11.).

[...] le besoin de correction, de <u>pureté</u> de la langue que *nous ressentons tous*. (4.11.; kursiv G. B.-B.)

Weswegen Sprache als etwas verstanden werden kann, das „rein" zu halten sei, kann vielleicht der nächste Punkt erhellen, nämlich die Frage danach, was Sprache im sprachpflegerischen Kontext (und das heißt wiederum zunächst für Jacques Lacant) bedeutet.

## 1. „Notre-Dame la langue française"[23] – Sprachkult und Identität

In einer seiner Sendungen geht Jacques Lacant relativ ausführlich auf den Titel seiner Sendereihe ein, ein Titel der zweifelsfrei *Programm* ist: *la langue française, joyau de notre patrimoine*.

En intitulant cette série d'émissions «Langue française, joyau de notre patrimoine», je veux justement marquer fortement que mon état d'esprit est tout <u>autre</u>: pour moi, le français n'est pas un simple instrument sans valeur propre, à prendre ou à laisser au gré des commodités; c'est l'expression d'une <u>manière d'être et de penser</u>, de penser avec <u>clarté</u>, avec toutes les <u>nuances</u> que permet le jeu de la syntaxe et du vocabulaire; <u>c'est la seule langue, dans laquelle nous ayons, nous autres Français, la faculté de nous exprimer à fond</u>. (13.1.)

Für Jacques Lacant ist die Sprache (und das heißt: *seine* Sprache, das Französische) nicht ein einfaches *Instrument*, das lediglich der Verständigung dient, sondern sie hat, wie er sich ausdrückt, einen ihr eigenen, spezifischen „Wert". Die Beziehung der Sprecher zu ihrer Sprache kann demnach, nach Auffassung Lacants, auch nicht die zu einem einfachen *Organon* sein, das beliebig austauschbar wäre,[24] solange es nur seinen Zweck, nämlich den der Verständigung, erfüllt.

Worin besteht nun für Jacques Lacant dieser besondere, dieser eigene „Wert"? Die französische Sprache ist für ihn der Ausdruck von spezifischen, von eigenen Lebens- und Denkformen,[25] d. h. die französische Sprache ist Teil

---

23 An dieser Stelle greife ich das Zitat von Maurice Schumann auf: „Il faut servir Notre-Dame la langue française" (zit. nach *Dictionnaire des Citations* 1989: 299).

24 Hier spielt er auf die von ihm öfter beklagte „Präsenz" des Englischen im französischen Alltag an. Damit ist aber nicht der Einfluß von Anglizismen gemeint *(franglais)*, sondern die „Verdrängung" des Französischen als Konferenz- und Publikationssprache usw. in Frankreich selbst. Zur „Präsenz" des Englischen in Medien, Wissenschaft und Wirtschaft vergleiche man auch Flaitz (1988: Kap. 3).

25 In Zusammenhang mit dem „Mythos" von der *Klarheit* der französischen Sprache – eloquente und zahlreiche Beispiele hierfür liefert auch das *Dictionnaire des Citations* (1989) – sei hier lediglich an Weinrich (1961) und Hagège (1987: 164-170) erinnert. Ausdrücklich erwähnenswert erscheint mir dabei Weinrichs Feststellung (vgl. 1961: 541-544), daß der „Mythos" zum „Ethos", zur Verpflichtung, wird: auch im Sprechen und Schreiben gilt es, sich zu bemühen, dem Bild, das man von der Sprache hat, zu entsprechen; Analoges auch in Hagège (1987: 170).

all dessen, was das Eigene bzw. das Spezifische ausmacht, das im kulturellen Erbe (*patrimoine*) seinen Ausdruck findet.

Das Eigene, das Spezifische, hat nun zwei Seiten, nämlich eine individuelle und eine kollektive, oder, in anderen Worten, das *Ich* und das *Wir*, wobei das *Wir*, im Fall einer Nationalsprache, wie es das Französische ist, mit dem *Volk*, dem *Staat* bzw. der *Nation* gleichgesetzt werden kann. Und so sind es auch das *eigene Ich*, der *Körper* und die *Seele* bzw. das *Volk* oder die *Nation*, die immer wieder angeführt werden, wenn es darum geht, die Bedeutung dieses Spezifischen, das die französische Sprache verkörpert, hervorzuheben. So kann man in Maurice Druons öffentlicher Ansprache vor der französischen Akademie lesen:[26]

> Respecter *sa langue*, c'est se respecter *soi-même*. (Druon in Académie (Hg.) 1991: 22; m. Herv.)[27]
>
> L'*avachissement du langage* va de pair avec l'*avachissement du corps*, et *de l'âme*. (Druon in Académie (Hg.) 1991: 22; m. Herv.)[28]

Der Bezug zum Volk bzw. zur Nation wird seinerseits in der folgenden Passage hergestellt:[29]

> Mais reconnaissons que les *mots*, les sens successifs dont on les affecte, ceux qui surgissent, ceux qui disparaissent, l'emploi qu'on en fait, l'agencement qu'on leur donne, l'intonation qu'on leur imprime, sont parfaitement *révélateurs* du tempérament, de l'éthique, du caractère et des aspirations *d'un peuple*, à tel ou tel moment de son histoire. (Druon in Académie (Hg.) 1991: 21-22; m. Herv.)

Damit bietet sich die Möglichkeit zur *Abgrenzung vom Anderen* im „herkömmlichen" Sinn: es ist im wesentlichen die Sprache, die das Bewußtsein

---

Zum *Génie de la langue française* insgesamt vergleiche man auch Fumaroli (1992), dessen Beitrag zu den von Pierre Nora herausgegebenen *Lieux de Mémoire* sich bezeichnenderweise in der Rubrik *Identifications* (neben Beiträgen zu Jeanne d'Arc, zum gallischen Hahn, zur Devise der Großen Revolution, zu Charlemagne usw.) findet.

26 Da Jacques Lacant in der Sendung vom 13.1. die Worte des *Secrétaire perpétuel* – Worte, die ihm allen Anschein nach aus dem Herzen sprechen und die Brigitte Level mit dem Attribut „excellents" begrüßt – in aller Ausführlichkeit zitiert, paraphrasiert und kommentiert, wird hier auch mehrfach auf sie Bezug genommen.

27 Dies ist ein Gedanke, der Jacques Lacant so gut gefällt, daß er ihn wie folgt kommentiert: „Une chose qu'il faut se répéter: respecter la [dies ist eine der Textstellen, die er leicht modifiziert] langue, c'est se respecter soi-même." (13.1.)

28 An anderer Stelle bindet Druon auch noch ein fremdes Zitat in seine Rede ein, das ebenfalls einen Bezug zwischen Sprache (Wörter) und Seele herstellt: «L'Académie est comptable de nos mots, et par là quasi de notre âme.» (Druon in Académie (Hg.) 1991: 21; m. Herv.). Man vergleiche darüber hinaus noch die 1994 erschienene Artikel-Sammlung Druons *Lettre aux Français sur leur langue et leur âme*.

29 Auch in Zusammenhang mit der Diskussion um das *Gesetz Toubon* wird der „dédain des Français à l'égard de leur langue" beklagt, „*qui provient manifestement d'un doute fondamental à l'égard de leur pays*" (Drillon 1994: 45; m. Herv.).

bestimmt, *Franzose* (und eben nicht Deutscher, Engländer oder US-Amerikaner) zu sein.[30]

> C'est justement à cela qu'on peut mesurer l'attachement des Français, cultivés ou non, à leur langue, à leur patrimoine culturel. Car ils sentent bien le rôle éminent que joue la langue *dans leur conscience de Français.* (18.11.; kursiv G. B.-B.)

Die Sprache ist Teil des Individuums, genauso wie sie das Bewußtsein einer Sprechergemeinschaft (mit-)bestimmt – dies ist weder neu noch besonders umstritten. Das „Besondere" im Fall der hier skizzierten Sprachpflege-Position scheint mir jedoch das folgende zu sein:
- die Absolutheit, mit der dies formuliert wird,
- die Häufigkeit, mit der dies wiederholt wird,
- die Kontexte, mit denen dies verbunden wird.[31]

Es ist festzustellen, daß die Kontexte dazu tendieren, *Ängste* zu suggerieren, Ängste, die nur allzu leicht von der Sprache auf das Ich bzw. die Nation übertragen werden:[32]

> J. L.: Alors, un auditeur me parle des mots, d'une façon plus générale, des rapports que l'on entretient avec eux. Et il m'écrit: «Les mots ont une saveur: certains sont délectables, d'autres suscitent le dégoût et la peur.» Fin de citation. C'est vrai.
> B. L.: Bien sûr. (4.11.)

Oder wie eine Korrespondentin an Jacques Lacant schreibt:

> Quand la langue d'un pays se dégrade, sa pensée, son âme, son identité sont gravement *en danger.* (18.11.; kursiv G. B.-B.)

Sprache, Individuum und Nation leben offensichtlich in engster Symbiose, und ein „Angriff" auf das eine wird schnell einem „Angriff" auf das andere gleichgesetzt. M. a. W.: Gerade weil in der Sprache mehr gesehen wird als ein Werkzeug, gerade weil so ausdrücklich betont wird, die Sprache habe eine „valeur propre", die u. a. darauf beruht, das *eigene Ich* mit der Sprache bzw. die Sprache mit dem *eigenen Ich* zu identifizieren sowie die *eigene* Nation bewußt

---

30 Inwiefern dies dann seinerseits mit der *Francité* bzw. der *Francophonie* in Einklang zu bringen ist, sei dahingestellt; man vergleiche hierzu auch Hagège (1987: 239-240).
31 Vom situativen Kontext soll hier einmal abgesehen werden. Es ist jedoch signifikant, daß Sprach-„Pflege" auch zu einer Angelegenheit des Staates avancieren *kann*; man vergleiche hierzu auch den ersten Abschnitt und besonders das Eingangszitat von Renée Balibars Beitrag in diesem Band. Was die französische bzw. „frankophone" Sprachgesetzgebung betrifft, so sei hier lediglich auf Beinke (1990: bes. 227-255 sowie Anhang 3 und 4), Christmann (1986) und Schmitt (1990) verwiesen.
32 Wenn Jacques Lacant, um den Präpositionalausdruck *face à face* zu erläutern, einen Beispielsatz wählt, der genau die *Rivalität,* die *Konfrontation* mit dem Englischen zum Thema hat, so zeigt auch dies, daß versucht wird, sich keine Gelegenheit entgehen zu lassen, die Gefahr zu beschwören, die von der englische Sprache „ausgeht", und damit zugleich Ängste zu schüren: „Et le linguiste Claude Hagège parle du sort du français «face à l'anglais» dans le sens d'un face à face, d'une rivalité, d'une confrontation" (13.1.).

von den *Anderen* abzusetzen, wird die Beziehung zu ihr sehr leicht – und z. T. sehr stark – von positiven wie auch negativen Emotionen geprägt.[33]

Aufgrund der Identifikation mit dem *Ich* liegt es nahe, der Sprache belebte, beseelte oder gar menschliche Züge zuzuschreiben:[34] man kann sie, wie jedes Individuum, gut oder schlecht behandeln, man kann hart mit ihr umspringen, man kann sie verstümmeln – bzw. es sollte das Anliegen sein, ihr dies gerade nicht anzutun:

> Enfin, tout cela était très réconfortant et ... surtout l'ambiance d'estime et d'amitié pour ceux qui attachent de l'importance à bien traiter la langue française, à ne pas la malmener, à ne pas l'estropier, à ... l'employer dans toute son ... orthodoxie, si je puis dire, n'est-ce pas? (21.10.)

Man kann das Französische, wie jedes empfindsame Wesen, verletzen und ihm Wunden zufügen:

> [...] au moins nous sommes-nous efforcés de donner mauvaise conscience à ceux qui blessent, meurtrissent, avilissent ou dénaturent le français. (Druon in Académie (Hg.) 1991: 24)[35]

Man kann die Sprache – oder zumindest einen Teil von ihr wie z. B. die Orthographie – achten, man kann sie lieben,[36] man kann sie pflegen, und man kann ihr den Hof machen:

---

33 Auf das „*integrative*" Element, das der (gepflegten) Sprache von einigen Sprachpflegern unterstellt wird, soll hier nur am Rande hingewiesen werden: „[...] alors que la vérité est toute contraire, et que c'est la possession d'un droit et bon langage qui efface les différences d'origine sociale, permettant à tout enfant, en quelque milieu qu'il soit né, de réussir au mieux son destin, relativement à ses aptitudes et ses dons" (Druon in Académie (Hg.) 1991: 23).
Die sogenannte „integrative" Kraft hat jedoch auch ihre Kehrseite, nämlich Repression bzw. Unterwerfung („assujettissement") bei Berrendonner (1982: z. B. 86) in Anlehnung an Althusser) mittels *Ideologie*. Was Althusser in bezug auf Schule, Kirche usw. feststellt, kann, wie Berrendonner (1982: bes. 81-97) zeigt, mühelos auf den normativen Diskurs im allgemeinen und die Sprachchroniken im besonderen übertragen werden: „En d'autres termes, l'Ecole (mais aussi d'autres institutions d'Etat comme l'Eglise, ou d'autres appareils comme l'Armée) enseignent des «savoirs-faire», mais dans des formes qui assurent *l'assujettissement à l'idéologie dominante*, ou la maîtrise de sa «pratique»" (Althusser 1976: 73).
Es ist diese „repressive Kraft", die Gegenstand des erstmals im Juli 1867 aufgeführten Einakters *La Grammaire* von Eugène Labiche ist, ein Stück, in dem ein *Défaut* des Zukünftigen – „un défaut qui est presque un vice" (Sc. 8) – beinahe eine Liebesheirat scheitern läßt: der zukünftige Ehemann hat Schwierigkeiten mit der Angleichung der Partizipien – dafür redigiert aber die Braut „comme Noël et Chapsal" (Sc. 13) ...

34 Zur Personifizierung von Sprache im *Rapport Barère* (An II; 1794) vergleiche man auch Trabant (1981: 80); auf einige Aspekte metaphorischen Umgangs mit der Sprache weist auch Berrendonner (1982: 60-64) hin.

35 Und auch hier wird die repressive Kraft deutlich: wer – im religiösen Sinne, versteht sich – „fehlt", der hat zumindest ein schlechtes Gewissen zu haben ...

36 Man vergleiche auch die folgende Äußerung Jacques Drillons in Zusammenhang mit dem *Gesetz Toubon*: „Puisqu'il ne s'agit pas de défendre la langue française, *mais bien de l'aimer* (et de l'enseigner dans ce but), la solution serait de franciser systématiquement les orthographes" (Drillon 1994: 45; m. Herv.).

> [...] une autre lettre me reparle de ce championnat et du sentiment de réconfort que beaucoup ont éprouvé à constater combien notre langue est encore aimée et cultivée en France <u>même</u> et sous diverses latitudes [...] (4.11.)
>
> Notre orthographe actuelle a ses anomalies – comme l'écriture de toutes les langues, d'ailleurs, et sans que ce fait nuise en rien à leur diffusion: voyez l'anglais, dont l'écriture est si distante de la prononciation. Mais cela n'empêche nullement d'être respectée, aimée, courtisée dans le monde entier, comme en fait foi le dernier concours de dictée de Bernard Pivot. (13.1.)

Darüber hinaus wird in der Sprache aber nicht irgendein x-beliebiges Individuum, vergleichbar einem x-beliebigen *Ich*, gesehen. Nein; die Bedeutung, die der französischen Sprache beigemessen wird, erhebt sie, so hat es zumindest hin und wieder den Anschein, in den Rang eines Kultgegenstandes:

> Toutes ces associations de l'A.F.A.L ont pour but *le culte de la langue française*. (18.11.; kursiv G. B.-B.),

eines Kultgegenstandes, den man zu „feiern" weiß:

> B. L.: Et je vous dis «à jeudi», nous vous disons «à jeudi», et *où nous fêterons ensemble la langue française*. (4.11.; kursiv G. B.-B.)

Dabei scheint die Nähe zur (vielleicht fast schon) religiösen Verehrung nicht gänzlich von der Hand zu weisen sein: die französische Sprache ist ein Kultgegenstand, dem man, wie sich dies gehört, *dient*:[37]

> [...] la langue française, patrie sans frontières pour tant de peuples sur la terre, et dont nous sommes, Messieurs, vous et moi, *les serviteurs* (Druon in Académie française (Hg.) 1991: 30; m. Herv.)

und für den man „wallfahrend" auf der Erde Anhänger gewinnt:

> Ces succès[38] sont dus en bonne partie à Alain Decaux, qui, pendant trois ans, a pris *son bâton de pèlerin* au bénéfice de la francophonie. (13.1.; kursiv G. B.-B.)
>
> Ces extensions, ces succès sont dus en bonne partie à l'un des nôtres, M. Alain Decaux, qui fut pendant trois ans *un ministre pèlerin*, un ministre rayonnant, allant sous toutes les latitudes porter la chaleur de sa conviction. (Druon in Académie française (Hg.) 1991: 29; m. Herv.)

Aufschlußreich auch, daß es offensichtlich Fälle gibt, in denen man „sündigt", weil man gegen die „Orthodoxie" (vgl. auch das Zitat vom 21.10.) verstößt:[39]

> B. L.: Attendez, moi, je vais faire un second mea-culpa. Une auditrice me reproche d'avoir dit «Nous avons un téléphone» au lieu de dire «Nous avons un appel téléphonique». Vous avez raison, Madame.

---

[37] Man erinnere sich auch des bereits zitierten „Il faut servir Notre-Dame la langue française" (vgl. *Dictionnaire des Citations* 1989: 299).

[38] Gemeint sind die „Erfolge", d. h. die Ausdehnungen der Frankophonie; man vergleiche auch die in dieser Hinsicht eindeutigere Formulierung Druons.

[39] Zur Übertragung der Bewertung des *sprachlichen Ausdrucks* („gut", „schlecht" etc., etc.) auf *diejenigen, die die Form verwenden,* vergleiche man auch Berrendonner (1982: 89-92).

J. L.: Bien ... Bien, mais il n'est pas interdit de faire son mea-culpa; je suis quelquefois moi-même dans ce cas. (2.12.)[40]

All dies braucht schließlich nicht weiter zu verwundern, werden Wörter doch auch einem Gott gleichgesetzt:[41]

C'est le cas de ceux qui composent des aphorismes, où les mots sont pesés, où chacun <u>compte</u>. Cioran a écrit à ce sujet; je cite Cioran: «Plus encore que dans le poème, c'est dans l'aphorisme que le mot est Dieu.» (4.11.)

Bei dieser Verehrung, die der Sprache bzw. dem Sprechen entgegengebracht wird, überrascht es nicht, daß die Sprache, daß die Art zu sprechen die Sprecher (und das heißt: die Franzosen) mit *Stolz*, mit *Würde*, mit *Selbstwertgefühl* erfüllt (bzw. erfüllen sollte):[42]

Notre première fierté devrait être celle de notre langage, puisqu'il nous exprime et englobe tout. (Druon in Académie (Hg.) 1991: 23)

Für Jacques Lacant und viele seiner „Mitstreiter" ist die Sprache von einem „besonderen Wert" – und das heißt zugleich *besonders wertvoll*. Sie ist der Ausdruck des Ichs, sie wird mit dem Ich gleichgesetzt; sie ist, wie das Ich, ein empfindsames Wesen, das fühlt, das verletzt werden kann; sie ist Heimat („patrie");[43] sie ist gemeinschaftstiftend; sie ist der Ausdruck der Nation, sie ist die Nation; in ihr materialisiert sich das „Besondere", bekommt das „Eigene" Substanz, findet das „Anders-Sein" seinen Ausdruck; sie grenzt ab, und zwar in doppelter Hinsicht: nach innen als verbindendes Element, nach außen als ausgrenzendes; sie ist schließlich ein Gegenstand kulthafter Verehrung und höchsten Stolzes, der mehr oder weniger heftige Emotionen hervorbringen kann.

---

40 Der Grammatiker selbst ist, wie man sieht, nicht „unfehlbar", was den Gegenstand, dem man sich „unterwirft", nur noch mehr „erhöht" ... Berrendonner hat dies auf die eingängige Formel gebracht: „Dire «je suis grammairien» suffit donc bien à suggérer, selon le sens commun, «Reconnaissez que vous êtes pécheur» ..." (Berrendonner 1982: 93) eine Formel, die für alle Sterblichen gilt ...

41 Daß sie Herrscher, daß sie Könige sind, steht außer Frage: „Or, comme dans tous les débats sérieux, les mots sont rois", sagt Fernand Braudel (vgl. *Dictionnaire des Citations* 1989: 352). Und abermals Althusser: „Ce qui signifie que toute idéologie est centrée, que le Sujet Absolu occupe la place unique du Centre, et interpelle autour de lui l'infinité des individus en sujets [...]" (Althusser 1976: 119).

42 Der Schritt vom *Stolz auf das Eigene* zur *Geringschätzung des Anderen* ist u. U. nicht weit: „*Une sorte d'américanisme <u>qui blesse nos idées raffinées</u>*" (Renan) (*Petit Robert* 1976: s. v. *blesser*; Unterstreichungen G. B.-B.).

43 Zitate, in denen die Sprache mit der *patrie* bzw. der Heimat verglichen wird, sind gewiß Legion (man vergleiche den Beitrag von Oksaar, in diesem Band). An dieser Stelle sollen nur Albert Camus und Emil Cioran zu Wort kommen: Camus: „J'ai une patrie: la langue française" (zit. nach *Dictionnaire des Citations* 1989: 197); Cioran: „On n'habite pas un pays, on habite une langue. Une patrie, c'est cela et rien d'autre" (zit. nach *Dictionnaire des Citations* 1989: 356).
Es sollte vielleicht auch nicht unerwähnt bleiben, daß es die „patrie sans frontières" ist, die die Frankophonie zusammenhält – ich erinnere an eine bereits zitierte Textstelle aus Druon (Académie française (Hg.) 1991: 30); vgl. auch Druon (1994: 99-102) und Hagège (1987: 239-240).

Welcher Art diese Emotionen sind, wird auch unter 4. nochmals zur Sprache kommen; zuvor soll jedoch noch dem *Fremden* etwas Aufmerksamkeit geschenkt werden.

## 2. Vom *Fremden* und vom *Anderen*

Bevor ich näher auf die *Wahrnehmung des Fremden* eingehe, möchte ich noch kurz auf einen Punkt zu sprechen kommen, der, wie mir scheint, allzu leicht übergangen wird: die Unterscheidung zwischen dem *Fremden* und dem *Anderen*.[44] Daß beides nicht gleichzusetzen ist, liegt auf der Hand: nicht alles, was von einem *Anderen* kommt, muß auch als *fremd wahrgenommen* werden (vgl. 3.1.), und nicht alles, was als *fremd* „erlebt" wird, muß auch tatsächlich von einem *Anderen* kommen. So zeigen z. B. „Pseudo-Anglizismen" wie *französisches* (!) *baby-foot* (vgl. hierzu Cypionka 1994: bes. 139-141), daß „erlebte" *Fremd*-heit eine *Eigen*-schöpfung sein kann, und „Rückwanderwörter" illustrieren, daß die Grenze zwischen dem *Eigenen* und dem *Fremden* z. T. fließend ist: nach Jahrhunderten in der (englischen) „Fremde" kehrt („ursprünglich") altfranzösisches *desport* als nun „englisches" bzw. „zumindest" „angliziertes" *sport* ins Französische zurück.

Was, nach Schäffter, das *Fremde* vom *Anderen* unterscheidet, ist die in der Beziehung zum *Fremden* empfundene *Fremdartigkeit*; man könnte auch sagen: Das *Andere* wird zum *Fremden* <u>erst im Fremderleben</u>. Auch wenn damit deutlich ist, daß zwischen beidem zu trennen ist, so bleibt diese Beschreibung relativ vage, arbeitet sie ihrerseits doch mit einem der beiden Begriffe (bzw. mit Begriffen, die mit einem der beiden aufs engste „verwandt" sind), nämlich der *Fremdartigkeit* bzw. dem *Fremderleben*.

Die Unterscheidung zwischen dem *Fremden* und dem *Anderen* mag faßbarer werden, wenn man die Begriffe heranzieht, die beiden gegenüberstehen. Dies scheint im Fall des *Anderen* das *Ich* bzw. das *Wir*, im Fall des *Fremden* das *Vertraute* bzw. das *Erwartbare* (vgl. auch Claessens 1991: 45, 52, 53) zu sein. Hiermit erklärt sich relativ gut, warum *Anders*-Sein nicht zwangsläufig *Fremd*-Sein bedeutet, d. h. als *fremd* wahrgenommen zu werden: der *Andere* ist zunächst nicht mehr und nicht weniger als eine vom *eigenen Ich* bzw. vom *kollektiven Wir* unterscheidbare Entität. Andererseits wird verständlich, warum nicht alles, was „als fremd erlebt" wird, auch (ausschließlich) dem *Anderen* zuzurechnen sein muß: für die bereits angesprochenen Pseudoanglizismen und „Rückwanderwörter" muß man nämlich feststellen, daß sie als *fremd* erlebt werden, weil sie *Un-vertrautheit*, weil sie *Fremdheit* „suggerieren", aber trotz suggerierter Fremdheit *eigen* sind, d. h. dem *Ich* bzw. dem *Wir* zuzurechnen sind.

---

44 Wenn Schäffter (1991: 12) von der „Fremdartigkeit des Anderen" spricht, so deutet dies – zugegebenermaßen sehr indirekt – an, daß hier zu differenzieren ist; an anderen Stellen vermißt man eine genauere Unterscheidung allerdings eher.

An dieser Stelle kann man vielleicht auf die von Simmel (1992; zuerst 1908) in seinen *Exkurs über den Fremden* (nicht *das Fremde*) eingebrachte *Distanz* zurückgreifen, einen Exkurs, den er aufschlußreicherweise in das Kapitel *Der Raum und die räumlichen Ordnungen der Gesellschaft* einfügt. *Distanz* besteht aber m. E. nicht nur im Fall des *Fremden*, sondern auch im Fall des *Anderen*; man kann aber wohl von zwei verschiedenen „Arten" bzw. zwei verschiedenen „Graden" von *Distanz* ausgehen: im Fall des *Fremden* um eine Art „innere", will sagen „erlebte", d. h. selbst geschaffene Distanz,[45] im Fall des *Anderen* um eine Art „äußere" Distanz, die durch Nicht-Identität zweier *damit unterscheidbar* werdender Entitäten gegeben ist.

Warum ist aber die hier herausgearbeitete „Grenze" zwischen dem *Ich/Wir* und dem *Vertrauten* einerseits sowie dem *Anderen* und dem *Fremden* andererseits z. T. so schwer „durchzuhalten", z. T. so schwer zu erkennen? Offensichtlich wird das *Vertraute* leicht mit dem *Ich/Wir* assoziiert; damit wird die hier nur angedeutete Grenze zwischen dem *Fremdem* und dem *Vertrauten* einerseits sowie dem *Ich/Wir* und dem *Anderen* andererseits „aufgehoben": das *Fremde* steht zwar immer noch dem *Vertrauten* gegenüber, dieses wird aber zugleich mit dem *Eigenen*, dem *Ich*, dem *Wir* identifiziert; zugleich rückt damit das *Nicht-Eigene*, das *Nicht-Zugehörige*, das *Andere* in die Nähe zum *Fremden*. Die Gegenüberstellung *Fremdes* vs. *Ich/Wir* erfolgt also über den „Umweg" der Identifikation des *Ich/Wir* mit dem (dem *Fremden* direkt gegenüberstehenden) *Vertrauten*:

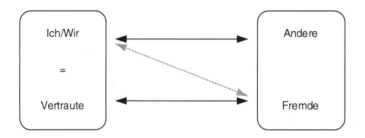

Nach diesen knappen Vorüberlegungen scheint nun der Weg bereitet, etwas genauer der Frage der *Wahrnehmung des Fremden* nachzugehen.

---

45 Der Begriff des *Fremd-Erlebens* (vgl. z. B. Schäffter 1991) spricht in aller Deutlichkeit aus, daß Fremdheit „keine Eigenschaft von Dingen oder Personen [ist], sondern ein *Beziehungsmodus*, in dem wir externen Phänomenen *begegnen*" (Schäffter 1991: 12; m. Herv.).

## 3. Zur Wahrnehmung des Fremden[46]

### 3.1. Das gar nicht Fremde: das lateinisch-griechische Erbe[47]

Spätestens seit Henri Estiennes *Traicté de la conformité du language françois avec le grec* (zuerst 1565) ist es üblich, das Französische auch auf das Griechische zurückzuführen,[48] so daß weder das Griechische noch das Lateinische als dem Französischen „fremd" *wahrgenommen* werden. In einem persönlichen Gespräch führt Jacques Lacant hierzu aus:

> Oui, mais pour nous, pour nous [les Français], le grec et le latin n'est pas ressenti comme étranger. Pas du tout. Forcément! Comment voulez-vous? Notre langue vient de là. (28.1.)

---

46 Im folgenden wird es darum gehen nachzuzeichnen, wie das *Fremde* aus Sicht *einer bestimmten* sprachpflegerischen Position wahrgenommen und wie mit ihm dabei umgegangen wird. Inwiefern sich die Sprecher (wenn diese Generalisierung erlaubt ist) der *Fremdheit* des betreffenden Ausdrucks bewußt sind bzw. wie sie den betreffenden Ausdruck bewerten, bleibt außer acht.
Darüber hinaus wird auch nicht der Frage nachgegangen, ob die hier skizzierte *Wahrnehmung* des „Fremden" auch *vom sprachtheoretischen Standpunkt* aus gerechtfertigt ist. Es sei am Rande nur so viel ergänzt: Auf die Tatsache, daß das „entlehnte" Wort kein „fremdes" mehr ist, da es in das „aufnehmende" System mit dem *ihm dort eigenen Wert* integriert wird bzw. integriert ist, macht u. a. schon Saussure aufmerksam: „Mais surtout le mot emprunté *ne compte plus comme tel*, dès qu'il est étudié au sein du système; *il n'existe que par sa relation et son opposition avec les mots qui lui sont associés*, au même titre que n'importe quel signe autochtone." (Saussure 1978: 42; m. Herv.)
Vielleicht findet man in dem von Harsdörffer herausgegebenen zweiten Teil der *Deliciae Physico-Mathematicae* (zuerst 1651) die prägnanteste Formulierung zum Unterschied zwischen *wortexterner Geschichte* und *sprachinterner Stellung* eines „Fremdwortes": „Das Wort Ziffer ist Arabisch *(Siphra)* der Ankunfft nach / dem Gebrauch nach aber Teutsch; [...]." (Harsdörffer/Schwenter Teil 2, 1990: 4; Unterstreichung G. B.-B.)

47 Im folgenden mag man sich an drei der vier von Schäffter unterschiedenen „Deutungsmuster von Fremdheit" erinnert fühlen, nämlich an „Das Fremde als tragender Grund und Resonanzboden von Eigenheit" (Schäffter 1991: 15; vgl. auch 16-18), an die „Fremdheit als Chance zur Ergänzung und Vervollständigung" (1991: 15; vgl. auch 22-24) sowie an „Das Fremde als Negation von Eigenheit" (1991: 15; vgl. 1991: 19-22). Es wird sich jedoch zeigen, daß es sich bei den folgenden Überlegungen nicht um die Rekonstruktion von, wie Schäffter dies anstrebt, „Ordnungsschemata" handelt, die mögliche Wahrnehmungen bzw. Bewertungen des Fremden zugrundeliegen, sondern um nichts anderes als die *Wahrnehmung* selbst.

48 In Zusammenhang mit der Diskussion um Ähnlichkeit und Verwandtschaft mit dem Griechischen sei hier nur, für die Zeit *vor* Henri Estiennes Traktat, an Joachim Périon(ius) (zuerst 1554/1555; 1972) und Du Bellay (zuerst 1549; 1991: II/9; 251) erinnert.

Beide Sprachen werden also als ehrenwerte Urahnen gesehen, mit denen das Französische Ähnlichkeiten, Nähe oder verwandtschaftliche Beziehungen teilt.[49]

Es ist dabei die vielgepriesene *Orthographie*, die diese Bande, diese *liens*, zum Latein und zum Griechischen greifbar vor Augen führt – ein Grund mehr also, sie auf keinen Fall zu „reformieren":[50]

> [...] elle [l'orthographe] rappelle aussi les liens de nos vocables avec le latin et le grec *si importants pour en préciser le sens* [...]. (21.10.; kursiv G. B.-B.)

> Et puis, l'étude du latin et du grec est une peau de chagrin qui, de nos jours, se rétrécit sans cesse alors que *le sens et l'orthographe de nos mots dépendent de leur origine grecque ou latine*. (13.1.; kursiv G. B.-B.)

Wie die Etymologie nun hilft, die genaue Bedeutung eines Wortes bzw. sinnverwandter Wörter „greifbar" zu machen, kann das folgende Beispiel illustrieren:

> Eh bien, «carcer», n'est-ce pas, en latin, c'est la prison, et «désincarcérer» veut dire ... libérer de la prison où est enfermée une personne qui est victime d'un accident. (21.10.)

Latein und Griechisch werden also nicht als *fremd wahrgenommen*; es ist im Gegenteil gerade die Nähe, die Nachbarschaft, es sind die Bindungen und die „Bande", die bewußt immer wieder betont werden. *Bewußt* betont, da die beiden klassischen Sprachen, auf die man sich beruft, in höchstem Ansehen stehen, so daß dank der Fokussierung auf die Nähe und Verwandschaft auch die eigene Sprache eine Aufwertung erfährt – Motiv genug, das *Andere* als „nah" und „verwandt" zu *erleben*. Und so mag es zwar im Deutschen „Fremd"-Wörter geben, die lateinischen und griechischen Ursprungs sind, für das Französische gilt dies jedoch offensichtlich nicht, denn die *mots savants* werden als Teil des

---

49 Man vergleiche z. B.: „EN VNE epistre Latine que ie mi l'an passé audeuant de quelques miens dialogues Grecs, ce propos m'eschapa, *Quia multo maiore[m] Gallica lingua cum Graeca habet affinitate[m] quàm Latina* [...]" (Estienne *Traicté: Préface*, unpag.). „Or les raisons que i'ay à deduire, ne seront difficiles à comprendre, d'autant qu'elles consistent en exemples, monstrans à l'oeil combien le language François est voisin du Grec, non seulement en vn grand nombre de mots (ce que feu mon pere a ia monstré parcideuant en partie) mais aussi en plusieurs belles manieres de parler: afinque par ceste co[m]paraison chascun voye combien le Latin, l'Italien, l'Espagnol, sont elloignez du Grec, duquel le nostre est prochain voisin: [...]" (Estienne *Traicté: Préface*, unpag.). Daß diese immer wieder herausgestellte Nähe zum Griechischen natürlich sehr willkommen ist, versteht sich von selbst: „[...] pareillement la langue Françoise, pour approcher plus pres de celle qui a acquis la perfection, doibt estre estimee excelle[n]te pardessus les autres" (Estienne *Traicté: Préface*, unpag.).

50 Und wenn die neuerlichen Reformvorschläge gar als „rectifications" bezeichnet werden, so ist dies in den Augen von Jacques Lacant eine schon fast heimtückische Irreführung: „Les tentatives récentes se sont heurtées à des critiques très vives et à des résistances résolues si bien qu'elles n'ont pas abouti, Dieu merci, à des instructions ministérielles pour imposer ces modifications baptisées bizarrement «rectifications», comme si l'orthographe antérieure était fautive dans l'enseignement" (13.1.).

Eigenen verstanden, als ein Teil, der eher zufällig einen anderen, nämlich „gelehrten" Ursprung hat.

## 3.2. Das bereichernde, das zu eigen gemachte Fremde[51]

Hier nun finden wir das Fremde, das zwar als solches wahrgenommen wird, das jedoch zugleich auch als *Teil des Eigenen* erlebt wird. M. a. W.: Dieses Fremde hat „Akzeptanz" errungen.[52]

Dabei kann es im wahrsten Sinne ein Akt der „Einbürgerung" sein, der aus einem „fremden" Wort ein „entlehntes" Wort macht:[53]

Une autre question du même genre concerne le remplacement souhaitable et souhaité du mot anglais assez fréquent «leadership». Eh bien, il s'agit là, là c'est quelque chose d'un peu différent parce que il s'agit d'un <u>vieil</u> *emprunt*, de plus d'un siècle, et le mot, *par suite de son ancienneté*, a acquis en France une sorte de *droit de cité* <u>ce qui ne veut pas dire</u> qu'il soit inévitable ou irremplaçable. [...] Même quand il s'agit des affaires, le mot anglo-saxon n'est <u>aucunement</u> inéluctable. (18.11.; kursiv G. B.-B.)

Auf die Widersprüchlichkeit dieser Argumentation soll nur am Rande hingewiesen werden.[54] Im Kontext der *Wahrnehmung des Fremden* erscheint mir ein anderer Punkt von größerem Interesse, nämlich der Übergang vom *Fremden* zum *Entlehnten*. Wie der Ausdruck „entlehnt" schon sagt: Man „nimmt" es von einem *Anderen* – und *für sich*; dabei kann das „entlehnte" Fremde, zumindest zu einem gewissen Teil, an Fremdheit verlieren. Beschleunigt werden kann dieser Vorgang der *Integration* durch eine lautliche und graphische „Anpassung",

---

51 Es geht hier nicht um den Prozeß der „Eingliederung" eines „Fremdwortes", sondern um die *Wahrnehmung einer Art von Fremdheit*.
52 Dies deutet bereits an, daß das „Problem" der „Fremd"-Wörter auch eine Frage der Durchsetzung ist. Wenn man an die „normalerweise üblichen" Invektiven gegen die anglo-amerikanische Welt und deren Einfluß auf die französische Sprache denkt, so ist Lacants nachsichtiges Verhalten dem ursprünglich englischen *brick* gegenüber ganz und gar nicht selbstverständlich: „C'est un mot qui vient d'Angleterre. *Mais comment parler de marine sans parler de l'Angleterre?*" (21.10.; kursiv G. B.-B.)
53 Das Bild von der „Einbürgerung" hat, auch über die Grenzen Frankreichs hinaus, Tradition; man vergleiche z. B. nur abermals Harsdörffer/Schwenter (Teil 2, 1990: 4). Zur personifizierenden Metaphorik in Zusammenhang mit Entlehnungen (wobei hier sowohl der Akt der Entlehnung wie auch das Produkt „Entlehnung" gemeint ist) vergleiche man Cypionka (1994: 46-51). Von der *Gefahr*, die in einer solchen „sprachlichen Bewältigung" der *Herausforderung durch das Fremde* liegt, wird auch in 3.3. und 4. noch zu sprechen sein: „Daß eine die lexikalischen Einheiten personifizierende Perspektive fragwürdig ist, wird besonders einsichtig, wenn man betrachtet, welche Blüten sie in der sprachpuristischen Bewegung treibt. In einer puristischen Zuspitzung des Bildes werden die harmlosen Immigranten, die Fremden, denen man relativ neutral gegenübersteht, zu Invasoren, zu Feinden schlechthin, die es zu bekämpfen gilt" (Cypionka 1994: 50).
54 Zunächst scheint es, als handle es sich um einen „anders gelagerten Fall", wird dem betreffenden Wort doch „Bürgerrecht" bescheinigt. Dies scheint Jacques Lacant jedoch nicht daran zu hindern, es dann trotzdem „des Landes zu verweisen".

wie sie Lacant z. B. von dem *integrierten*, von dem sich „niedergelassenen" *supporteur* („qui s'est installé chez nous, dans le langage de la compétition"; 4.11.) als quasi selbstverständlich erwartet:

> A propos de «supporter» dans le sens, dans le <u>faux</u> sens de «soutenir», d'«encourager», un auditeur m'avait écrit pour déplorer que l'Académie eût accepté le substantif «supporteur» – écrit à la française: «-eur» –, qui risque justement d'<u>accréditer</u> le verbe «supporter» dans le sens aberrant d'«encourager». (2.12.)

Wenn ein Ausdruck, aus Sicht Jacques Lacants, („schon", ist man versucht hinzuzusetzen) *eingebürgert* werden soll, dann erscheint dies offensichtlich leichter möglich, wenn er sich, zumindest äußerlich, im Laut- und im Schrift-„Kleid", möglichst *unauffällig* verhält. Aufschlußreich ist hierbei die Parallele zum politischen Alltag, eine Parallele, die sich auch im Vokabular („droit de cité") niederschlägt. Und genau wie in der Politik, so kann auch im Falle der Sprachpflege die Einbürgerung um so schwieriger werden, je bedrohter sich das „Einbürgerungsland" *fühlt*.

Zusammenfassend läßt sich sagen, daß die hier skizzierte Art von Fremdheit eher *keine* Herausforderung (u. U. *mehr*) darstellt, wird das Fremde doch als „integriert" wahrgenommen. Diese Art des Fremden ist zwar von der Herkunft her fremd, es wird jedoch zum *Eigenen* gerechnet und u. U. sogar als *Bereicherung*, eventuell mit der positiven Konnotation des *Exotischen*, „erlebt". Und was wäre die französische Sprache auch ohne *leitmotiv* oder ohne *bistro(t)*, ohne den *Cours(-la-Reine)* oder den *boulevard (Saint-Michel)*, ohne den *hidalgo* oder den *snob*, und was wäre sie vor allem ohne *Académie* und ohne *Coupole?*

### 3.3. Das bedrohliche Fremde oder die *Anglo-américanomanie*

Als eine *Herausforderung* in einem wahrlich negativen Sinn, als eine *Bedrohung*, wird vor allem *eine* Sprache empfunden, das Englische,[55] wobei man an zwei „Fronten" zugleich „kämpfen" muß: zum einen gilt es, den Einfluß- bzw. Verwendungsbereich des Französischen, außerhalb wie auch innerhalb Frankreichs,[56] zu „verteidigen", zum andern gilt es, das Französische

---

55 Im Fall der französischsprachigen Schweiz kommt noch das Deutsche hinzu, dessen „Einmischung" man sich „ausgesetzt" fühlt: „La Suisse romande est exposée évidemment à l'immixtion [...] des germanismes et elle s'en défend" (4.11.).

56 Was den Verwendungsbereich innerhalb Frankreichs betrifft („on a beaucoup parlé de l'expansionnisme abusif de la langue anglaise et de la défense même de la francophonie en France même"; 18.11.), so wird hier besonders die Situation in Zusammenhang mit wissenschaftlichen Publikationen, auf wissenschaftlichen Kongressen, im Tourismusbereich oder im Transportwesen beklagt. Lacant spricht von einem „Bilinguismus" (Französisch und Englisch) „qui s'installe progressivement en douceur" (13.1.), und er will verhindern, „que l'anglais ne se substitue au français en France même pour des motifs, paraît-il, de commodité" (13.1.).

nicht in ein *franglais* „denaturieren" zu lassen; man kämpft „pour que la langue française conserve sa diffusion d'une part et d'autre part sa pureté, sa correction" (18.11.).

Die empfundene „Bedrohung" durch die fremde Sprache Englisch betrifft also zwei Bereiche: den der Sprache externen *Raum ihrer Verwendung* (sowohl im tatsächlich räumlichen wie auch im situativen Sinn) sowie ihre *innere Struktur*, eben ihre *„Reinheit"*.[57]

In Zusammenhang mit der „Reinheit" wird dabei fortlaufend das Bild von der „Denaturierung", der „Korrumpierung" etc., etc., etc. bemüht:[58]

> [...] quand de «supporteur» on passe au verbe qui en français a tout autre sens et qu'on prétend lui attribuer dans notre langue le sens anglais d'«encourager», de «soutenir» on voit là la *déformation* avec toutes les confusions qu'elle peut entraîner. C'est à proprement parler une *aliénation* qu'inflige à certains mots français l'anglomanie régnante. (4.11.; kursiv G. B.-B.)

> Eh bien, ça fait partie, je crois, de la fâcheuse tendance à *bousculer* la syntaxe du français. [...] C'est la brièveté des langues anglo-saxonnes qui est ainsi recherchée, qui est singée [...]. (2.12.; kursiv G. B.-B.)

> En ce qui concerne justement la *corruption* de notre syntaxe, un auditeur me signale quelques exemples caractéristiques d'américanisation par les entreprises et par les collectivités publiques. [...] C'est vraiment pour le plaisir de *dénaturer* la syntaxe française. C'est l'américanisation la plus irritante qui soit. (2.12.; kursiv G. B.-B.)

---

57 Auch in Hinblick auf die beiden „Fronten" der Bedrohung stellt man Übereinstimmungen zwischen dem *Fremden in der Sprache* und dem *Fremden allgemein* fest: das Fremde kann zum einen den eigenen Herrschaftsbereich, zum andern die „Reinheit" des Eigenen in Form einer „Durchrassung" (man fühlt sich unwillkürlich an einen deutschen Politiker erinnert) bedrohen, der man u. U. mittels einer „ethnischen Säuberung" (man fühlt sich abermals an Politiker erinnert) meint „begegnen" zu müssen. Was Schäffter allgemein zum Fremden feststellt, läßt sich also ohne weiteres auf das *Fremde in der Sprache* übertragen: „Die für die Ordnungsstruktur der Einheit und Integrität charakteristische Metaphorik von Reinheit, Unvermischtheit, innerer Stärke und Gesundheit tendiert dazu, dem Fremdartigen daher auch die Konnotation von Vermischung, Unreinheit, Gift und Schmutz zuzuweisen" (Schäffter 1991: 19).

In den Kontext der Reinheitsmetaphorik fügt es sich nahtlos ein, daß man für ein „français casher" eintritt (wobei *casher* selbst ursprünglich hebräischer Herkunft ist und aufgrund seiner Graphie noch eine gewisse Fremdheit suggerieren könnte): „Voilà contre quoi il faut lutter sans relâche, contre quoi il faut se faire fanatiques, obsédés du français casher: les mots imposés" (Drillon 1994: 45).

58 Es sei jedoch daran erinnert, daß „in Sachen Sprachenfrage" das „Stigma" der Korrumpierung, der Denaturierung, der Schwächung etc. nicht nur das *Fremde* trifft, sondern generell dann bemüht wird, wenn es gilt, *Unliebsames* (und das kann auch heißen: *Modernes, Neues*) *abzuwerten*: so kann z. B. im 16. Jahrhundert von den Gegnern der Volkssprache das Italienische als *latino corrotto* „abgetan" werden, ohne daß es dadurch zwangsläufig auch als *fremd* wahrgenommen werden müßte. Als „korrumpierende Faktoren" kommen dabei mindestens zwei in Betracht: die Zeit – und die *Barbaren* (womit wir doch wieder irgendwie beim Thema wären ...).

Die „Reinheit", die „Orthodoxie" des Eigenen scheint also durch „Ein-Mischung"[59] von außen gefährdet, und man hat offensichtlich keine Hemmungen, das Fremde mit überflüssigen, schädlichen „Schmarotzern" gleichzusetzen:[60]

> Ces effets se nomment en français «des retombées», nous dit le bulletin de Suisse romande, «des retombées»; nous n'avons nul besoin, donc – puisque nous avons un mot – de franciser le mot allemand «Immissionen». La Suisse romande est exposée évidemment à l'*immixtion* – cette fois – des germanismes et elle s'en <u>défend</u>. Dans le domaine des anglicismes, les Suisses romands sont <u>beaucoup</u> plus vigilants que <u>nous</u>. Ils notent les efforts déployés par un autre pays francophone, le Québec, pour se débarrasser des *anglicismes <u>parasites</u>*. (4.11.; kursiv G. B.-B.)

Zusammenfassend sei hier festgehalten, daß es vor allem das Englische ist, das *heutzutage*[61] als die große *Herausforderung* wahrgenommen wird, eine derart massive Herausforderung, daß man offensichtlich kaum Hemmungen hat, verbal „zuzuschlagen": in den Augen Jacques Lacants ist Sprachpflege auch der Kampf „pour se *débarasser* des anglicismes *parasites*". Mit welchen sprachlichen Mitteln dieser „Kampf" – es ist in der Tat immer wieder von

---

59 Es sei mir an dieser Stelle das Spiel des Rückverweises auf den im Wort enthaltenen Stamm der „Mischung" erlaubt; Lacant selbst erläutert den Begriff der *immixtion* (den es nicht mit dem Wort *immission* zu verwechseln gilt, wie er zuvor ausdrücklich betont) natürlich *comme il faut*, nämlich als „action de s'immiscer dans une affaire qui ne vous regarde pas" (4.11.).

60 Im folgenden Textauszug sind Anfang und Ende des Zitats nicht mit absoluter Eindeutigkeit auszumachen.

61 Während der Tagung erinnert Wolfgang Settekorn mehrmals an die „Konjunktur", die bestimmte Strömungen der „Verteidigung des Französischen" haben: die Auffassung davon, wogegen oder wofür man meint, „kämpfen" zu müssen, kann sich im Laufe der Zeit verändern und wird auch häufig von der (außen-)politischen Konstellation mitbestimmt – man denke z. B. an Henri Estiennes *Deux Dialogues du nouveau Langage François Italianizé et autrement desguizé* (zuerst Genf 1578), und man vergleiche z. B. Spitzer (1918). Mit dem „Feindbild", das durch Rivalität bestimmt sein kann, kann sich auch die Auffassung davon, was als „Fremdwort" bzw. als fremde Sprache für „schlecht" angesehen wird, wandeln: sieht das 16. und die erste Hälfte des 17. Jahrhunderts in Italien im allgemeinen und den „Italianismen" im besonderen einen „Konkurrenten", einen Rivalen Frankreichs, der das eigene Selbstwertgefühl beeinträchtigt (noch verstärkt durch die italienischen „Einflüsse" im „Innern"; als gedankliche Ankerpunkte sei hier nur an die italienischen Gemahlinnen von Heinrich II. und Heinrich IV. erinnert, Catherine und Marie de Médicis), so erreicht das Selbstwertgefühl mit Ludwig XIV. und während des gesamten 18. Jahrhunderts seinen vielleicht nie wieder erreichbaren Höhepunkt. Diese große Vergangenheit macht es nicht leichter, heute feststellen zu müssen, daß der einstige kulturelle und politische Einfluß Frankreichs nach dem 2. Weltkrieg, den man, zusammen mit den anderen Alliierten, immerhin als siegreiche Macht verlassen hat, von einem der damaligen Mitkämpfer, den Vereinigten Staaten, übernommen wurde.

„lutte" oder „combat" die Rede[62] – geführt wird, soll der nächste Abschnitt zeigen. Nachdem also das herausfordernde, nachdem das bedrohliche Fremde „identifiziert" ist, soll nun dem *Umgang* mit diesem als Bedrohung wahrgenommenen Fremden Augenmerk geschenkt werden.

## 4. Von der Bewältigung der „Herausforderung" oder: vom „Umgangston" gegenüber dem „schlechten" Fremden?[63]

In diesem Zusammenhang sind vor allem zwei Aspekte zu unterscheiden: das Fremde selbst sowie dessen Benutzung. Damit kann der *Umgang mit dem Fremden* anhand der folgenden drei Fragen beschrieben werden:
1. Mit welchen Attributen werden Anglizismen bzw. wird das *franglais* versehen?
2. Was wird über diejenigen ausgesagt, die Anglizismen verwenden?
3. Welche Reaktionen ruft die Verwendung des Englischen in Frankreich hervor?

Die zuletzt angeführte Textstelle macht deutlich, daß Anglizismen als überflüssige und u. U. schädliche Schmarotzer (*anglicismes parasites*), man kann wohl schon sagen, *beschimpft* werden können. Dagegen nimmt sich eine Bewertung wie „ridicule" schon fast harmlos aus.[64] Relativ „sachlich" gar, wenn am Ende auch aufs gleiche hinauslaufend, scheint die Beurteilung im Fall von *spot publicitaire* auszufallen, zu dem Jacques Lacant vermerkt: „vraiment le mot est totalement inutile" (4.11.). Insgesamt gesehen trifft die Anglizismen wie auch das *franglais* die pauschalisierende „Wertung", „schlecht" zu sein:

> Une auditrice m'adresse entre autres une note sur l'usage, ou plutôt le mauvais usage, quelques exemples de franglais [...] (21.10.)

---

62 An dieser Stelle sei nur an die Textsammlung *Premiers combats pour la langue française* (1989) sowie an die „guerre de l'orthographe" von 1990/1991 (vgl. 13.1. oder Dutourd 1991) erinnert.

63 Es sei ausdrücklich daran erinnert, daß der hier rekonstruierte „Umgangston" auf *ein ausgewähltes, ganz konkretes Beispiel*, nämlich fünf Sendungen der Radioserie *La langue française, joyau de notre patrimoine* zutrifft; andere Beispiele mögen im Ton u. U. weit weniger „scharf" (aber vielleicht auch „schärfer") sein: so stellt z. B. Cellard (1983: 660) fest, daß der als „Lancelot" zeichnende Abel Hermant um 1930 Anglizismen „avec beaucoup plus d'indulgence, ou au moins de sérénité" behandle; um aber nicht allzu große Erwartungen aufkommen zu lassen, sei im gleichen Atemzug auf ein Zitat aus Lancelot (Cellard 1983: 663) verwiesen.

64 Es ist der Anglizismus *parking*, den Maurice Rat in einem Artikel in *France Soir* aus dem Jahre 1959 als „ridicule" abtut, während das französische *parquage*, das nach seiner Vorstellung *parking* ersetzen soll, von ihm als „excellent" charakterisiert wird; man vergleiche die Sendung vom 21.10., in der Jacques Lacant Teile dieses Aufsatzes vorträgt. Mit demselben Attribut „ridicule" werden von Jacques Lacant natürlich auch andere Anglizismen wie z. B. *nominer* bedacht, ein Anglizismus übrigens „qu'on ne regrettera pas" (2.12.).

La persistance du mauvais usage suffit-elle à l'accréditer? Quant à moi, je ne le pense pas. (13.1.)

Die Sprecher nun, die die geliebte Sprache so einfach dem „Einfluß" des „schlechten Fremden" aussetzen, sind „snobs", die z. T. vor keiner „Dummheit", vor keiner „Idiotie" zurückschrecken:

Un lecteur canadien français de Montréal me signale qu'on appelle là-bas, où tant de bonnes habitudes de France sont conservées, «oléoduc», comme on dit «aqueduc» et «viaduc», ce que les snobs de chez nous nomment, tantôt en prononçant [piplin], tantôt pour faire plus riche en ineptie [pajplajn]. (21.10.)

Aber nicht nur, daß der englische Einfluß als „lächerlich", als „überflüssig", als „schlecht" abgetan wird; die Situation wird weit schlimmer eingeschätzt: man fühlt sich (bzw. die französische Sprache) vom Englischen *bedroht*, das nicht nur durch einzelne Wörter das Französische „korrumpiert" bzw. „denaturiert", sondern gerade auch als Konferenzsprache, als Sprache der Wirtschaft etc. das Französische aus vielen Bereichen, selbst in Frankreich, „verdrängt"; ich erinnere nur an eine bereits zitierte Äußerung Jacques Lacants, in der dieser ein Ziel seiner Bemühungen darin sieht, „d'éviter que l'anglais ne se substitue au français en France même pour des motifs, paraît-il, de commodité" (13.1.).

Dies dürfte nun spätestens der Zeitpunkt sein, auf einen Punkt hinzuweisen, den manch ein „Verteidiger" übersieht oder übergeht:[65] es sind weder das *fremde* Wort noch die *fremde* Sprache, die sich einmischen, die eindringen, die drohen, sondern es sind die „eigenen" Sprecher, die das „Fremde" benutzen, und dies immerhin *freiwillig*.

Die Rolle des Sprachbenutzers, dessen sprachliches Handeln am Beginn eines Lehnprozesses steht, wird oft nicht gesehen oder nicht deutlich hervorgehoben und entsprechend berücksichtigt. An die Stelle der Sprecher treten in diesen Fällen entweder die am Kontakt beteiligten Sprachen selbst oder einzelne lexikalische Einheiten dieser Sprachen (Cypionka 1994: 46).

Und es kommt einem vielleicht doch wieder Simmel (1992: 767 und Fußnote 1) in den Sinn: für ihn stellt die bewußte Verfälschung, indem behauptet wird, „eine Aufreizung [komme] von außen her", wenn dies gar nicht der Fall ist, die Möglichkeit dar, die *Eigenen* (wie auch letztlich sich selbst) von Schuld freizusprechen.

Der so heftig erlebten „Bedrohung" meint man, mit *vigilance* (vgl. 4.11.), mit Wachsamkeit, begegnen zu müssen, damit das Fremde nicht noch weiter im eigenen Land, auf Kosten des *Eigenen*, „vordringt" und sich dort „breit macht"

---

65 Nicht so jedoch Jacques Drillon in seinem Artikel zum *Gesetz Toubon*: „Personne ne nous a forcés à prendre une décennie pour une «décade», à dire «opportunité» quand nous pourrions dire «occasion» et «circulation». En somme, nous parlons comme nous voulons, mal si nous le voulons, anglais si nous le voulons, et aucune loi ne nous en empêchera" (Drillon 1994: 45; m. Herv.).

(hier nun fallen die Stichwörter „invasion", „intrusion", „expansionnisme" usw.):[66]

> [...] on a beaucoup parlé de l'*expansionnisme* abusif de la langue anglaise et de la défense même de la francophonie en France même. (18.11.; kursiv G. B.-B.)

Es ist die *Angst, amerikanisiert* zu werden,[67] es ist die *Angst*, sich (vielleicht ein weiteres Mal) zu schnell dem Fremden zu ergeben,[68] kurz, es ist die *Angst vor dem Fremden*,[69] die die Ausdrucksweise an Schärfe zunehmen läßt.[70] Hinzu

---

66  Zur Idee von der „Invasion" vergleiche man die folgende Stelle aus dem schon mehrfach erwähnten Artikel Maurice Rats: „Il serait pourtant facile de résister à cette invasion et la langue française n'aurait rien à y perdre" (Rat zit. nach Etiemble 1991: 48).

67  An dieser Stelle sei daran erinnert, daß die *Amerikanisierung* in die Nähe einer krankhaften („Manie") Vergnügung gerückt wird: „C'est vraiment pour le *plaisir de dénaturer* la syntaxe française. C'est l'*américanisation la plus irritante qui soit* (2.12.; kursiv G. B.-B.).

68  So Jacques Lacant in einer seiner Sendungen: „Dans tout cela on observe une véritable *servilité* à l'égard de tout ce qui vient de l'univers anglo-américain." (13.1.; kursiv G. B.-B.). Auch Jacques Drillon knüpft genau an den Aspekt der mit einer fremden Macht „kollaborierenden" Dienstfertigkeit an, wenn er in einer seiner Reaktionen auf das *Gesetz Toubon* die *Résistance* ins Spiel bringt: „En proscrivant l'anglais, sommes-nous nationalistes, ou résistants?" fragt er sich und seine Leserinnen und Leser im Untertitel eines Artikels im *Nouvel Observateur*.
Und auch Jean Dutourd scheint seine *Guerre de l'orthographe* zu kämpfen, um nicht ein weiteres Mal „kapitulieren" zu *müssen*: „De 1920 à 1930, il n'était pas en notre pouvoir de nous opposer aux capitulations guerrières et politiques; mais nous pouvons repousser la capitulation linguistique à laquelle on nous conduit, et qui est la plus horrible de toutes [sic!]" (Dutourd 1991: 2).

69  Der Schritt von der „Reinhaltung" zur *Xenophobie* ist schnell getan; man vergleiche auch den dritten Teil in Klein (1986: 111-157), den sie *Dal purismo alla xenophobia: una politica linguistica autarchica* überschreibt sowie die schon mehrfach angeführte Streitschrift Spitzers gegen *Fremdwörterhatz und Fremdvölkerhaß*. Dabei paßt es abermals zu gut, daß Jacques Lacant selbst den Begriff der *Xénophobie* erläutert: „Je crois en effet que si on veut donner une explication, définition précise de «xéno-phobie», il faut dire «peur de l'étranger». Maintenant la peur peut amener la haine. Mais enfin, le premier sens, c'est vraiment «peur de l'étranger» (2.12.).

70  Verhaltener wird der Ton nur, wenn Jacques Lacant von seiner Zuhörerschaft gebeten wird, bestimmte Anglizismen ins Französische „zurückzuübersetzen"; da kann es vorkommen, daß seine Stimme *in verhaltenem Ton* konstatiert, daß es sich, wie im Fall von *faire du shopping*, um eine „expression en effet très employée aujourd'hui" (4.11.) handelt. In diesen Fällen gibt es offensichtlich keinen Grund, verbal zu „wüten", hat Jacques Lacant doch wenigstens für einen kurzen Moment sein Ziel (zumindest bei einigen Sprechern) erreicht: die Ausmerzung von Anglizismen.
Auch wenn es um die *Darstellung* der eigenen Aufgabe geht, deutet manches auf Rationalität („convaincre") und Emotionslosigkeit hin: „[...] nous sommes parmi ceux qui ont pour tâche de convaincre le public de ne pas tout miser sur l'anglais et de ne pas négliger les langues du continent européen, qui gardent toute leur importance, et notamment pour nous autres Français, l'allemand" (18.11.; kursiv G. B.-B.). Es sollte jedoch nicht vergessen werden, daß es sich hierbei um die *Darstellung* der *eigenen*

kommt noch das *Gefühl, provoziert* zu werden,[71] und u. U. auch das *Gefühl*, von allen Seiten, auch von den „eigenen Leuten", eingeengt zu sein.[72] Und schließlich kann es gar nicht mehr genügen, das unliebsame Englisch „nur" zu „vertreiben",[73] nein, da muß es gleich „hinweggefegt" werden (auch hier ist man wieder an eine „Hatz" erinnert):

> Je crois que notre action, tout de même, de persuasion, tout ce qu'on écrit, tout ce qu'on dit là-dessus finira par balayer tous ces mots trop inspirés, visiblement trop inspirés de l'anglais. (2.12.; kursiv G. B.-B.)

Und es ist die als prekär wahrgenommene Lage, die diesen Ton ganz offiziell zu rechtfertigen scheint, die ein „hartes Ein-" bzw. „Durchgreifen", ein „Wüten" notwendig erscheinen läßt:[74]

> Elle [l'Académie française] est gardienne de la langue, elle doit veiller, elle doit protéger, elle doit même sévir. (13.1.; kursiv G. B.-B.)

---

Aufgabe handelt, die Jacques Lacant entweder selbst als Überzeugungsarbeit *begreift* oder wenigstens als solche *verstanden* wissen möchte.

71 Auf den Aspekt der Provokation kommt Jacques Lacant selbst zu sprechen: „La liste des fautes que dénonce Maurice Druon montre assez qu'elles se perpétuent, qu'elles s'incrustent, soit par ignorance, *soit même par provocation*" (13.1.; kursiv G. B.-B.).

72 Dieses *Sich-eingeschlossen-Fühlen* von etwas, das man, wie schon gesagt, gerne als krankhaft einstufen möchte *(Manie)*, bringt Jacques Lacant zum Ausdruck, wenn er von der „anglomanie *ambiante*" (18.11.; m. Herv.) spricht. Diese beängstigend und zugleich provozierend und verzweifelt empfundene Situation kann noch verstärkt werden, wenn das Gefühl entsteht, das „Gute" stehe auf relativ verlorenem Posten, so daß man meint, alle nur verfügbaren Kräfte mobilisieren bzw. vereinen zu müssen. „Le français se défendra mieux, dit notre ami journaliste, par des efforts communs, qu'en ordre dispersé" (4.11.).
Wen wundert es da noch, wenn das Gefühl der *Gemeinsamkeit* immer und immer wieder beschworen wird. „Enfin, tout cela était très réconfortant et ... surtout *l'ambiance d'estime et d'amitié* pour ceux qui attachent de l'importance à bien traiter la langue française [...]" (21.10.; kursiv G. B.-B.). Die Gemeinsamkeit geht schließlich so weit, daß die Gleichgesinnten quasi zwangsläufig als „Freunde" wahrgenommen werden. „Peut-être alors, toujours à propos du vocabulaire, pouvons-nous redonner la parole *à nos amis* qui défendent le français à Lausanne." (4.11.; m. Herv.). Und auch die Zuhörer, die sich mit einer Frage an ihn wenden, sind für Jacques Lacant häufig „un(e) ami(e)" ...

73 Man vergleiche z. B.: „Maurice Rat serait certainement content de constater que l'«oléoduc» qu'il réclame [en 1959] a aujourd'hui *évincé* le «pipe-line»" (21.10.; kursiv G. B.-B.).

74 Es soll hier nicht verschwiegen werden, daß Cellard (1983: 664) das Verb *sévir* als die „formule consacrée" in diesem Zusammenhang wertet, also als das Erwartbare und das Erwartete. Damit ist dieses Wort in den Ohren derjenigen, die sich in dieser Sprechtradition bewegen, weit weniger „aussagekräftig", weit weniger „brutal" – was übrigens auch für andere, analog gelagerte Fälle gilt. Es soll aber ebensowenig verschwiegen werden, daß diese „Aussagekraft" „bei Bedarf" „reaktivierbar" ist, und so kann die *Défense de la langue française* zu einer „Verteidigung" im wahrsten Sinne des Wortes werden, ist der „Feind" erst einmal ausgemacht ... Zu einer allgemeinen Systematisierung der sogenannten „Feinde" der französischen Sprache vergleiche man auch Trabant (1981: 85-87).

Dabei sei an die von Jacques Lacant selbst geleistete Präzisierung des Unterschiedes zwischen *débat* und *polémique* erinnert:

> J. L.: Quand le «débat» devient «polémique», c'est, d'après le sens même de la racine grecque «polemikós», qu'il tourne à la guerre et comporte donc de l'agressivité et souvent des arguments qui visent la personne du contradicteur. [...]
>
> B. L.: La «polémique», c'est la bataille, ... étymologiquement parlant.
>
> J. L.: La «polémique», c'est la guerre. ... «Polemikós», c'est la guerre [sic], n'est-ce pas, et, par conséquent, ... c'est une guerre qui est pleine d'agressivité comme toutes les guerres. (21.10.)

Die hier angeführten Textstellen zeigen nur zu deutlich, daß der Diskurs voll Aggressivität sein kann und daß man auch nicht davor haltmacht, den „Gegner" persönlich anzugreifen. Und die Polemik gewinnt noch zusätzlich dadurch an „kriegerischem Ton", daß ein Teil des Vokabulars dem Bereich des Krieges entnommen ist:[75] man „kämpft" eine „Schlacht", wobei die „efficacité de ce combat" eine „affaire de longue haleine" (13.1.) ist. Was ich bisher Sprach-*Pflege* genannt habe, ist also, gerade auch in den Augen nicht weniger Sprach-"Pfleger", ein *Kampf*, ein Kampf der „militants de la langue française" (18.11.) vor allem gegen *einen* Rivalen, das Englische.

Und wie im „richtigen" Krieg, so kann sich auch im „Sprachkrieg" der eine oder andere „Feind" (sprich Anglizismus) „auf dem Rückzug" befinden:

> Mais le franglais «nominer», du moins, commence à *battre en retraite*. (2.12.; kursiv G. B.-B.)

Damit ist bereits implizit angedeutet, was explizit noch zu sagen bleibt: die sogenannte „Verteidigung", die als Terminus ebenfalls den Krieg in Erinnerung ruft, darf *ausdrücklich* nicht nur „defensiv" sein:[76]

> [...] il n'est pas question de se contenter de prendre une attitude purement défensive et de gémir sur la perte d'influence du français. La défense de la langue doit toujours se faire comme au temps de Joachim Du Bellay, qui a intitulé son manifeste de 1549 «Deffence et Illustration de la Langue françoise». [...] C'était bien une défense contre des rivaux tenaces. (13.1.; kursiv G. B.-B.)[77]

---

[75] Auf „Invasion" und ähnliche Begriffe wurde bereits hingewiesen; für weitere Beispiele vergleiche man z. B. auch Beck-Busse (1993a: 17-19).

[76] Man vergleiche auch Trabant (1981: 84-85), der in Hinblick auf diese „lebhafte 'Verteidigung' ohne Not", die eine gewisse Tradition hat, zu dem Schluß kommt: „Die „Verteidigung" der französischen Sprache ist daher fast immer *Offensive*" (Trabant 1981: 85).

[77] Dabei vergißt Lacant, daß Du Bellay zwei Aspekte im Auge hat, nämlich die *Deffence* und die *Illustration*, und es ist Renée Balibar, die diese einseitige Verkürzung der Intentionen dieser Streitschrift auch im Rahmen dieses Kolloquiums in aller Deutlichkeit anprangert: „[...] c'est à partir du titre de ce manifeste littéraire universellement connu [...] que les 'défenseurs' actuels ont le verbe haut, bien qu'ils aient amputé la locution de sa moitié *la plus signifiante*" (Balibar 1995, in diesem Band; m. Herv.).

Und auch andere Sprachpfleger und sprachpflegerische Institutionen nehmen immer wieder auf den Krieg generell bzw. auf die beiden letzten Weltkriege Bezug: da wird z. B. die „Maginot-Linie" erwähnt, hinter die man sich nicht zurückziehen dürfe (vgl. Beck-Busse 1993b: 149), da baut die Zeitschrift *Défense de la Langue française* gleich mehrere „Fronten" auf, nämlich den „front de la tradition", den „front de l'étymologie" und den „front du vocabulaire" (vgl. z. B. N° 16O, novembre-décembre 1991: 13-16; 16-18; 18-19), und da erinnert Jacques Drillon an die der Kollaboration entgegengesetzte, positiv konnotierte *Résistance* ... usw. usw. usw.

## 5. Zusammenfassung

Die *Verteidigung des Französischen gegen das Fremde* läßt sich anhand von zwei zentralen Fragen beschreiben:
– Wie wird das Fremde wahrgenommen?
– Wie wird mit ihm umgegangen?
In Zusammenhang mit der *Wahrnehmung des Fremden* konnten drei Aspekte unterschieden werden.[78]
1. Dem *Anderen* gegenüber wird nicht *Fremdheit*, sondern gerade *Vertrautheit* „erlebt", was so weit gehen kann, daß das (von außen betrachtete) *Andere* als *Eigenes* wahrgenommen wird.
2. Das *Andere* wird als *fremd* wahrgenommen, es wird jedoch zugleich auch als Teil des *Eigenen* erlebt, wobei die „Integration" mit einer gewissen „Anpassung" in graphischer und/oder lautlicher Hinsicht verbunden sein kann, aber nicht zwangsläufig sein muß. In diesem Abschnitt wurden auch Parallelen zum politischen Alltag angesprochen: das Fremde ist, als „Mit-Bürger", in die Gemeinschaft aufgenommen und damit ein Teil von ihr.
3. Zur wahren *Herausforderung* wird das Fremde (hier drängten sich die Parallelen zum politischen Leben geradezu auf), wenn es in Massen auftritt und wenn man sich davon bedroht fühlt – letzteres *kann* natürlich mit der Tatsache zusammenhängen, daß das Fremde in Massen auftritt, muß es aber nicht.[79] Hier wird das Fremde nur zu leicht zum „Feind", den man meint,

---

An einigen Stellen scheint es nämlich, als wäre der Aspekt *Illustration/Ornement* für Du Bellay sogar der wesentliche (vgl. auch 1991: I/12; 230): „[...] *principal objet* de la matière que je traite, qui est l'ornement et illustration de notre langue." (Du Bellay 1991: I/10; 226; m. Herv.). Zur Interpretation des Begriffes der *Illustration* vergleiche man ebenfalls Balibar (1995: Fußnote 11) sowie Weinrich (1961: 532).

78 Es sei nochmals daran erinnert, daß sich die Überlegungen auf *eine* Person, Jacques Lacant, konzentrierten, der *exemplarisch* für eine sprachpflegerische Position steht; die Wahrnehmung z. B. „der Sprecher" interessierte hier hingegen nicht.

79 Wie in allen zwischenmenschlichen Beziehungen so kann auch hier das Gefühl der Bedrohung noch verstärkt werden, wenn dem Fremden gegenüber Unsicherheit oder gar Minderwertigkeit empfunden werden. „Virulent wird das Fremde in solchen Lebens- und Geschichtsphasen, in denen Ordnungen schwanken und Ordnungspfähle sich verrücken" (Waldenfels zit. nach Schäffter 1991: 14-15).

u. U. mit allen Mitteln bekämpfen zu müssen; und wie sich im Laufe der Jahrhunderte das gesellschaftliche „Feindbild" wandeln kann, so kann sich auch die Einschätzung dessen verändern, was als „Fremdwort" für „bekämpfenswert" gehalten wird.

Es lassen sich also drei Arten des *Fremderlebens* unterscheiden:
1. es wird überhaupt *keine Fremdheit* erlebt;
2. das *Andere* wird als *toleriertes Fremdes* erlebt;
3. das *Andere* wird als *zu bekämpfendes Fremdes* erlebt.

Die Analyse des Umgangs mit dem als „schlecht", als „übel", als „bekämpfenswert" eingeschätzten Fremden konzentrierte sich im wesentlichen auf fünf Sendungen der Reihe *La langue française, joyau de notre patrimoine*. Dabei wurde deutlich, daß der Umgangston äußerst aggressiv sein kann: die „fremden" Formen können als „Schmarotzer" beschimpft werden, die es „hinwegzufegen" gilt, und diejenigen, die, wie man meint, der englischen Sprache zu viel Terrain preisgeben, können beschuldigt werden, sich einer dümmlichen, überflüssigen, lächerlichen, übertriebenen, aller Vernunft widersprechenden, u. U. schon krankhaften Selbstverleugnung schuldig zu machen („Manie"), einer Selbstverleugnung, die im Extremfall auch mit Verrat oder sogar mit Kollaboration in Zusammenhang gebracht werden kann. Da man sich vom „schlechten" Fremden bedroht fühlt, und da es gilt, ein überaus hoch geschätztes Gut[80] zu „verteidigen", nimmt der Diskurs (fast zwangsläufig, ist man versucht zu sagen) einen hohen Grad an Emotionalität an. Und die „Bedrohung" des Kultgegenstandes Sprache wird offensichtlich als so stark empfunden, daß eine Parallele zum Krieg, gerade auch was Vokabular und Metaphern betrifft, letztlich „nur" die „logische" Konsequenz zu sein scheint. Wenn die „Pflege" des zarten Blümleins Sprache als ihre „Verteidigung" *gegen* einen inneren wie äußeren Feind begriffen wird, dann liegt es wohl einfach nahe, daß sich auch Metaphern und Umgangston dieser Sichtweise anpassen.

---

80 Es sei hier daran erinnert, daß man sich, sowohl als Individuum wie auch als Nation wie auch, schließlich, als Angehöriger einer weltumspannenden Sprechergemeinde, mit diesem „Gut" („*bien commun* de millions d'hommes sur les cinq continents"; *Dictionnaire des Citations*; 1989: Deckel; m. Herv.) in hohem Maße identifiziert, daß ihm belebte Züge zugesprochen werden und daß es schließlich einem Kultgegenstand gleichkommt.

## Bibliographie

Académie française (Hg.) 1991: *Séance publique annuelle le jeudi 5 décembre 1991. Discours prononcé par M. Maurice Druon, Secrétaire perpétuel de l'Académie française.* Paris (Palais de l'Institut/Imprimerie nationale).

Althusser, Louis, 1976: Idéologie et appareils idéologiques d'Etat. (Notes pour une recherche). In: Ders., *Positions* (1964-1975). Paris (Editions Sociales), 67-125.

Balibar, Renée, 1995: Défense et Illustration de la langue française. In diesem Band.

Beck-Busse, Gabriele, 1993a: Briefe aus Frankreich; oder: „Der Galante Hermes"; oder auch: Wie die Frantzosen ihre Sprache pflegen". In: Foltys, Christian & Thomas Kotschi (Hg.), *Berliner Romanistische Studien. Für Horst Ochse.* Berlin (Freie Universität), 7-22.

Beck-Busse, Gabriele, 1993b: Tagebuch der französischen Sprache, mein *Journal de la langue française.* In: *Französisch heute* 2, 143-151.

Beinke, Christiane, 1990: *Der Mythos franglais. Zur Frage der Akzeptanz von Angloamerikanismen im zeitgenössischen Französisch – mit einem kurzen Ausblick auf die Anglizismen-Diskussion in Dänemark.* Frankfurt am Main/ Bern/New York/Paris (Lang).

Bengtsson, Sverker, 1968: *La Défense organisée de la langue française. Etude sur l'activité de quelques organismes qui depuis 1937 ont pris pour tâche de veiller à la correction et à la pureté de la langue française.* Uppsala (Almqvist & Wiksells).

Berrendonner, Alain, 1982: *L'éternel grammairien. Etude du discours normatif.* Bern/Frankfurt am Main (Lang).

*Bibliographie des chroniques de langage publiées dans la presse française.* Vol. 1: 1950-1965 (1970); vol. 2: 1966-1970 (1972). Hrsg. v. B[ernard] Quemada. Paris (Didier).

Cellard, Jacques, 1983: Les chroniques de langage. In: Bédard, Edith & Jacques Maurais (Hg.), *La norme linguistique.* Québec/Paris (Gouvernement du Québec; Conseil de la langue française/Le Robert), 651-666.

Christmann, Hans Helmut, 1986: Sprachpolitik und Sprachpflege im Frankreich der 80er Jahre: défense, illustration, diffusion. In: Barrera-Vidal, Albert et al. (Hg.), *Französische Sprachlehre und bon usage. Festschrift für Hans-Wilhelm Klein zum 75. Geburtstag.* München (Hueber), 15-31.

Claessens, Dieter, 1991: Das Fremde, Fremdheit und Identität. In: Schäffter, Ortfried (Hg.), *Das Fremde. Erfahrungsmöglichkeiten zwischen Faszination und Bedrohung.* Opladen (Westdeutscher Verlag), 45-55.

Cypionka, Marion, 1994: *Französische „Pseudoanglizismen". Lehnformationen zwischen Entlehnung, Wortbildung, Form- und Bedeutungswandel.* Tübingen (Narr).

*Dictionnaire des citations sur la langue française et sur la francophonie,* (1989). Hrsg. v. Josseline Bruchet v. Commissariat général de la langue

française. [Paris] (Ed. Mermon/Commissariat général de la langue française).
Drillon, Jacques, 1994: French is beautiful. En proscrivant l'anglais, sommes-nous nationalistes, ou résistants? In: *Le Nouvel Observateur* N° 1537 du 21 au 27 avril, 45.
Druon, Maurice, 1994: *Lettre aux Français sur leur langue et leur âme.* Paris (Julliard).
Du Bellay, Joachim, 1991: La Défense et Illustration de la Langue française. In: Ders.; *Les Regrets précédé de Les Antiquités de Rome et suivi de La Défense et Illustration de la Langue française.* Préface de Jacques Borel. Edition établie par S. de Sacy. Paris (Gallimard), 197-267.
Dutourd, Jean, 1991: Réforme de l'orthographe: la guerre n'est pas finie. In: *Défense de la langue française* 160, 2.
Estienne, Henri, 1883: *Deux Dialogues du nouveau Langage François Italianizé et autrement desguizé, principalement entre les courtisans de ce temps.* Réimprimé sur l'édition originale et unique de l'Auteur (1578). 2 vols. Avertissement d'Alcide Bonneau. Paris (Isidore Liseux).
–, 1972: *Traicté de la Conformité du Language François avec le Grec* (1565). Genf (Slatkine).
Etiemble, 1991: *Parlez-vous franglais? Fol en France. Mad en France. La belle France. Label France.* Paris (Gallimard).
Flaitz, Jeffra, 1988: *The Ideology of English. French Perceptions of English as a World Language.* Berlin/New York/Amsterdam (Mouton de Gruyter).
Fumaroli, Marc, 1992: Le génie de la langue française. In: Nora, Pierre (Hg.), *Les lieux de mémoire.* Vol. III: Les France. De l'archive à l'emblème. Paris (Gallimard), 910-973.
Hagège, Claude, 1987: *Le français et les siècles.* Paris (Odile Jacob).
Harsdörffer, Georg Philipp & M. Daniel Schwendter, 1990/1991: *Deliciae Physico-Mathematicae Oder: Mathematische und Philosophische Erquickstunden.* 3 Teile in 3 Bänden. Hrsg. u. eingel. v. Jörg Jochen Berns. Frankfurt am Main (Keip).
Klein, Gabriella, 1986: *La politica linguistica del Fascismo.* Bologna (Il Mulino).
Koch, Peter & Wulf Oesterreicher, 1990: *Gesprochene Sprache in der Romania: Französisch, Italienisch, Spanisch.* Tübingen (Niemeyer).
Labiche, Eugène, 1986: *La Grammaire. Comédie en un acte.* Paris (Les cinq diamants).
Liehr, Günter, 1993: Soziale Bewegung oder Kommerzfunk? Die Entwicklung der privaten Radios in Frankreich. In: *Frankreich-Jahrbuch 1993. Politik, Wirtschaft, Gesellschaft, Geschichte, Kultur.* Hrsg. v. Deutsch-Französischen Institut in Verb. m. Lothar Albertin u. a. Opladen (Leske + Budrich), 227-237.
Müller, Bodo, 1975: *Das Französische der Gegenwart. Varietäten, Strukturen, Tendenzen.* Heidelberg (Carl Winter).

Oksaar, Els, 1995: Zur Verteidigung einer Sprache gegen das Fremde. Sozio- und psycholinguistische Überlegungen. In diesem Band.

Périon, Joachim, 1972: *Ioachimi Perionii Benedictini Cormoeriaceni Dialogorum de linguae Gallicae origine, eiusque cum Graeca cognatione, libri quatuor*. Genf (Slatkine).

*Petit Robert (Le)*, (1976). Dictionnaire alphabétique & analogique de la langue française par Paul Robert. Société du Nouveau Littré. Secrétaire général de la rédaction: Alain Rey. Paris (S. N. L./Dictionnaire Le Robert).

*Premiers combats pour la langue française*, (1989). Introduction, choix et notes de Claude Longeon. Paris (Librairie Générale Française).

*Quarante ans de Défense de la Langue française. 1952-1992*, (Novembre 1992). Numéro spécial publié avec le concourt [sic] de la Délégation Générale à la Langue Française. Avant-propos de Jean Dutourd de l'Académie Française. [Hrsg. von der DLF] [Paris].

Saussure, Ferdinand de, 1978: *Cours de linguistique générale*. Publié par Charles Bally et Albert Sechehaye avec la collaboration d'Albert Riedlinger. Edition critique préparée par Tullio De Mauro. Paris (Payot).

Schäffter, Ortfried, 1991: Modi des Fremderlebens. Deutungsmuster im Umgang mit Fremdheit. In: Ders. (Hg.), *Das Fremde. Erfahrungsmöglichkeiten zwischen Faszination und Bedrohung*. Opladen (Westdeutscher Verlag), 11-42.

Schmitt, Christian, 1990: Französisch: Sprache und Gesetzgebung. In: *Lexikon der Romanistischen Linguistik*, hrsg. v. Günter Holtus, Michael Metzeltin und Christian Schmitt. Band V, 1. Tübingen (Niemeyer), 354-391.

Schwarze, Christoph, 1976: Das Interesse der Franzosen an ihrer Sprache. In: Barrera-Vidal, Albert et al. (Hg.), *Lebendige Romania. Festschrift für Hans-Wilhelm Klein, überreicht von seinen Freunden und Schülern*. Göppingen (Kümmerle), 403-423.

–, 1977: *Sprachschwierigkeiten, Sprachpflege, Sprachbewußtsein. Das Phänomen der „Chroniques de langage"*. Konstanz (Universitätsverlag Konstanz).

Settekorn, Wolfgang, 1978: Besprechung von Christoph Schwarze - Sprachschwierigkeiten, Sprachpflege, Sprachbewußtsein. Das Phänomen der „Chroniques de Langage". In: *Romanistisches Jahrbuch* 29, 181-183.

–, 1988: *Sprachnorm und Sprachnormierung in Frankreich. Einführung in die begrifflichen, historischen und materiellen Grundlagen*. Tübingen (Niemeyer).

Simmel, Georg, 1992: Exkurs über den Fremden. In: Ders., *Gesamtausgabe*. Band 11: Soziologie. Untersuchungen über die Formen der Vergesellschaftung. Hrsg. v. Otthein Rammstedt. Frankfurt am Main (Suhrkamp), 764-771.

Spitzer, Leo, 1918: *Fremdwörterhatz und Fremdvölkerhaß. Eine Streitschrift gegen die Sprachreinigung*. Wien (Manzsche Hof-, Verlags- und Universitäts-Buchhandlung).

Trabant, Jürgen, 1981: Die Sprache der Freiheit und ihre Feinde. In: *Zeitschrift für Literaturwissenschaft und Linguistik* 41, 70-89.
Weinrich, Harald, 1961: Die *clarté* der französischen Sprache und die Klarheit der Franzosen. In: *Zeitschrift für Romanische Philologie* 77, 528-544.
*Who's who in France. Qui est qui en France,* (1984[17]). Dictionnaire biographique de personnalités françaises vivant en France, dans les territoires d'Outre-Mer ou à l'étranger et de personnalités étrangères résidant en France. 1984-1985. Paris (Jacques Lafitte).
Winkelmann, Otto, 1990: Französisch: Sprachnormierung und Standardsprache. In: *Lexikon der Romanistischen Linguistik*, hrsg. v. Günter Holtus, Michael Metzeltin und Christian Schmitt. Band V, 1. Tübingen (Niemeyer), 334-353.

# III. Für das Französische

# La Langue française et les pouvoirs:
# le *Conseil supérieur de la Langue française* –
# historique, fonctionnement et résultats 1989-1994

Jean-Claude Chevalier
Paris

Depuis des siècles, le fonctionnement du français en France est une affaire d'Etat. Cet intérêt du legislateur est d'autant plus sensible que le gouvernement de la France est centralisateur, sous sa forme royale d'abord, puis, lors de l'instauration de la République, sous une forme jacobine.

Le *Conseil supérieur de la Langue française* a marqué cette tradition en se donnant deux points de repère symboliques: l'ordonnance de Villers-Cotterêts (1539), au milieu d'autres prescriptions, imposait aux actes juridiques un usage du français déjà largement passé dans les faits; le décret de la Convention du 2 Thermidor an II, inspiré par l'abbé Grégoire, faisait du français la langue nationale et entamait le refoulement des patois et des langues étrangères; il fixait à l'article 1 que: „Nul acte public ne pourra dans quelque partie que ce soit du territoire de la République être écrit qu'en langue française."

Après 1945, la France, qui émergeait des désastres de la guerre, entame une politique officielle d'exaltation de la langue; particulièrement marquée après le retour au pouvoir du Général de Gaulle en 1958. La création du *Haut Comité pour la défense et l'expansion de la Langue française* par G. Pompidou le 31 mars 1966 (rapporteur Ph. Rossillon) fait de la langue française l'un des éléments marquants de la politique de grandeur assumée par le Général; il est présidé par le Premier ministre. Un *Secrétariat permanent de la langue de l'audiovisuel*, en 1968, est chargé de veiller à la qualité de cette langue. Du même mouvement sont créées par décret, le 7 janvier 1972, des *Commissions ministérielles de terminologie* auprès de chaque administration centrale. Elles réuniront des linguistes et des gens des métiers pour proposer des termes français en lieu et place des termes étrangers, à peu près toujours anglo-saxons et consulteront l'*Académie française* en fin de parcours. Le 12 janvier 1973 sont publiés les premiers décrets de terminologie concernant les techniques spatiales. Les attributions des commissions seront précisées de nouveau par le gouvernement de L. Fabius grâce à un décret du 11 mars 1986.

Nouvel épisode marquant du législateur; la *loi* dite *Bas-Lauriol*, est votée à une quasi-unanimité par les Chambres le 31 décembre 1975. Portant le nom des deux parlementaires, spécialistes du commerce, qui l'ont rédigée et défendue, elle vise des buts pratiques et surtout la défense des consommateurs et des travailleurs; elle vise à une bonne compréhension des modes d'emploi des produits et de leur publicité et à la clarté des contrats de travail. Elle est précisée par deux circulaires de 1977 et 1982. Imposant dans tous ces emplois l'usage presque exclusif du français, elle implique un bon fonctionnement des commissions de terminologie.

Le *Haut Comité* est renouvelé le 11 juin 1980 (avec, entre autres, Ph. Rossillon et B. Quemada, celui-ci déjà membre depuis 1974). La loi du 29 juillet 1982 confie à la *Haute Autorité de la communication audio-visuelle* la charge de „veiller à la défense et illustration de la langue française". Le 9 février 1984, en remplacement du *Haut Comité* est créé un *Comité consultatif de la Langue française*, dépendant du Premier Ministre et un *Commissariat général* „obligatoirement consulté sur la définition de la politique et le financement des actions menées par les différents départements ministériels et qui tendent à la diffusion et à la défense de la langue française"; la *Haute Autorité de l'audio-visuel* y est rattachée. On ajoutera la création notable, la même année, d'un *Haut Conseil de la Francophonie*, directement dépendant de la Présidence de la République. Des secrétaires d'Etat et un ministre sont chargés des problèmes de la langue: L. Michaux-Chevry en 1986, T. de Beaucé et A. Decaux en 1988.

Le *Conseil supérieur de la Langue française* est créé, le 2 juin 1989, au début du ministère de M. Rocard, grâce à l'activité d'un conseiller du Premier Ministre, le linguiste P. Encrevé. Il est conçu comme un organisme de prestige destiné à développer la culture en même temps que la langue française et à participer au mouvement d'exaltation intellectuelle des institutions d'Etat que souhaite le Premier Ministre. Sous l'autorité d'un expert des Comités, B. Quemada, par ailleurs linguiste et Directeur du *Trésor de la Langue française,* animé par trois ministres et les deux secrétaires perpétuels des *Académies, Lettres et Sciences*, le Conseil est composé de membres très connus des lettres et arts, des médias, comme B. Pivot, E. Orsenna ou le populaire chanteur P. Perret, mais aussi de l'industrie et des sciences comme L. Montagnier. Une nouveauté: l'entrée massive de six linguistes dominés par une vedette très médiatique, C. Hagège. Une *Délégation générale*, dirigée par le linguiste B. Cerquiglini, est le bras séculier de l'entreprise.[1]

Le Discours d'ouverture, prononcé à Matignon par le Premier Ministre, Michel Rocard, définit les orientations. M. Rocard marque le souci d'efficacité qui a présidé à la création du Conseil supérieur et d'emblée **rattache l'usage et la diffusion du français au développement des grandes langues étrangères**. Le français n'est plus renfermé dans une orgueilleuse solitude, son sort est lié à l'expansion de la culture européenne par un nécessaire **plurilinguisme**; il entre dans une structure ouverte. Le discours de M. Rocard l'unit conjointement à l'expansion des sciences, en spéculant sur la qualité de la recherche française. Pour M. Rocard, le héros éponyme de cette ambitieuse entreprise est la grande figure de la Révolution de 1789 que le Président Mitterand vient tout juste de

---

[1] Le Conseil de 1989 est composé de: P. Aigrain, E. Orsenna, J.-L. Beffa, T. Ben Jelloun, J.-C. Chevalier, J. Daniel, G. Duby, P. Encrevé, M. Gendreau-Massaloux, J.-L. Godard, A. Goosse, R. Gouze, M. Gross, C. Hagège, A. Hebert, D. Jamet, J. Lindon, F. Lorentz, J. Maheu, L. Montagnier, P. Perret, B. Pivot, B. Quemada.

faire entrer au Panthéon: l'abbé Grégoire. Emancipateur des esclaves, partisan du français imposé comme langue de la liberté, soucieux, en héritier du cosmopolitisme et du développement des sciences, d'assurer l'évolution de notre langue, Grégoire est le héros idéal.

La première tâche fixée au Conseil supérieur est **la rectification de l'orthographe**. Priorité curieuse si l'on pense au caractère second de l'orthographe; provocante, pourtant, si l'on considère l'échec successif, depuis une centaine d'années, de nombreuses réformes de l'orthographe. Initiative significative, en réalité, qui vise à modifier le champ idéologique de la culture: dans la représentation des classes dirigeantes, formées par les lycées de l'école républicaine, l'orthographe est l'image de la langue classique comme une complexité maîtrisée et par là, idéologiquement parlant, l'image de la perfection d'un idéal culturel devenu une nature, structure intégrante du „génie de la langue française". Pouvoir réformer l'orthographe, c'était affirmer symboliquement la capacité de la modernité française à assumer une nouvelle culture, à prendre le parti d'une mutation des formes de l'épistèmè. A cette réflexion de base s'ajoutaient des considérations pratiques sur l'accès du peuple et des étrangers à un enseignement simplifié de la langue.

Au reste, la situation semblait favorable: un manifeste de dix linguistes de poids, paru peu avant dans le journal *le Monde*, apportait la caution de la science, une enquête d'un des plus gros syndicats d'enseignants semblait promettre l'appui de l'école. Enfin, assurait le Premier Ministre, il ne s'agissait que de quelques modernisations élémentaires, un essai tout au plus dont on espérait des lendemains plus entreprenants.

Dans la même ligne d'expansion et de modernité, le Premier Ministre souhaitait que soit pris en charge par le Conseil tout ce qui favorisait l'enrichissement et la modernisation du vocabulaire: l'encouragement aux banques de données, aux commissions de terminologie, à toutes les associations créatrices de vocables.

Ouverture, rationalité, modernisme, le discours du Premier ministre allait dans le sens des injonctions du Cardinal de Richelieu et de Colbert, de Colbert surtout: comme celui-ci l'avait recommandé à l'*Académie française*, dans la même ligne le *Conseil supérieur* devait accompagner la modélisation d'un discours capable de promouvoir le progrès des lettres et des sciences.

Dès le 19 juin 1990, un premier bilan dégage les activités d'un Conseil partagé entre plusieurs commissions qui alliaient enquêtes et recommandations. Le souci primordial était de s'appuyer sur l'opinion publique et les acteurs de la vie sociale pour défendre ouvertement quelques grandes thèses:

1° La nécessité d'un **plurilinguisme européen,** fondé sur l'enseignement rénové de deux langues étrangères au moins, sur le développement des échanges *Erasmus, Lingua,* etc., sur l'investissement des voies de communication.
2° Une politique réaliste des **échanges scientifiques**. Etant bien admis que l'anglais de base employé par la communauté scientifique est un canal nécessaire d'échanges, la tâche des organismes responsables est de développer

tous les moyens qui signalent une langue nationale vivante: invitation de stagiaires étrangers, création ou jumelage de revues bi- ou trilingues, collaboration avec les revues étrangères, politique de traductions, etc.
3° Pour **l'économie** aussi, l'anglais était reconnu comme langue d'échanges internationaux, mais les études du fonctionnement des entreprises proclamaient que la part du français devait rester déterminante; à titre d'exemple, le prestige du français pouvait être investi dans les noms de marques. Les échanges de stagiaires européens étaient encouragés et devaient être préparés par des cours intensifs dans les Alliances françaises.
4° Dans **l'audiovisuel** étaient encouragées des manifestations de prestige comme des concours de chansons françaises, d'expression française. Encouragés les efforts déjà anciens des professionnels pour promouvoir une langue simple et normée. Les pouvoirs du *Conseil supérieur de l'audiovisuel*, fixés par la loi du 30 septembre 1986, étaient confirmés.
5° Mais étaient aussi encouragées les sociétés ou académies régionales, si nombreuses dans notre pays, qui s'attachaient à une **meilleure connaissance du français**, de son histoire, des avatars onomastiques et toponymiques. C'est dans cette France profonde, si fière de sa langue, qu'il fallait, semblait-il, enraciner l'ouverture à l'étranger.
6° Le soutien aux **traitements automatiques**: banques de données, systèmes experts, intelligence artificielle, traductions assistées, dictionnaires informatisés, etc. La présence dans le Conseil de linguistes (B. Quemada et M. Gross) et d'industriels spécialistes de traitements automatiques des données apportait de l'éclat à cette direction de recherches. Le Conseil encourageait les efforts anciens d'amélioration et de systématisation de la **terminologie,** il envisageait, sur ce terrain, la publication de manuels et la création de cours dans les Universités.

La **modernisation de l'orthographe** se situait dans la ligne de cet effort de rationalisation de la langue; et pour les raisons idéologiques qu'on a dites, elle avait été immédiatement entreprise. Elle allait dévoiler les ambiguïtés de la politique française de la langue. On le sait: la graphie du français – comme celle de l'anglais – est très bizarre; dérivée d'un système graphique latin fort peu adéquat au système des sons du français, elle est le résultat de multiples remaniements depuis le 16ème siècle surtout et de non moins multiples affrontements et décisions, porteurs d'histoire, de culture, d'interprétations de systèmes. Deux domaines d'action s'offraient immédiatement aux réformateurs: la régulation des mots nouveaux dont l'inventaire des dictionnaires, comme l'avait fait J. Hanse, montrait la variabilité des graphies selon qu'il s'agissait du Robert, du Larousse, du Hachette, etc.; ou bien, la régularisation des anomalies anciennes les plus bizarres de l'orthographe courante.

Il eût été prudent sans doute de choisir le premier domaine qui aurait plus facilement été tenu pour une opération technique de bon sens. C'est le second qui fut choisi, plus spectaculaire sans doute, plus symbolique et qui reflétait l'optimisme des premiers temps de l'expérience culturelle du gouvernement

Rocard qui misait sur la crédibilité des savants et la renommée des experts. On allait réussir là où la IIIème République avait échoué. L'opération était soigneusement préparée. Elle s'appuyait sur les importants travaux d'inventaire effectués par l'équipe CNRS de N. Catach, sur une parfaite connaissance de la langue par des grammairiens comme A. Goosse, co-auteur du célèbre *Bon usage* de son beau-père M. Grevisse, sur les responsables des dictionnaires Larousse et Robert, sur les institutions d'Etat comme l'*Académie française* représentée par M. Druon, sur les „bons auteurs" eux-mêmes emmenés par B. Pivot. Les pilotes de l'affaire étaient, en outre, extraordinairement prudents. Il était précisé que l'application de la réforme était fixée dans le long terme, qu'elle serait introduite progressivement dans les écoles; que, d'autre part, le champ était très limité: certains accents et trémas, certains traits d'union et accords dans les mots composés, quelques couples de lettres doubles dans les conjugaisons, l'accord du participe passé des verbes pronominaux, vieux ponts-aux-ânes (ou: ponts aux ânes, c'est selon) des difficultés de la graphie française.

Au début, tout alla bien: l'Académie française, les médias se laissaient griser par cet Austerlitz imminent remporté sur l'éternel ennemi du Français: le conformisme; on se réjouissait d'être des esprits libres, épris d'aventures. Le Conseil supérieur, plusieurs fois réuni d'urgence, arrêtait la liste des modifications à proposer, au demeurant fort limitée.

Mais, peu à peu, un vent mauvais tournait les têtes; les attaques se multipliaient dans les médias, devenaient violentes – on agitait même des menaces de mort – et tournaient autour de l'argument-massue: de quel droit des experts (les linguistes!) s'avisaient-ils de changer l'**usage;** car l'usage, c'est le peuple, c'est la voix même de la nation. „A ceux qui veulent changer ma langue, écrivait un critique inspiré, je tire la langue". Au retour des vacances, la rupture était consommée: les mêmes qui soutenaient la réforme, la trouvaient même modeste, abjuraient. Les scènes de reniement se multiplièrent, à la Cour et à la Ville et Quai Conti. La guerre du Golfe qui battait alors son plein ne diminua pas la violence de la campagne de presse sur l'orthographe qui couvrait le bruit des armées en campagne; M. Rocard dût renvoyer à plus tard une large application des propositions. Elles ne furent conservées, entièrement ou partiellement, que dans quelques lieux protégés, comme la nouvelle édition du *Dictionnaire de l'Académie*, dans le *Petit Robert* et le *Petit Larousse*. Elles étaient prises en considérations en Belgique et en Suisse romande.

Comme l'a montré M. Arrivé, dans un opuscule plein d'esprit, l'évolution de la réforme proposée par le Conseil supérieur jusqu'à son dénouement „modeste" – M. Arrivé hasarde le mot d'„échec" – a suivi exactement le même chemin, a été garnie des mêmes propos, d'abord louangeurs, puis insultants que les réformes précédentes. Depuis les premiers essais de réformes dans les années 1890 surtout, quand la nouvelle Sorbonne tenta, dans le tumulte de l'Affaire Dreyfus, de faire de la correction de l'orthographe une marque de la nouvelle puissance des „intellectuels" ... et échoua, un discours rituel du conservatisme est désormais fixé, une liturgie des échanges, une grammaire des insultes se sont établies, véhiculant les mêmes arguments, les mêmes sottises et, en particulier, celle qui confondait la langue (les emplois de la parole) et les présentations institutionnelles, comme la graphie; enfin, les mêmes métaphores, comme de faire de la graphie le „vêtement" de la parole. Un discours „prêt-à-porter" qui se situe en dehors des pratiques et se réfugie dans les fantasmes de l'imaginaire.

Les organisateurs avaient joué la hardiesse et la compétence; ils échouèrent devant un discours polémique aux effets bien rôdés, qui flattait les „élites nationales". Tout individu touchant aux médias, le plus sot et le plus ignorant soit-il, pouvait prendre la parole: le „génie de la langue française", cher au Père Bouhours, tel qu'il avait été fixé par Littré et par un siècle et demi d'un enseignement de la littérature consacré aux classiques demeurait l'horizon indépassable; la majorité des classes dirigeantes et les moyens médiatiques mis à leur disposition ne pouvaient souffrir que ce „génie de la langue" statufié qui est un des attributs les plus sûrs de leur capital culturel – pour reprendre le vocabulaire de Bourdieu – soit égratigné. Pour la pratique, on se rallia tacitement au compromis déjà en usage; les détenteurs de pouvoirs continueraient à faire des fautes d'orthographe que leurs lecteurs feraient semblant de ne pas voir – ou ne verraient pas de fait. Parties solistes d'un chœur à vanteries „culturelles" qui valorise la nécessité et les bienfaits des décors d'une culture classique, dont il ignore généralement les contenus.

Cependant que les autres commissions travaillaient sans obstacle aux problèmes posés par les nouveaux langages des milieux industriels et commerciaux. En 1993, 21 commissions de terminologie réunissaient dans une communauté francophone 400 experts. La Délégation encourageait leurs efforts et publiait en 1994, dans un gros livre rouge, un inventaire des dénominations nouvelles proposées. Un groupe de néologie tentait de réguler les créations. Dès 1991, d'importants rapports étaient présentés au *Conseil supérieur* sur la place du français dans le développement des sciences, sur les „industries de la langue", „ensemble des techniques, activités, services qui font appel à un traitement automatique des langues naturelles" (rapport de 1991) dans des domaines comme „traduction, traitement, stockage et consultation de documents écrits, édition électronique, assistance à l'analyse et à la génération de termes techniques, systèmes experts d'équipements spécialisés, logiciels éducatifs intelligents, synthèse et reconnaissance de messages vocaux, etc.", conduisant par exemple à encourager la fabrication d'un „dictionnaire syntaxique" utilisable par un analyseur ou un générateur automatique dans le cadre de la traduction automatique ou de l'enseignement assisté.[2] L'effort visait à situer le rôle que le français devait jouer dans ce qu'on appelle aujourd'hui les autoroutes de l'information, des rapports aussi sur l'emploi des langues dans l'entreprise qui analysaient les modalités et les succès du plurilinguisme dans les entreprises tournées vers l'extérieur. Enfin un „groupe d'étude en didactique des langues

---

2 En 1987, un „Observatoire français des Industries de la Langue" a été mis en place à la suite du sommet des chefs d'Etat et de gouvernement francophones.

pour le plurilinguisme européen", créé en 1991 au sein du Conseil, a provoqué, en juin 1994, un important colloque européen, intitulé „Apprendre à comprendre les langues" qui a pu faire le bilan de 50 ans de méthodes nouvelles: à la suite d'H. Weinrich, beaucoup d'intervenants ont pu souligner les avancées, mais aussi les naïvetés de méthodes miracles. La problématique de l'apprentissage plurilingue a, du moins, été exhibée dans toute sa complexité.

Travaux remarquables, issus de réflexions d'équipes, qui permettaient aux acteurs du Conseil supérieur d'embrasser d'un seul regard l'ampleur du développement du français dans ces domaines nouveaux et la maturité des travaux d'analyse.

Le problème était celui de la mise en œuvre des recommandations. Les Français aiment créer des commissions, mais beaucoup moins s'occuper des suites. En outre, on sait le rôle important joué en France par des administrations, d'autant plus puissantes qu'elles recrutent dans les Universités et les Grandes Ecoles d'excellents étudiants et qu'elles sont fortement liées aux milieux économiques et commerciaux à qui elles fournissent bon nombre de leurs cadres, constituant des ensembles difficilement perméables aux influences extérieures, sensibles seulement aux décisions politiques fortes et, surtout, aux campagnes médiatiques. Or, le Conseil supérieur venait de montrer sa faiblesse dans le domaine. En outre, la fin du Ministère Rocard lui enlevait une bonne part de sa capacité à influer sur le cours des choses. Les renouvellements des ministres et de leurs cabinets diluaient les responsabilités. Au reste, les successeurs de M. Rocard, socialistes ou conservateurs, n'accordaient pas aux phénomènes de langue l'importance politique que leur prêtait M. Rocard; ils les renvoyaient volontiers à ... la culture. La vogue du néo-libéralisme et l'exaltation de profits immédiats tendait à repousser à la marge une politique créative de la langue qui ne pouvait être qu'une politique à long terme. Malgré l'acharnement des responsables au *Conseil* et à la *Délégation*, une certaine inertie eut tendance à s'installer. Désormais, les divers rapports de la Délégation se contenteraient de parler de „supports" plus que d'initiatives. Il fallait compter sur le long terme.

Et revenir en des domaines plus sûrs; c'était la sagesse. Au défaut de transformer la langue, on pouvait en encourager la diffusion. Non dans les pays francophones; c'était la terre réservée du *Haut Conseil de la francophonie*; non à l'étranger; c'étaient les domaines réservés des ministères de l'Education et des Affaires étrangères; mais en France même. D'où l'idée de reprendre la loi Bas-Lauriol qui avait, en son temps, le 31 décembre 1975, été votée à la presque unanimité des Chambres; et qui, à l'usage, manifestait ses insuffisances.

On lui reprochait généralement d'être trop étroite puisqu'elle avait été conçue dans un objectif strictement professionnel; on lui reprochait, en outre, un caractère un peu improvisé. On la remit donc sur le chantier, en se fondant sur un article inscrit dans la Constitution, en avril 1993: „La République a pour langue le français". Ce qui devait être la loi Toubon, du nom du ministre de la culture du gouvernement Balladur, fut donc largement engagé sous le dernier gouvernement socialiste avec l'aide d'un ministre de talent, Catherine Tasca.

Nous laissons à d'autres le soin de parler de l'élaboration de cette loi[3] et des activités du nouveau *Conseil supérieur* nommé par décret le 27 septembre 1993, après un changement de la majorité politique. Je note seulement que, même si l'orientation de ce nouveau *Conseil* est en large part différente de celle du Conseil de 89, c'est surtout la continuité qui l'emporte; mais une continuité ralentie.[4]

Conjointement à d'autres entreprises de l'époque, comme la défense du cinéma français, le projet de loi avait pour motif le désir de défendre – et même de promouvoir – la culture française contre les envahissements des productions commerciales américaines, des mœurs américaines, contre les ravages du „libéralisme avancé"; il pouvait donc réunir des gouvernements d'orientation différente, mais également soucieux de défendre une acculturation française attaquée de toutes parts. Le problème était que, à la française, tout le poids portait sur **la langue** à qui était dévolue une fonction politique, comme l'affirmait, d'emblée, le rapport au Parlement:

„Le législateur a voulu prendre les dispositions nécessaires pour que le consommateur soit assuré d'avoir une information complète sur le bien qui lui est proposé, que le salarié sache à quoi il s'engage à l'égard de son employeur. C'est l'emploi du français qui permet d'assurer l'égalité des citoyens."

La loi Toubon, par une pente fatale, était poussée à interdire. Et les nombreux partisans de la loi, très souvent les mêmes que ceux qui avaient fait échouer la réforme de l'orthographe, ne semblaient pas remarquer qu'en défendant le bon usage contre le mauvais, ils se mettaient en contradiction avec le mouvement „populaire" qui avait balayé la réforme de l'orthographe, laquelle précisément récusait cette distinction. C'est que le fonds (et le fond) demeuraient identiques: l'attachement à une langue classique mythique, fruit de l'équilibre et de la raison, censée emblématiser la nation française. Pour reprendre le terme de P. Nora, s'attacher à ce modèle de la langue comme à un „Lieu de mémoire", c'était s'en faire une raison de vivre français, mais c'était, en même temps, se prêter à toutes les offensives idéologiques.

## Epilogue

Si le rôle du *Conseil supérieur* a été moins important que ne l'avaient espéré ses fondateurs, il n'en a pas moins été marquant. Dans une politique volontariste de la langue qui fait partie de la tradition française, il a rencontré le double héritage qui pèse sur l'idéologie de la langue, double héritage qui,

---

3 Cf. les textes de R. Balibar et H. Weinrich dans le présent volume.
4 Le Conseil de 1993 est composé de: J.-L. Beffa, T. Ben Jelloun, Y. Berger, D. Bombardier, R. Boudon, J.-L. Boursin, B. Brochand, J.-J. Brochier, J.-C. Carrière, J.-C. Chevalier, A. Chouraki, A. Danzin, A. Decaux, R. Devos, A. Goosse, C. Hagège, J. Le Cornec, J. Lindon, L. Montagnier, P. Perret, B. Quemada, J. Starobinski, B. Tavernier, E. Todd, J. F. Troglio.

comme l'a admirablement montré F. Brunot dans son *Histoire de la Langue française,* informe la conception que les Français ont des vertus de leur langue et conduit à toutes sortes de paradoxes. Comme marque d'un classicisme centré sur la raison et l'équilibre, la langue française dévoile un fantasme idéalisé animant une caravane de lieux communs conservateurs qui nourrissent l'habitus de tout Français prétendant à la culture; mais comme marque d'une nation cosmopolite ouverte au progrès, telle que l'a configurée le 18ème siècle, elle apparaît comme le lieu de multiples transformations et expansions souhaitables. Et peut-être est-ce cette double alliance qui fait la force de la langue française, d'autant plus forte qu'elle est lucidement assumée. Ce qui a manqué au Conseil supérieur, ce ne sont ni les talents ni l'information, c'est la continuité d'un appui politique et social suffisant. La langue du 17ème siècle avait été portée par les Académies, le pouvoir royal et une administration forte, celle du 18ème par l'alliance des Académies et des Encyclopédistes. Le succès de la langue française ne peut venir qu'avec l'appui d'un pouvoir aux ressources et aux idées vastes, dégagé d'un économisme à vues courtes, capable d'assumer le paradoxe d'une langue en équilibre entre deux postulations.

## Bibliographie

La plupart des documents cités sont consultables auprès du *Conseil supérieur de la Langue française*, Hôtel Fraguier, 1, rue de la Manutention, F–75016 Paris.

On ajoutera:

Arrivé, Michel, 1993: *Réformer l'orthographe?*, Paris (PUF).
Catach, Nina, 1991: *L'orthographe en débat*, Paris (Nathan).
Charle, Christophe, 1990: *La naissance des intellectuels, 1888–1900*, Paris (Minuit).
*Dictionnaire des termes officiels de la langue française*, 1994: Paris (La Documentation française).
Goosse, André, 1991: *La 'nouvelle' orthographe*, Gemblout (Duculot).
Hanse, Joseph, 1988: *Pour l'harmonisation orthographique des dictionnaires*, Paris (CILF).
„Rapport du Conseil supérieur de la Langue française sur les rectifications de l'orthographe", in: *Documents officiels. Journal officiel de la République française*, 6 décembre 1990.
Rey-Debove, Josette/Béatrice Le Beau-Bensa, 1993: *La réforme de l'orthographe au banc d'essai du Robert*, Paris (le Robert).
*Tribune internationale des Langues vivantes*, 16/2, novembre 1994, Paris (TILV).

# Défense et Illustration de la langue française

Renée Balibar
Tréguier

„la langue française, une affaire d'Etat"

„Depuis toujours en France, la langue, la culture, l'éducation, sont des affaires d'Etat." C'est ce que Jacques Toubon, ministre de la culture et de la francophonie, a écrit au début d'une Lettre publiée par le journal *Le Monde* en août 1994. Le ministre a souligné ensuite l'ampleur actuelle de la concurrence linguistique mondiale:

„Le gouvernement et la majorité, en adoptant une législation moderne, ont vu plus loin que les frontières de l'Hexagone pour constater que les langues sont parmi les principaux enjeux économiques, industriels et géopolitiques du monde de demain. Tous les pays importants s'en occupent avec une détermination qui n'a rien à envier à la nôtre." (Toubon 1994)[1]

Cette Lettre venait en conclusion d'un débat mené devant l'opinion et au Parlement. La loi, dite *Loi Toubon,* „sur l'emploi de la langue française", avait été adoptée par un vote de l'Assemblée Nationale le 4 mai 1994 après discussion du Projet et amendements, et elle avait été transmise au Conseil Constitutionnel qui en avait rejeté certaines parties, le 29 juillet 1994.

Mon exposé partira du fait que le Conseil Constitutionnel a entériné la plus grande partie des 24 articles de la loi, et que le rejet ne concerne que quelques lignes de certains articles; mais que ces quelques lignes ont soulevé une discussion houleuse à l'Assemblée Nationale (*Compte-Rendu Analytique Officiel*, séance du mercredi 4 mai 1994), et que c'est par des considérants qui remontent aux fondements de la société française (la *Déclaration de 1789* et la *Constitution* actuelle) que le Conseil Constitutionnel a procédé à leur rejet. Ce rejet partiel posait en effet un problème de l'ordre de ceux qui „depuis toujours en France sont une affaire d'Etat".

Afin de résumer brièvement, de mon point de vue, les données du problème, je fixerai l'attention sur quelques mots clés.

---

[1] Der Text des Ministers findet sich vollständig reproduziert in der Dokumentation des vorliegenden Bandes (Anmerkung des Herausgebers).

## "la langue de tous"

La Lettre du ministre, dont je viens de citer deux extraits, porte un excellent titre: *La langue de tous*. Excellent parce qu'il présente la plus haute qualité littéraire dans notre culture: la simplicité. Qu'est-ce que la simplicité? Une vertu créatrice d'union qui transcende toutes les divisions. La loi votée, suggère le ministre, a soulevé des oppositions qui sont désormais prises en compte, elle fera donc l'unanimité, confirmant la vocation essentielle de la langue française: le français a été, est, et sera *tout simplement la langue de tous*.

Ce que nous saisissons ainsi intuitivement est ce que j'hésite à définir comme un jeu de mots, parce que "jeu de mots, jouer sur les mots" s'entendent en français de façon limitée ironique et péjorative; ni non plus "trope" ou "néologisme de sens". Car je voudrais ici prendre position dans un débat d'idées, plutôt qu'élaborer des abstractions. Je caractériserai donc "le français langue de tous" comme une façon souveraine de jouer sur les mots, comme *un contresens délibéré*, du type de ceux que j'ai mis en évidence dans notre culture générale, par exemple dans la signification des mots "église catholique". L'opération consiste à employer des mots dans une langue au sens le plus usuel et le mieux établi officiellement (*ecclesia* en grec du Ier siècle), et à les employer simultanément selon un sens contraire répondant à une vue de l'esprit, afin de transformer les moeurs et les institutions. Les mots "langue de tous" qualifiant le français transmettent de nos jours le contresens délibéré effectué par la Révolution française de 1789 sur les mots "langue universelle". Jacques Toubon, qui, dans sa lettre, se réclame de Condorcet,[2] aurait pu faire remonter la "langue de tous" au *Questionnaire Grégoire* de 1790 "relatif aux patois et aux moeurs de la campagne": "Question 1: la langue française est-elle universelle dans vos contrées?"; réponse révolutionnaire qui est à la fois une constatation et une déclaration contraire: le français est la langue universelle du gouvernement en France et des lettrés en Europe, il n'est pas la langue des paysans français,[3] et s'il ne l'est pas, il doit l'être dans une république où les citoyens doivent partager universellement la souveraineté nationale et contrôler le gouvernement.[4]

---

[2] Et de façon beaucoup plus contestable à François Ier, Richelieu, Marmontel, qui, eux, pensaient la langue en régime aristocratique monarchique.

[3] Ce n'est pas ici le lieu de soulever la question des langues qualifiées aujourd'hui de "régionales" par rapport au gouvernement central, royal puis républicain. La langue française depuis son inscription en 842-882 est une langue littéraire qui fait fusionner des traits symboliques des divers parlers du territoire de l'Etat, et les fait contraster avec ceux de la langue de l'Etat d'en face; ce qui n'implique nullement la disparition des parlers locaux, et qui, au contraire, a stimulé leur conservation et leur développement par inscription. Parmi beaucoup d'études éclairant ces plurilinguismes et les formes de colinguisme incluant le français: Vermès/Boutet (eds.) 1987, Vermès (ed.) 1988, Schnapper 1991, Labrie 1994, Eloy à paraître.

[4] Le *Questionnaire* de 1790 relatif "aux patois et aux moeurs de la campagne" mis au point par le député (abbé) Grégoire a été lancé sur tout le territoire français par tous les moyens publics et privés. Les réponses et le travail statistique consécutif ont abouti

## „double universalité"

L'universalité de la langue caractérisait l'ancienne *litterarum respublica* inscrite en français *république des lettres* au XVIème siècle.[5] Depuis l'invention de l'écriture en passant par la civilisation gréco-romaine jusqu'à nos jours une élite intellectuelle a détenu (et elle détient encore) les hauts pouvoirs de l'écriture de façon plus ou moins libre dans les sphères du pouvoir. L'exercice des lettres a eu (et il a encore) sa valeur propre en face des privilèges de la naissance et des avantages de la force et de l'argent. Les membres de la république des lettres communiquaient entre eux (et ils communiquent encore) par-dessus les masses populaires et par-dessus les frontières des états. Leur *colinguisme a été le propre d'une caste, d'une aristocratie, d'une élite,* qui associait le latin (avec son grec) à un petit nombre de langues européennes d'ancienne et haute culture écrite (Balibar 1985: 97). Les termes d'„univers" et d'„universalité" sont en français hérités du latin de l'Empire romain.

L'abolition du privilège des lettrés n'a pas consisté à supprimer le pouvoir d'écriture et de communication des lettrés entre eux, mais elle a délibérément contredit le privilège en faisant obligation de l'acquérir à tout individu citoyen sans discrimination. La république des lettres institution d'ancien régime a dû se transformer afin de produire les lettres de la République. Le colinguisme élitaire a servi paradoxalement à innover un régime égalitaire. La formation littéraire qu'une catégorie située à part et au-dessus des autres appelait ses „humanités" a dû se transformer en „Instruction Publique". Tel est le jeu de mots qui a fait traduire le sens établi de „langue universelle" réunissant horizontalement les lettrés dans le monde, par le contre-sens de „langue de tous" destiné à s'établir en régime républicain réunissant verticalement les individus dans l'Ecole Unique.

---

au *Rapport Grégoire* de 1794 qui déclare: „La langue française a conquis l'estime de l'Europe, et depuis un siècle elle y est classique [...] Mais cet idiome, admis dans les transactions politiques, usité dans plusieurs villes d'Allemagne, d'Italie, des Pays-Bas, dans une partie du pays de Liège, du Luxembourg, de la Suisse, même dans le Canada et sur les bords du Mississipi, par quelle fatalité est-il encore ignoré d'une très grande partie des Français? [...] six millions de Français, surtout dans les campagnes, ignorent la langue nationale; un nombre égal est à peu près incapable de suivre une conversation suivie; en dernier résultat le nombre de ceux qui la parlent n'excède pas trois millions; et probablement le nombre de ceux qui l'écrivent correctement est encore moindre [...] On peut uniformer le langage d'une grande nation, de manière que tous les citoyens qui la composent puissent sans obstacle se communiquer leur pensée. Cette entreprise, qui ne fut pleinement exécutée chez aucun peuple, est digne du peuple français, qui centralise toutes les branches de l'organisation sociale, et qui doit être jaloux de consacrer au plus tôt, dans une République une et indivisible, l'usage unique et invariable de la langue de la liberté". *Questionnaire Grégoire* et *Rapport Condorcet*, cf. Balibar 1985, 195 et sv.

5 On a dit pareillement „république chrétienne", „république européenne", pour désigner des communautés qui n'étaient pas des Etats-nations mais qui manifestaient chez leurs membres un esprit de corps concurrent de celui des Etats-nations.

Cette double universalité internationale et sociale du français fait jouer une institution nouvelle à l'intérieur d'une institution établie, comme l'enfant né dans sa mère et pourtant lui seul nouveau né. Car c'est *l'universalité de la langue française „classique"* (selon le *Rapport* de 1794) des lettrés européens et leur *liberté de communication en langues*, qui ont servi et servent toujours de modèle dans *l'universalisation scolaire de la langue républicaine*. Le français constitutionnel n'est pas un idiome (ethnique ou géographique ou sociolinguistique) qui aurait gagné du terrain à travers les „contrées" jusqu'à domination complète par les armes ou l'argent. Le français de l'Etat-Nation en France c'est une forme politique de langue commune, analogue au suffrage universel en république, un droit constitutionnel dont l'exercice se réalise par la pratique des exercices d'analyse grammaticale et de composition française littéraire. Le français scolaire remplit la fonction d'initiation à toutes les connaissances autrefois remplie chez les privilégiés par le latin,[6] puis par le français littéraire clérical-royal. Il a fallu deux siècles pour que les éléments de la grammaire française cessent d'être subordonnés aux éléments de la grammaire latine et contribuent à une nouvelle grammaire générale. La pratique parlée, l'oral des exercices de langue française scolaire primaire, n'est devenue massive en France qu'au début du XXème siècle.

Touchons de là au point névralgique de la pratique actuelle du colinguisme, aux difficultés qui ont suscité la „défense" de la langue française et la loi Toubon.

## „la langue universelle internationale"

La double fonction internationale et sociale de la langue française constitue sa raison d'être. Or, dans le monde actuel, les partenaires internationaux emploient désormais l'anglais, loin devant le français, comme langue universelle. On ne peut être plus clair là-dessus que le *Rapport Germain* (1990) présenté au Conseil Supérieur de la langue française par le Secrétaire perpétuel de l'Académie des Sciences qui conclut:

> „Sur le front avancé des connaissances, les acteurs sont conduits, pour rendre leur communication aussi universelle que possible, à user d'une langue privilégiée et l'expérience montre que, plutôt que de faire appel à une langue morte ou à une langue artificielle, la communauté scientifique a toujours préféré, pour de bonnes raisons, user d'une langue parlée sur une aire géographique où l'activité scientifique était bien développée. Hier, le français avait ce privilège. Nul ne peut prédire ce qu'il en sera demain [...] Tout acteur de la vie scientifique et technique de pointe doit maîtriser la

---

6 Le latin, langue écrite de la confédération du Latium, a été une forme d'expression destinée à contrôler les parlers locaux, en les inscrivant sous une lettre largement méditerranéenne.

compréhension et l'expression écrite et orale de la langue anglaise et, s'il ne l'a pas déjà, acquérir cette maîtrise dès le moment où commence sa formation par la recherche."[7]

L'Académie Royale des Sciences et Belles-Lettres de Prusse avait en 1782 proposé au monde savant un sujet d'étude: „Qu'est-ce qui a fait la langue française la langue universelle de l'Europe? Par où mérite-t-elle cette prérogative? Peut-on présumer qu'elle la conserve?" Réponse de l'Histoire: la prérogative française n'était pas éternelle, l'emploi international de la langue française n'est pas absolument perdu mais il n'est plus hégémonique au XXème siècle.

Tout ce qui vient d'être dit à propos des échanges de haut niveau intellectuel pourrait être observé dans tous les domaines, plus de la moitié des correspondances sur la planète étant écrite en anglais, et les arts, les sports, la politique, toutes les idées trouvant leurs lieux de rencontre en mots anglais. Avant de nous demander si une loi du gouvernement français peut infléchir l'évolution, envisageons d'abord les choses comme l'a fait le Conseil Constitutionnel, du point de vue de la langue d'Etat en France même.

## „le français est la langue de la République"

En France la langue d'Etat est fondement de la République, forme égalitaire du régime social du fait même qu'elle procure aux citoyens l'entrée libre à tous les domaines de pensée. En 1789 les activités les plus productives de la science, des arts, du négoce, et aussi les modèles de la vie privée, entraient ensemble dans le monde sous la lettre française que les révolutionnaires ont communiquée à tous les citoyens français. Cela étant, la république de langue française (internationale et sociale) demeurera-t-elle „une et indivisible", lorsque les sciences parleront anglais, lorsque l'anglais des sports, l'anglo-américain de la publicité, celui du cinéma, celui des réseaux électroniques interactifs, etc. feront partie intégrante de l'usage des Français à l'intérieur du territoire national? La pratique parlée du français scolaire peut-elle éclater sous ces pressions, au point que les individus en viennent à se réenfermer dans des langages disparates, à bloquer leurs pensées comme faisaient (et font encore) les riches de Lettres et les pauvres en lettres sous un régime d'apartheid?

On serait tenté de croire que la langue française de culture internationale n'a pu se „populariser"[8] qu'aussi longtemps, mais pas plus, que la France détenait simultanément, par impérialisme et par centralisme autoritaire la double qualité universelle. C'est précisément ce que pensent réellement, inconsciemment ou

---

[7] *Rapport du 19 juin 1990*, édité par les services du Premier Ministre, Conseil Supérieur de la langue française, p. 7: „*La communication des découvertes. Constatation préliminaire fondamentale.*"

[8] *Rapport Barère* du 8 pluviôse an II (27 janvier 1794): „Il faut populariser la langue, il faut détruire cette aristocratie de langage qui semble établir une nation polie au milieu d'une nation barbare". Rapport intégralement publié par Certeau/Julia/Revel, 1975, 295.

non, certains „défenseurs" de la langue française auxquels l'art. 19 de la loi Toubon reconnaît un droit d'association: ils cherchent à maintenir la vigueur encore grande de l'expansion conquérante de la France monarchique et impériale, au besoin par la contrainte de réglementations protectionnistes unilatérales.

Je formulerai là-dessus une hypothèse: les mesures prises pour réglementer l'„emploi de la langue" auraient mieux perpétué la politique novatrice des *Droits de l'Homme et du Citoyen*, mieux défendu l'idéal de la „langue de tous", si les réglementations avaient été annexées à une refonte de l'instruction publique. Car seule une ouverture pleinement consentie de l'exercice français d'initiation aux connaissances par travaux pratiques élémentaires de traduction écrite dès le premier degré d'enseignement pourrait *élargir socialement* et *défendre internationalement* le français d'un futur colinguisme.[9]

Un tel exercice primaire sera peut-être amorcé hors de France par différents Etats (où l'on parle plus ou moins français sans toujours l'écrire, francophonie sans obligation de francographie comme en France à l'époque du *Questionnaire Grégoire*) qui pourront produire chacun leur variante pour l'emploi du français international.[10]

Prenons en considération que l'article 2 de l'actuelle *Constitution française* porte que „*la langue de la République est le français*". Cet article (rédigé en 1992 pour harmoniser le droit français à certaines formulations du traité de Maastricht) fait du français *l'instrument désigné de la libre communication*, non pas la marque exclusive d'un Etat-nation. Quant à *l'article XI de la Déclaration des Droits de l'Homme et du Citoyen*, il définit le droit de libre communication comme celui „de parler, d'écrire et d'imprimer librement", sans

---

9 L'un des défenseurs de la langue allemande contre l'hégémonie du français imposé à l'Académie de Berlin par Frédéric II, a été l'un des rénovateurs de son enseignement, Joachim Henri de Campe, Conseiller des Ecoles de l'Etat de Brunswick et à la fois, sous la Révolution française, citoyen français. Campe a été l'auteur d'une *Petite Bibliothèque instructive pour les enfants*, du *Robinson Crusoe* traduit universellement „pour la jeunesse", l'un des responsables du *Mémoire pour servir au perfectionnement de la langue allemande* et celui du grand *Dictionnaire de la langue allemande* (1807-1811). La pédagogie des langues est indissociable de leur illustration philosophique et littéraire. Et toutes deux sont, en Europe, internationales. En France avant, pendant et après la Révolution française, l'enseignement du français s'est renouvelé en traduisant ses modèles anglais et allemands. (Cf. Balibar, 1985, 160 et sv.; 187, etc.). L'*Ecole Normale* fondée en 1795 (plus tard „de la rue d'Ulm") pour créer la nouvelle génération d'„instituteurs primaires", a été organisée sur le modèle, et contre le modèle des *Normal-Haupt* und *Trivial-Schulen* de Marie-Thérèse d'Autriche (1773) et du séminaire de Tübingen.

10 Cf. Abbou/Haddad, 1994. A remarquer l'initiative prise par l'ouvrage scolaire rédigé en arabe et en français *Le Guide de Géométrie Elémentaire* (Bouazzi/Haouat/Bouazzi, 1994) agréé par le Ministère de l'Education et des Sciences, dans lequel les deux langues, au lieu de s'affronter en langues étrangères, opèrent conjointement, avec leurs propres ressources de terminologie et de raisonnement, l'appropriation d'une instruction scientifique.

aucune contrainte de langue imposée aux individus. Ce sont les contraintes de ce type qui ont été rejetées par le Conseil Constitutionnel dans le projet de loi Toubon.

On peut concevoir que les Etats, Unions d'Etats, etc., s'affirment au XXIème siècle par des identités linguistiques qui seront autant de colinguismes particuliers porteurs d'une histoire.

## „défense et illustration des langues"

Arrêtons-nous là et concluons en prononçant l'autre locution clé du problème: *défense et illustration de la langue française*. Car c'est à partir du titre de ce manifeste littéraire universellement connu lancé par un groupe d'écrivains du XVIème siècle (à l'époque où la *litterarum respublica* s'est inscrite en français *république des lettres*), que les „défenseurs" actuels ont le verbe haut, bien qu'ils aient amputé la locution de sa moitié la plus signifiante. Que faut-il comprendre aujourd'hui sous le terme permanent mais désuet d'illustration?[11]

„Pourquoi la littérature française débute-t-elle si tôt?" demande Ernst Robert Curtius, qui répond que c'est à cause „de ses rapports étroits avec la poésie et la poétique latines de la même époque, qui fleurissaient en France et en Angleterre francisée. C'est parce que la France représentait le *studium*, parce que les arts libéraux, grammaire et rhétorique en tête, avaient chez elle leur quartier général, que la poésie de langue populaire fleurit tout d'abord en France" (Curtius 1956, II: 131; 136).

Ainsi la langue française, bien loin d'être un cas isolé, est un cas exemplaire parmi d'autres de la double vocation des lettres depuis le début de notre ère, *l'ère vulgaire*. Double exigence d'illustration classique et d'illustration populaire, qui a fait inventer au cours des siècles la personnalité grammaticale, politique, religieuse et artistique, de chaque langue représentative d'un peuple, *volgare illustre* en italien du XIIIème siècle, *langue de tous* en français du XXème siècle traduisant aujourd'hui à son usage l'annonce mystérieuse des temps „où tous parleront les langues de toutes les nations".[12]

---

11 *Illustration* transmettait en français la notion latine d'*illustratio* traduisant le grec *hypotyposis*, désignant principalement une figure de rhétorique: façon d'écrire dans une langue avec animation et de façon frappante. Illustrer une langue c'était écrire de cette façon jusqu'au point de mettre toute la langue en lumière au regard des autres.

12 Augustin d'Hippone, début du IVème siècle, de père berbère, dignitaire de l'Eglise chrétienne dans l'Empire romain, mort pendant que les Vandales assiégeaient sa ville. *Sermon 268 pour le Jour de la Pentecôte*: „L'Esprit-Saint révéla sa présence en faisant que tous parlent les langues de toutes les nations", cité et traduit dans *Cyprien, Unité de l'Eglise*, 1979, Paris, Desclée de Brouwer, cité dans Balibar, 1993, 59.

## Bibliographie

Abbou, Sélim/Haddad, Katia (eds.) (1994): *Une francophonie différentielle*. Paris, l'Harmattan.

Balibar, Renée (1985): *L'institution du français. Essai sur le colinguisme des Carolingiens à la République*. Paris, PUF.

– (1993): *Le colinguisme*. Paris, PUF.

Bouazzi, Marie/Haouat, Mrabet/Bouazzi, Ahmed (1994): *Le Guide de Géométrie Elémentaire*. Tunis, Ceres.

Certeau, Michel de/Julia, Dominique/Revel, Jacques, (1975): *Une politique de la langue. La Révolution française et les patois*. Paris, Gallimard NRF.

Curtius, Ernst Robert, (1956): *La littérature européenne et le Moyen-Age latin*, trad. fr. Paris, PUF.

Eloy, Jean-Michel (à paraître): „La République et les registres langagiers", contribution au Colloque „Badumes, standards et normes", GRELB Université de Bretagne juin 1994, à paraître dans *La Bretagne linguistique*, 1995.

Labrie, Normand (1994): *La construction linguistique de la Communauté Européenne*. Paris, Champion.

Schnapper, Dominique (1991): *La France de l'intégration. Sociologie de la nation en 1990*. Paris, Gallimard.

Vermès, Geneviève (ed.) (1988): *Vingt-cinq communautés linguistiques de la France*. Paris, l'Harmattan.

Vermès, Geneviève/Boutet, Josiane (eds.) (1987): *France, pays multilingue*. Paris, l'Harmattan.

# Ein Gesetz für die Sprache?

HARALD WEINRICH
Paris / München

Wenn es erstens möglich ist, zwischen gutem und schlechtem Sprachgebrauch zu unterscheiden (und ich bestehe nicht unbedingt darauf, daß dies eine ganz scharfe Grenze ist), – wenn es zweitens wünschenswert ist, daß die Menschen möglichst oft von der Sprache einen guten und möglichst selten einen schlechten Gebrauch von ihr machen – und wenn es aus diesen beiden Gründen drittens zu begrüßen ist, daß zur Verbesserung des öffentlichen Sprachgebrauchs etwas geschieht, dann, ja dann ergibt sich die Frage: Wer soll denn bitte tätig werden?

Hätte man diese Frage dem Kardinal Richelieu vorgelegt, so hätte er vermutlich schnell und einfach geantwortet: Ja, genau zu diesem Zweck haben wir in Frankreich die *Académie Française* gegründet. Ihre vierzig Mitglieder repräsentieren als Korporation den guten Sprachgebrauch (*bon usage*) in Wort und Schrift. Das hat seinerzeit in Europa großen Eindruck gemacht und führt noch heute dazu, daß viele Nichtfranzosen meinen, hinter dem von Minister Toubon eingebrachten Gesetz zum Schutz der französischen Sprache müsse wohl die *Académie Française* stecken.

Das aber ist nicht der Fall. Die *Académie Française* ist nicht für dieses Gesetz verantwortlich, wenngleich sie sich auch nicht dagegen ausgesprochen hat. Denn diese Akademie, von der man durchaus eine hohe Meinung haben kann, verfügt heute, anders als zur Zeit ihrer Gründung, nicht über die nötige linguistische Kompetenz, um ein solches Gesetzgebungsverfahren in Gang zu bringen. Der Kongreß beispielsweise, den sie in Paris im Jahre 1994 zur Dreihundertjahrfeier ihres Wörterbuchs veranstaltet hat, lebte fast ausschließlich von geborgter Kompetenz.

Das gilt in ähnlicher Weise für die Deutsche Akademie für Sprache und Dichtung mit Sitz in Darmstadt. Sie ist erst spät, nämlich zum zweihundertsten Geburtstag Goethes im Jahre 1949, ins Leben gerufen worden und hat in den wenigen Jahrzehnten ihres Wirkens keine nennenswerte Autorität in Fragen des öffentlichen Sprachgebrauchs erwerben können. Immerhin hat sie eine ständige Sprachkommission eingesetzt, die gelegentlich von sich hören läßt – was aber noch nicht bedeutet, daß man auch auf sie hört. In diesem Zusammenhang könnte man sich natürlich weiterhin fragen, ob die alte und neue Berlin-Brandenburgische Akademie der Wissenschaften, entsprechend ihrem historischen

Gründungsauftrag, für die „Cultur der deutschen Sprache" (Jablonski) Sorge zu tragen, hier eine Aufgabe entdecken will, was sie aber bisher nicht gezeigt hat.

Anders liegen die Verhältnisse in Italien, wo die älteste aller europäischen Sprachakademien, die Florentiner *Accademia della Crusca* („Akademie der Kleie" – sie soll nämlich, luthersch gesprochen, in der Sprache die „Spreu" vom „Weizen" trennen) ihren Sitz hat. Sie verfügt über eine hochkompetente Forschungsstelle für Linguistik, insbesondere für Lexikographie, und ihr Präsident, Professor Giovanni Nencioni, ist ein international angesehener Sprachforscher. Diese Akademie könnte wohl für einen guten Gebrauch der italienischen Sprache tätig werden, hält sich aber im allgemeinen, von einigen diskreten Ratschlägen abgesehen, mit normativen Äußerungen zurück. Ähnliches gilt für die *Real Academia Española* in Madrid.

Wenn nun also festzustellen ist, daß die *Académie Française* und die anderen europäischen Sprachakademien heutzutage die Aufgabe einer sprachlichen Normsetzung entweder nicht übernehmen können oder nicht übernehmen wollen, so stellt sich die Frage, ob vielleicht der Staat mit seinen politischen Institutionen und Instanzen berufen ist, auf seinem Territorium für eine angemessene Sprachkultur zu sorgen. Gegen diesen Gedanken ist prinzipiell nichts einzuwenden. Der Staat hat immer schon in gewissem Umfang die Sprache geregelt, zum Beispiel im Namenrecht, in einer einheitlichen Rechtschreibung und, dies allerdings nur in Frankreich, in einer verbindlichen grammatischen Terminologie. Darf der Staat noch mehr tun, und ist das vielleicht sogar sein Auftrag?

\*

Der Staat (in Frankreich sind im Unterschied zu Deutschland mit diesem Begriff immer nur die Staatsorgane des Nationalstaates gemeint) ist leider in allen Angelegenheiten, die mit der Sprache und Kultur zusammenhängen, ein problematischer Akteur. Aufgerufen, die Sprache vor Mißbrauch zu schützen, reagieren nämlich die Staatsorgane nach ihrer Gewohnheit mit dem Reflex, ein Gesetz zu machen, und zwar von der Art, wie ein Gesetz auch sonst im öffentlichen Leben dazu dient, einen offensichtlichen Mißstand abzustellen. Ein durchaus typisches Beispiel dafür ist das hier diskutierte französische Sprachgesetz vom 4.8.1994 *(loi Toubon)*; es definiert die Hintansetzung der eigenen Sprache und den übertriebenen Gebrauch von Fremdwörtern in der Öffentlichkeit als gesellschaftliches Fehlverhalten und stellt diesen ärgerlichen Mißstand unter Strafe.

Nun ist aber an dieser Stelle an den altvertrauten Unterschied von Moralität und Legalität zu erinnern. Nicht alles, was schlecht und verwerflich ist, wird auch von Gerichten bestraft. Stehlen beispielsweise ist ein Verstoß gegen die Moral und wird bestraft. Lügen hingegen ist ebenfalls, wie die Zehn Gebote ausweisen, ein Verstoß gegen die Moral und wird dennoch nicht bestraft, außer unter bestimmten, gesetzlich genau definierten Umständen (Aussage unter Eid,

Erklärungen vor dem Parlament etc.). Hier laufen Moralität und Legalität auseinander. Wenn nun also nach den Intentionen des französischen Sprachgesetzes bestimmte Formen des tadelswerten Sprachverhaltens mit strafrechtlichen Sanktionen belegt werden, so muß bei diesen Verstößen gegen den guten Sprachgebrauch ein verwerfliches Tun vorliegen, das unter den Gesichtspunkten von Moralität und Legalität irgendwo zwischen Lügen und Stehlen liegt.

Den Juristen im französischen Kulturministerium scheint dieses moralisch-juristische Problem nicht entgangen zu sein. Schon bei einem früheren Sprachgesetz aus dem Jahre 1975 haben sie sich in ihrer Argumentation bemüht, den unnötigen Gebrauch von (hauptsächlich anglo-amerikanischen) Fremdwörtern in der Öffentlichkeit als eine Art Betrug zu deklarieren, was ziemlich genau der Position zwischen Lügen und Stehlen entspricht. In der Begründung für die Vorlage des jetzigen Gesetzes (*Exposé des motifs de la loi*) wie auch in begleitenden Äußerungen des zuständigen Ministers hat sich dabei noch deutlicher als bisher schon der Gedanke des Verbraucherschutzes in den Vordergrund geschoben: Wer *walkman* statt *baladeur* sagt, führt den Verbraucher, der sich diese Ware beschaffen will, möglicherweise in die Irre und macht sich folglich eines Deliktes schuldig, das man in der Terminologie der deutschen Gesetzessprache eine „(arglistige) Täuschung" nennen würde. Und die ist natürlich strafwürdig.

Wenn aber nun für die Rechtsgeltung des französischen Sprachgesetzes der Verbraucherschutz so wichtig geworden ist, wie es die Experten im französischen Kulturministerium in ihren Verlautbarungen zu erkennen geben, dann verschiebt sich das Zentrum des juristisch relevanten Sprachgebrauchs in solche sprachlichen Bereiche wie Produktnamen, Gerätebeschreibungen, Gebrauchsanweisungen und Betriebsanleitungen, bei denen Verbraucher die Adressaten sind. In diesen Bereichen führt nämlich das falsche Verständnis einer sprachlichen Instruktion möglicherweise zu Sachschäden, für die vielleicht ein geschickter Jurist aus dem irreführenden Sprachgebrauch Regreßansprüche gegen den Hersteller ableiten kann.

Nun steht außer Zweifel, daß der ganze Bereich des ökonomischen Sprachverkehrs einschließlich der Werbung eine nicht zu vernachlässigende Bedeutung hat und selbstverständlich ein Teil der Sprache ist. Aber wir Sprachbenutzer können nicht glücklich darüber sein, daß gerade dieser Bereich, wie es in der Debatte um das Sprachgesetz auf allen Ebenen der Auseinandersetzung geschehen ist, so wichtig genommen wird, daß alle anderen Aspekte der Sprache demgegenüber in den Hintergrund treten. Haben uns die juristischen Befürworter dieses Gesetzes vielleicht mit ihrer Fixierung auf Produktbezeichnungen und -beschreibungen in eine Falle gelockt, wo zwar sie zu ihrem Gesetz, nicht aber wir zu unserm Recht kommen?

Denn es gibt vieles in der Sprache, das wichtiger ist als Produktnamen. Die Frage beispielsweise, wie Menschen und Menschengruppen benannt werden, greift viel tiefer in das öffentliche und private Leben ein. Was sagen denn die

Sprachgesetzgeber dazu, daß in der französischen Sprache die Sekretärin *la secrétaire* heißt, die Frau Staatssekretärin hingegen *Madame le secrétaire d'Etat*? Ich habe für diese und ähnliche Fragen keine Patentlösungen anzubieten, ebensowenig wie für die Probleme von Genauigkeit und Feingefühl im sprachlichen Umgang mit Minderheiten (vulgo: *political correctness*), bemerke aber in Frankreich, verglichen mit anderen Ländern, eher ein gewisses Defizit an öffentlicher Reflexion über diese Aspekte der Sprachkultur. Sollte diese Tatsache auch eine Folge davon sein, daß einige Juristen und Ministerialbeamte unser Sprachbewußtsein auf relativ Unwichtiges und Nebensächliches abgelenkt haben?

\*

Das französische Sprachgesetz hat in Frankreich alle vom Verfassungsrecht vorgeschriebenen Verfahrensstufen durchlaufen und ist im Senat und Abgeordnetenhaus kontrovers diskutiert und dabei auch in einzelnen Paragraphen abgewandelt worden. Die schärfsten Bedenken gegen den Gesetzesvorschlag sind übrigens von der Akademie der Wissenschaften vorgebracht worden, einer Schwesterinstitution der *Académie Française*, die mit ihr unter der gleichen Kuppel residiert. Die Wissenschaftler fürchteten für den Wissenschaftsstandort Frankreich, wenn die Auflagen für den Gebrauch der englischen Wissenschaftssprache auf Kongressen und Symposien in Frankreich zu streng ausfallen würden. Mit ihren Einsprüchen haben sie tatsächlich einen gewissen Erfolg erzielt, und der Gesetzgeber hat sich damit begnügt, daß die französische Sprache bei Veranstaltungen dieser Art in Frankreich immer wenigstens *neben* der englischen Sprache zugelassen sein muß, wenn auch die meisten Beiträge de facto vielleicht englisch sind.

Die einschneidendsten Veränderungen hat das Gesetz jedoch erst nach seiner parlamentarischen Verabschiedung durch das Urteil des Verfassungsgerichts (*Conseil constitutionnel*) erfahren. In seiner ursprünglichen Fassung wollte der Gesetzgeber nicht nur den Gebrauch einer anderen als der französischen Sprache in bestimmten Situationen des öffentlichen Sprachverkehrs eindämmen, sondern darüber hinaus auch noch den Gebrauch aller derjenigen Fremdwörter in der Öffentlichkeit verbieten, für die es in der französischen Sprache geeignete Ausdrücke mit gleicher Bedeutung gibt. Daß es daran nicht mangelt, dafür hatten schon verschiedene, von der Regierung eingesetzte Terminologie-Kommissionen gesorgt, die seit 1972 am Werk waren und schließlich ein normatives Wörterbuch erstellt haben, das für 3.600 Fremdwörter, meistens anglo-amerikanischer Herkunft, passende Äquivalente anbietet. Die Wörterliste reicht von *hard ware : matériel* und *soft ware : logiciel* über *drive in : ciné-parc* bis zu *hot dog : saucipain* und *chewing gum : mâchouillon*. Man mag bei dieser Liste in nicht wenigen Fällen die lexikographische Phantasie der Worterfinder bewundern; im ganzen zeugt das Unternehmen jedoch eher von einem wenig entwickelten Sprachbewußtsein. Denn was sind schon 3.600 Substantive! Eine moderne Kultursprache wie das Französische nimmt jährlich etwa 4.000 bis 5.000 Neuwörter auf, und ebensoviele Altwörter scheiden stillschweigend aus der Sprache wieder aus. Die Vorstellung, daß man dieser rasanten Sprachentwicklung, gerade im terminologischen Bereich, mit einer Standardliste von 3.600 normgemäßen Ausdrücken Einhalt gebieten könnte, ist ziemlich abenteuerlich – was jedoch nicht ausschließt, daß einige dieser gut französisch gebildeten Neuwörter, zum Beispiel *ordinateur* für *computer*, sich von selber auf Zeit oder auf Dauer durchsetzen.

Man kann es also nur begrüßen, daß gerade diejenigen Gesetzesvorschriften, die sich auf die Liste der zu vermeidenden Fremdwörter beziehen, vom obersten Verfassungsgericht der Französischen Republik für verfassungswidrig erklärt und damit aus dem Gesetz herausgestrichen worden sind. Doch hat das Gericht in erster Linie nicht linguistisch, sondern natürlich juristisch argumentiert, und zwar mit den Menschen- und Bürgerrechten, die fundamentaler Bestandteil der französischen Verfassung sind. Zu ihnen gehören die Meinungs- und die Pressefreiheit sowie alle damit zusammenhängenden Grundrechte, die man heute mehr und mehr unter dem Gesichtspunkt der „Kommunikationsrechte" zusammenfaßt. Nach Meinung der Verfassungsrichter sind diese Grundrechte gefährdet, wenn die Bürger ständig mit einem Wörterbuch unter dem Arm herumlaufen müssen, um sich nicht bei der Wahl dieses oder jenes Wortes zu vergreifen. Und jedenfalls haben die für den einzelnen Bürger geltenden Persönlichkeitsrechte Vorrang vor allen Kollektivrechten, beispielsweise solchen zum Schutze der Verbraucher sowie sogar vor dem seit kurzem ebenfalls in der Verfassung verankerten Kollektivrecht der Franzosen auf den Gebrauch ihrer Sprache als Landessprache. Das ist ein wichtiges Grundsatzurteil, dessen Bedeutung weit über die Kasuistik des hier diskutierten Sprachgesetzes hinausreicht. Es kann und wird hoffentlich dazu führen, dem bisher von den Juristen eher stiefmütterlich behandelten nationalen und internationalen Sprachenrecht zu klareren Begriffen zu verhelfen.

*

Kann der Staat vielleicht, außer einer problematischen Gesetzgebung gegen schlechten Sprachgebrauch, sonst noch etwas für die Sprachkultur tun? Wie wäre es beispielsweise mit einem Gesetz für bessere Schulen? Und wäre das nicht vielleicht der sicherste Weg zu einem guten Sprachgebrauch?

# Die Sprache der Freiheit und ihre Freunde

JÜRGEN TRABANT

Berlin

1. Ein Artikel des immer deutscher werdenden „deutschen Nachrichten-Magazins" *Der Spiegel* über das sich vermeintlich kulturell abschottende – also immer französischer werdende – Frankreich gipfelte in einem Bericht über die von dem Minister für die Kultur und die Frankophonie Jacques Toubon initiierte aktuelle Sprachgesetzgebung in Frankreich:

„Den größten Wirbel entfachte Toubon mit einem Sprachenschutzgesetz, das die Nationalversammlung mit ihrer absoluten rechten Mehrheit Anfang Mai verabschiedete. Die Regierung will Anglizismen – von 'prime time' bis 'compact disc' – aus der Werbe- und TV-Sprache tilgen; bis zu sechs Monate Gefängnis und 500 000 Francs Geldstrafe drohen Sprachverrätern, die sich weiter mit 'franglais' (einem Zwitter aus 'français' und 'anglais') öffentlich an 'la langue française' vergehen". (*Der Spiegel* vom 16.5.94: 168ff.)

Diese Passage aus dem notorisch anti-französischen Nachrichten-Magazin ist deswegen erwähnenswert, weil an ihr vieles gerade so falsch ist, daß es die erwünschte Desinformation erzeugt und damit den professionell mit Frankreich Befaßten die schöne Aufgabe beschert, einiges richtigstellen zu dürfen.

Im Falle des uns hier interessierenden „Sprachenschutzgesetzes" ist es, erstens, mitnichten nur die rechte Mehrheit der französischen Nationalversammlung gewesen, die das Gesetzt trägt: Dieses Gesetz, das im Grunde die Änderung und Erweiterung eines Gesetzes von 1975 ist und das nun mit dem Namen des konservativen Ministers Toubon verbunden ist, ist schon von dessen sozialistischer Vorgängerin Catherine Tasca vorbereitet worden und geht letztlich auf eine Anregung des sozialistischen Ministerpräsidenten Rocard zurück.[1] Es kann also gar nicht die Rede davon sein, daß die Gesetzesaktivität ein rechter Umtrieb sei, wie der *Spiegel* nahelegt. Es ist sozusagen viel schlimmer: Die hier verhandelte Angelegenheit, die „Loi relative à l'emploi de la langue française", wie das Gesetz offiziell heißt,[2] vereinigt Franzosen verschiedenster politischer couleur. Auch in diesem Fall trifft also eher die spätere – richtige – Bemerkung des *Spiegel* zu, daß „rechte wie linke Pariser Regierungen" legislativ für die französische Sprache tätig geworden seien. Die

---

1 Vgl. den Beitrag von Chevalier in diesem Band.
2 Es hat die Nummer 94-665 und findet sich in Auszügen abgedruckt in der Dokumentation dieses Bandes.

Sozialisten haben daher auch bezeichnenderweise nicht gegen das Gesetz gestimmt, sondern sich der Stimme enthalten.

Zweitens: Die Strafe, von der im Gesetzentwurf die Rede war, belief sich nicht auf 500 000 Franken, sondern – eine Null weniger (bei Zahlen sind ja bekanntlich gerade die Nullen ziemlich wichtig) – auf 50 000 (in der Endfassung des Gesetzes taucht diese Summe übrigens nicht mehr auf). Diese Strafe war aber nicht die Strafe für die „Sprachverräter", wie der *Spiegel* meint, sondern – viel subtiler – das Strafmaß bei einer Behinderung polizeilicher Maßnahmen im Zusammenhang mit dem Gesetz. Die Strafe für die „Strafverräter" selbst ist im Gesetz gar nicht festgelegt, sondern wird erst noch durch ein ministerielles Dekret bestimmt. Sie wird sich wahrscheinlich, wie der Minister verlauten ließ, auf 10 000 oder, im Wiederholungsfalle, auf 20 000 Franken belaufen.

Drittens: Von den vom *Spiegel* zitierten Beispielen findet man „prime time" nicht in dem „Katalog" verbotener Wörter, auf den sich der Artikel bezieht. Gemeint ist damit das *Dictionnaire des termes officiels*, ein immerhin mehr als 400 Seiten mächtiges Werk, das alle bisherigen staatlichen Vorschläge zum Ersatz unerwünschter angloamerikanischer Wörter (und eine umfängliche Dokumentation zu den bisherigen sprachpolitischen Aktivitäten des französischen Staates) enthält. Dieses Wörterbuch als „Toubons Katalog mit 3500 Ersatzwörtern für Franglais" (S. 170) zu beschreiben, ist zwar witzig, aber nicht besonders informativ. Dabei hätte das dicke Buch die antifranzösische Phantasie des *Spiegel* durchaus erwärmen können. Denn es ist schon eine aus deutscher Sicht kuriose Sache, daß der französische Staat seit den sechziger Jahren in verschiedenen Ministerien Kommissionen eingesetzt hat, welche französische Alternativen zur angloamerikanischen Terminologie in besonders innovationsintensiven Bereichen – wie Kommunikationstechniken, Raumfahrt, Tourismus etc. – erarbeiten. Diese Vorschläge werden dann durch die in Sprachsachen als letzte Instanz tätige Académie française überpüft und schließlich als verbindliche Sprachregelungen im *Journal officiel* veröffentlicht. Es handelt sich also bei „Toubons Katalog" in Wirklichkeit um das jahrelange kollektive Werk einer Reihe von Kommissionen, um die Zusammenstellung von längst in Kraft befindlichen staatlichen Sprachregelungen. Gegen „prime time" aber hatte offensichtlich bisher noch keine der Terminologiekommissionen etwas einzuwenden; es erscheint jedenfalls nicht im *Dictionnaire des termes officiels*. Wohl aber findet man dort in der Tat das andere Beispiel, „compact disc", als zu ersetzenden Anglizismus. Nur – und das verschweigt der *Spiegel* wiederum – ist der entsprechende französische Ersatz-Vorschlag so dramatisch nicht, weil nichts anderes getan wird, als die englische Wortstellung (Adjektiv+Nomen) und Graphie durch die französische Wortstellung (Nomen+Adjektiv) und Graphie zu ersetzen: „disque compact".[3] Was an diesem und den anderen vom

---

3 Die deutschen Verteidiger der englischen Wörter seien darauf hingewiesen, daß im Deutschen das Ding ja auch nicht „compact disc" heißt oder sonstwie englisch lautet,

*Spiegel* zitierten französischen Ersatzwörtern schlimm sein soll, beziehungsweise wieso die englischen Wörter (für Franzosen, die ja bekanntlich französisch sprechen) so schön und treffend sein sollen, muß dem Leser ein Geheimnis bleiben. Der *Spiegel* zitiert die Paare: *scoop – primeur, design – stylique, starter – démarreur, penalty – tir de réparation, tie-break – jeu décisif, bulldozer – bouteur, blackout – occultation, crash – écrasement, fast food – restovite, video clip – bande promo* als abschreckende Beispiele aus „Toubons Katalog".[4]

Der Zweck des geplanten Gesetzes ist, viertens, durchaus nicht nur die Tilgung der englischen Wörter aus der „Werbe- und TV-Sprache", wie der *Spiegel* meint, sondern die Tilgung dieser Wörter aus dem gesamten öffentlichen Sprach-Gebrauch. Die Bereiche, die das Gesetz betrifft, sind: die Bezeichnung von Gütern, Produkten und Dienstleistungen, öffentliche Inschriften und Ankündigungen, die Werbung, öffentliche Verträge, öffentlich geförderte Kolloquien und Veröffentlichungen, Arbeitsverträge, Schule und Unterricht, audiovisuelle Medien, Verwendung von Marken-Bezeichnungen in öffentlichen Institutionen.

Schließlich hielt sich auch der vom *Spiegel* erwähnte „Proteststurm" durchaus in Grenzen, wenn auch in der Tat ein gewisser Spott gegen die Toubonsche Gesetzesinitiative aufkam, aber wohl mehr, weil die Intellektuellen den betreffenden Minister nicht besonders schätzen (selbst wenn er Gedanken von Tasca und Rocard vorträgt). Sein so beliebter sozialistischer Vorgänger Jack Lang durfte dagegen völlig unbehelligt schrille antiamerikanische Töne von sich geben und Aktivitäten gegen die kulturelle Dominanz der USA entfalten. Zurecht aber erwähnt der *Spiegel* wohl eine in Frankreich – angesichts der aktuellen Probleme des Landes – weit verbreitete Meinung, daß eine Politik der Kultur und der Frankophonie an anderer Stelle und mit anderen Mitteln für die Pflege der französischen Sprache und Kultur aktiv werden sollte, nämlich vor allem in einer generösen Bildungspolitik.

Es kam mir in diesen einleitenden Bemerkungen darauf an, von dem ja nicht auf den *Spiegel* beschränkten, politisch so korrekten deutschen Kosmopolitismus zumindest Fairneß in der Information einzufordern. Der Vorwurf der Xenophobie – „groteske Hatz auf Anglizismen"- und der kulturellen Abschottung („Maginotlinie") und des „Kulturchauvinismus" ist schnell bei der Hand. Frankreich, das aber z. B. traditionellerweise großzügig fremden Menschen seine Staatsbürgerschaft verleiht, könnte vielleicht aus einem Land mit einem problematischen, weltweit kritisierten und kleinlichen Staatsbürgerschaftsrecht mehr Zurückhaltung – oder zumindest präzise Information – erwarten, wenn es durch eine letztlich harmlose linguistische „Maginotlinie" fremden Wörtern die

---

sondern nach allen Regeln der deutschen Phonetik und Grammatik eingedeutscht: *die/eine* (feminin!) *Zedee*.
4 Gründe für die tatsächliche Problematik der Ersatz-Vorschlägen findet man im vorliegenden Band in den Beiträgen von Beinke und Schmitt.

Einbürgerung verweigern möchte (es sind übrigens nicht die Wörter der Mühseligen und Beladenen, die abgewehrt werden sollen, sondern die Wörter der Sieger, Wörter „von oben" sozusagen). Was immer man mit den fremden Wörtern tut, es tut ihnen nicht weh; fremde Menschen aber schmerzt, was ihnen angetan wird. Doch es soll hier nicht um eine deutsch-französische Aufrechnung gehen, sondern, im Kontext unserer Untersuchungen zur Herausforderung durch das Fremde, um den Versuch, zu verstehen, was Frankreich bzw. seine staatlichen Repräsentanten seit gut einem Vierteljahrhundert dazu bewegt, gesetzliche Maßnahmen gegen den Einfluß der fremden Wörter – genauer natürlich: gegen angloamerikanische Wörter[5] – zu ergreifen. In diesem Sinne möchte ich im folgenden einige Bemerkungen zur Motivation dieser Gesetzgebung machen, die schon verschiedentlich untersucht worden ist,[6] deren neueste Entwicklung aber einer weiteren Analyse bedarf. Dabei kommt es mir insbesondere darauf an, eine subtile Verschiebung des Sinns der aktuellen Aktivitäten – vielleicht ist es auch nur eine Verschiebung der Rhetorik, aber auch das wäre schon außerordentlich bezeichnend – herauszustellen, die über die Abwehr der fremden Wörter hinausweist und die damit vielleicht ein bedeutenderes kulturpolitisches Problem im Zusammenhang mit dem Fremden in den Blick bekommt.

2. Zunächst noch einige Bemerkungen zum neuen Gesetz. Die „Loi relative à l'emploi de la langue française" ist im Februar 1994 von Jacques Toubon vor dem Ministerrat präsentiert worden. Im April ist das Gesetz durch den Senat gegangen und Anfang Mai in erster Lesung von der Assemblée Nationale verabschiedet worden, endgültig dann in dritter Lesung am 30. Juni 1994. Es gab einen Einspruch gegen das Gesetz vor dem Verfassungsrat, dem Conseil Constitutionnel, der einige Passagen des verabschiedeten Gesetzes außer Kraft setzte – vor allem fast durchweg den Hinweis auf „Toubons Katalog", also auf präzise Vorschriften des Staates, welche Wörter denn als zur „langue française" zugehörig zu betrachten seien.[7] Inkraftgetreten ist das Gesetz dann mit diesen Änderungen am 4. August 1994.[8]

---

5 Daß nicht alles bedrohlich ist, was fremd ist, ja daß nicht einmal alles als fremd betrachtet wird, was es doch objektiv ist, hat Beck-Busse in diesem Band gezeigt.
6 Vgl. die Untersuchungen von Wolf (1977), Schmitt (1977), Fugger (1980), Beinke (1990), Haas (1991), s. auch Settekorn (1988).
7 Diese Vorschriften sind nicht überall getilgt worden: Wo der Staat in seinem eigenen Bereich verbleibt, kann er auch bestimmen, was französisch ist, so ist z. B. bei öffentlichen Verträgen (Art. 5) und bei der Verwendung von Markennamen durch öffentliche Institutionen (Art. 14) der Verweis auf die „dispositions réglementaires relatives à l'enrichissement de la langue française", d. h. auf die Ergebnisse der ministeriellen Terminologiekommissionen, nicht gestrichen worden.
8 Genaue Daten und Etappen des Gesetzgebungsprozesses findet man in der Dokumentation dieses Bandes, wo das Sprachgesetz auszugsweise abgedruckt ist.

Das Gesetz Nr. 94-665 ist, wie gesagt, nicht das erste Gesetz dieser Art, sondern es ersetzt ein Gesetz vom 31.12.1975, die sogenannte *Loi Bas-Lauriol*,[9] das denselben offiziellen Titel trug: „Loi relative à l'emploi de la langue française". Es ersetzt dieses Gesetz aus vier Gründen: erstens war das Gesetz von 1975 zu vage, zweitens war es zu lasch, drittens war es zu eng, und schließlich – und vor allem – hatte es einen Sinn, der sich in den kaum zwanzig Jahren seiner Existenz als nicht mehr auf der Höhe der Problematik erwies. Bevor ich auf diesen Wandel des Sinnes des Gesetzes eingehe, möchte ich kurz auf die anderen, mir wichtig erscheinenden Veränderungen gegenüber dem Gesetz von 1975 hinweisen:

Erstens: Präzisierung. Im Gesetz von 1975 wurde z. B. die Werbung als einer der Bereiche erwähnt, in dem keine englischen Wörter vorkommen dürfen. Diese Bestimmung ist nun im Artikel 12 hinsichtlich der Radio- und TV-Werbung genauer geregelt.

Zweitens: Verschärfung der Maßnahmen. In dem Gesetz von 1975 war zum Zwecke der Einhaltung des Gesetzes auf die Bestimmungen eines Gesetzes zur Bestrafung von Betrug verwiesen worden. Hier haben wir nun mehrere Artikel, von 16 bis 19, die genauestens die Verfahren der Kontrolle der Gesetzesvorschriften aufführen. Die Sanktionen selbst wird ein ministerielles Dekret regeln.

Drittens: Erweiterung. Die Erweiterung ist vielleicht die wichtigste Änderung gegenüber 1975, die in der Presse aufgrund einer ungenauen Lektüre des Gesetzestextes die meiste Aufregung hervorgerufen hat. Man hat z. B. gelesen, daß auf Kongressen und Kolloquien in Frankreich Französisch gesprochen werden müsse. In Wirklichkeit aber bestimmt der Artikel 6, daß *auch* Französisch gesprochen werden *darf*:

„Tout participant à une manifestation, un colloque ou un congrès organisé en France par des personnes physiques ou morales de nationalité française a le droit de s'exprimer en français".

Das Gesetz fordert also eher eine kulturpolitische Selbstverständlichkeit, wenn es sagt, daß in Frankreich auf von Franzosen oder von öffentlichen Institutionen organisierten Kongressen das Französische als Kongreßsprache nicht untersagt sein darf. Außerdem sollen die Programme dieser Veranstaltungen auf französisch verfaßt sein, und die veranstaltenden öffentlichen Institutionen haben bei Kongressen für eine Übersetzung (ins Französische) zu sorgen: „un dispositif de traduction doit être mis en place". Wir befinden uns wohlgemerkt im öffentlichen Bereich, also sozusagen im Bereich des französischen Steuerzahlers. Jede amerikanische oder japanische Firma kann natürlich nach wie vor in Frankreich in der von ihr bevorzugten Sprache Kongresse abhalten, ohne sich auch nur eine Sekunde dem Französischen aussetzen zu müssen (was ich im übrigen allerdings auch nicht für besonders schädlich halte). Artikel 7 bestimmt, daß fremdsprachige Veröffentlichungen in öffentlich geförderten Publikations-

---

9 Vgl. Premier Ministre / Haut Comité de la langue française (1975).

organen mit einer Zusammenfassung in französischer Sprache zu versehen sind. Aber wohlgemerkt: fremdsprachige Publikationen sind nach wie vor möglich. Und Artikel 11 setzt das Französische als „langue de l'enseignement, des examens et concours, ainsi que des thèses et mémoires" fest. Aber natürlich werden das Studium fremder Sprachen und Kulturen, ausländische Lehrkräfte und ausländische Schulen ausdrücklich von dieser Verpflichtung ausgenommen. Eine interessante Frage wäre es, ob man aufgrund dieses Artikels in Frankreich seine Dissertation auch nicht mehr auf lateinisch schreiben darf, wie es andernorts noch alteuropäischer Brauch ist – eine zugegebenermaßen ziemlich akademische Frage.

Diese Erweiterungen des Gesetzes bezüglich der Kongresse und Kolloquien, der Publikationen und der Unterrichtssprache Französisch deuten nun, viertens, auf den Punkt hin, auf den ich hinaus möchte, also auf die Veränderung des Sinnes der Gesetzgebung zwischen 1975 und 1994. In dieser Hinsicht hat, wenn man es mit den Namen zweier prominenter linguistischer Publizisten ausdrücken soll, eine Verschiebung von Etiemble (1966) zu Hagège (1992) stattgefunden. Während der Sinn des Gesetzes von 1975 eindeutig der Kampf gegen die Anglizismen gewesen ist, den Etiembles leidenschaftliches Pamphlet gegen das *franglais* in Gang gesetzt hatte, schließt das neue Gesetz darüber hinaus auch an die Ansichten Hagèges über die je unterschiedliche Berufung und Aufgaben der europäischen Sprachen – insbesondere des Französischen, Deutschen und Russischen – gegenüber dem Angloamerikanischen an.[10] Diesen neuen Sinn möchte ich an zwei das Gesetz flankierenden Texten verdeutlichen, erstens an den allgemeinen Begründungen der Gesetzgebungsinitiativen und zweitens an einem Artikel, in dem der Minister Toubon seine Absichten in der Öffentlichkeit vorgestellt hat.

3. Vergleicht man die offiziellen Motive der Initiatoren der Gesetze von 1975 und von 1994, die „exposés des motifs",[11] so wird der gemeinte Unterschied sehr deutlich: Bei den Motiven der Loi Bas-Lauriol waren die Schlüsselbegriffe *contamination* und *dégradation*. Es ging also im alten Gesetz ausdrücklich darum, die Verunreinigung des Französischen durch das Englische zu beseitigen und die dadurch gegebene *dégradation* aufzuheben, um das Französische wieder auf die ihm angemessene Stufe zu heben. Das Englische wurde ausdrücklich als hauptsächliche Quelle der Verunreinigung und des Niedergangs genannt. Das Gesetz wollte des weiteren Schaden von den Bürgern abwenden, die durch die besagte *contamination* Verständnisschwierigkeiten haben könnten. Als das doppelte Ziel des Gesetzes wurde daher angegeben:

„[1.] de réduire les manifestations les plus choquantes de la dégradation de la langue et [2.] de protéger le citoyen de tout dommage éventuel."

---

10 In einem früheren Buch hatte gerade Hagège (1987) den puristischen Kampf gegen die fremden Wörter mit guten linguistischen Argumenten widerlegt.
11 Vgl. die Dokumentation in diesem Band.

Linguistischer Umweltschutz und linguistischer Verbraucherschutz waren die offizellen Beweggründe für das Gesetz von 1975.

Das „exposé des motifs" von 1994 beginnt mit einer ganz anderen Situationsbeschreibung. Mit dem ersten Satz wird ein anderer Ton angeschlagen:

„La Constitution pose le principe que la langue de la République est le français".

Und im zweiten Absatz heißt es:

„Depuis l'ordonnance de Villers-Cotterêts de 1539 – qui dispose que la justice est rendue en français – et la création de l'Académie française en 1635 – qui a donné à notre langue un gardien – la langue française, ciment de l'unité nationale et élément fondamental de notre patrimoine, a fait l'objet de politiques publiques".

Hier ist nicht mehr von Verunreinigung und Degradation die Rede. Es geht um die französische Sprache als Staatsaffäre, also darum, die große Tradition der Aktivitäten des Staates bezüglich des Französischen weiterzuführen. Dazu werden zwei sublime Momente in der Geschichte dieser staatlichen Sorge um das Französische evoziert, nämlich die Verordnung von Villers-Cotterêts von 1539, das gegen das Lateinische gerichtete Dekret Franz I., das das Lateinische als Verwaltungssprache verbot und dafür „le langage maternel français" einsetzte, und die Einrichtung der Académie française als Hüterin der französischen Sprache 1635. Die im ersten Satz erwähnte, 1992 erfolgte Erhebung der französischen Sprache in den Verfassungsrang ist der bisherige Höhepunkt in der Reihe dieser jedem Schulkind vertrauten Etappen französischer Sprach-Politik. Der Anrufung dieser hohen historischen Momente entsprechen dann auch die im nächsten Abschnitt benannten beiden Ziele des Gesetzes:

„Le présent projet de loi a pour objet [1.] de donner à notre pays une législation linguistique plus complète et plus précise que celle dont il disposait jusqu'à présent. [2.] Il est également destiné à permettre à la France de mieux assumer la responsabilité qui lui incombe à l'égard d'une langue dont elle est la source et que près de 50 pays associés dans les instances de la francophonie ont choisi de partager."

Die von Franz I. begonnene und bis zur Loi Bas-Lauriol fortgesetzte Sprachgesetzgebung zu ergänzen und zu präzisieren und, zweitens, die Aufgabe der akademischen Hüterin der Sprache fortzusetzen – als Quellhüter der Sprache, die aus Frankreich hervorsprudelt – für die weltweite Gemeinschaft der Völker der Frankophonie, das sind die hohen Beweggründe für die Gesetzesinitiative.

Es war daher auch nur folgerichtig, wenn die Nationalversammlung, in der vielleicht wichtigsten Veränderung des ursprünglichen Gesetzesentwurfs, in der ersten Lesung am 4. Mai 1994 diesen hier außerhalb des Gesetzes beschworenen hohen Rang der französischen Sprache in das Gesetz selbst hineinschreibt. In einem neuen Artikel, dem jetzigen ersten Artikel des Gesetzes, heißt es daher:

„Langue de la République en vertu de la Constitution, la langue française est un élément fondamental de la personnalité et du patrimoine de la France.

Elle est la langue de l'enseignement, du travail, des échanges et des services publics.

Elle est le lien privilégié des Etats constituant la communauté de la francophonie."

Die legislative Beschwörung der französischen Sprache, ja die Einverleibung der französischen Sprache in den Körper der Republik, steht in deutlichem Kontrast zu den bescheideneren Zielen des sprachlichen Umwelt- und Verbraucherschutzes von 1975.

Auffällig ist allerdings die Lücke bei den historischen Verweisen im „exposé des motifs". Zwischen Villers-Cotterêts und der Gründung der Académie française einerseits und den aktuellen Gesetzesmaßnahmen andererseits wird nämlich die Französische Revolution nicht erwähnt, die ja der dritte – und sicher der bisher wichtigste – Zeitpunkt war, an dem das Französische Gegenstand von Gesetzgebung und staatlichen Maßnahmen war. Ich vermute, daß die Französische Revolution deswegen ausgespart wird, weil deren Aktivitäten im wesentlichen gegen die Regionalsprachen in Frankreich gerichtet waren. Es ging in der Revolution ja hauptsächlich darum, die innere sprachliche Vielfalt Frankreichs zu liquidieren, also das Bretonische, das Baskische, das Okzitanische, das Katalanische, das Italienische, das Deutsche, das Flämische, die auf dem Territorium der Republik gesprochen wurden (und werden) und die als Feinde der „Sprache der Freiheit" betrachtet wurden, zu „vernichten", wie es in den großen Sprachberichten von Grégoire[12] und von Barère[13] gefordert wurde. Sich-Berufen auf diese revolutionären Sprachpolitik wäre kontraproduktiv in einem historischen Moment, in dem das Französische selbst in die Lage kommt, in der sich die Regionalsprachen seit der Französischen Revolution befinden, nämlich in die Situation der von einer stärkeren und dominanten Kultur und Sprache attackierten Sprache.

Die französische Sprachpolitik hat gelernt: Wenn man die Diskussion in der Nationalversammlung 1975 und 1994 vergleicht, dann fällt auf, daß 1975 der jakobinische Einheitsdiskurs gerade auf der Seite der Konservativen noch voll in Kraft war. Die Loi Bas-Lauriol wurde auch im Namen der „République une et indivisible", also im Namen des auch sprachlich zu vereinheitlichenden Frankreich, verteidigt.[14] Hier kündigt sich dagegen ein ganz anderer Diskurs an, nämlich ein Diskurs der Verschiedenheit.[15] Nachdem das Gesetz von 1975 als Vorgänger erwähnt wurde, wird nämlich im siebten Absatz des „exposé des motifs" gerade den „langues régionales" ausdrücklich zugesichert, daß die Gesetzgebung nicht gegen sie gerichtet ist, und es wird die Absicht bekräftigt,

---

12 Vgl. Schlieben-Lange (1976).
13 Vgl. Trabant (1981).
14 Vgl. die Dokumentation in Premier Ministre / Haut Comité de la langue française (1975).
15 1975 hatten die Sozialisten schon im Namen der Regionalsprachen Frankreichs gegen die Loi Bas-Lauriol agitiert. Sprachgesetzgebung im Zeichen von Multikulturalität und Plurilinguismus geht offensichtlich auf den sozialistischen Premierminister Rocard zurück; vgl. Chevalier in diesem Band.

daß diese Gesetzgebung „va de pair avec l'ouverture aux langues et aux cultures étrangères". Innere Verschiedenheit und Offenheit nach außen machen die europäische Perspektive des Gesetzes aus, die dann in der nächsten Zeile angesprochen wird. Dies mag einigermaßen überraschen angesichts eines Gesetzes, das doch nach wie vor den Einfluß einer zwar fremden, aber durchaus auch europäischen Sprache zurückdrängen möchte und dazu die überaus französischen Geister von François I$^{er}$ und der Académie française anruft. Und auch dem nächsten Text gelingt es bei allem Bemühen noch nicht so recht zu verdeutlichen, wie das zusammengehen soll.

4. Den neuen Sinn der „Loi relative à l'emploi de la langue française" hat der vorschlagende Minister in einem Artikel in *Le Monde* vom 24. Februar 1994 erläutert, der, in aller Bescheidenheit auf Montesquieu anspielend, schon im Titel die Pluralität der Sprachen evoziert: „L'esprit des langues". Ich gehe vom Schluß aus, wo der Minister den Sinn seines „generösen und zukunftsweisenden" Gesetzesvorschlags auf den Begriff bringt: Man müsse dem Eigenen treu bleiben, um sich den anderen öffnen zu können. Treue zum Eigenen erwarteten gerade die anderen von Frankreich, im Namen des Höchsten, für das Frankreich stehe, im Namen der Freiheit:

„Et ainsi pouvoir répondre à l'attente de ceux qui, comme les écrivains algériens, aux avant-postes du combat pour la liberté, ont proclamé sans complexe: 'La langue française nous traduit plus qu'elle ne nous trahit'."

Das Französische ist also die Sprache der Freiheit. Es ist die Sprache derer, die in Algerien gegen die Fundamentalisten kämpfen. Damit wird nun in diesem Text, der der Öffentlichkeit die Motive der Gesetzgebung erläutert, doch auf die Französische Revolution, und zwar auf deren höchsten Wert Bezug genommen. Mit der Evokation der *Liberté* im sprachpolitischen Kontext, d. h. des Französischen als des Mediums der Freiheit, schließt Toubons Text direkt an die großen sprachpolitischen Texte der Französischen Revolution an, an Grégoire, Barère, und den „patriotischen Grammatiker" Domergue, die das Französische ausdrücklich als „langue de la liberté" gefeiert haben.[16] Die Evokation der Freiheit hat natürlich denselben Zweck wie bei den Revolutionären: Sie macht die mit diesem Wert gekoppelte Sprache zu einem unschätzbar kostbaren und unantastbaren republikanischen Heiligtum.[17]

Die intertextuelle Beziehung zur revolutionären „langue de la liberté" hat allerdings das Mißliche, daß die Revolutionäre aus dieser hohen Bestimmung die Berechtigung für die Verachtung fremder Sprachen und für die Vernichtung

---

16 Zu Domergue vgl. Busse (1981).
17 Das Verfahren, Sprachen durch die in ihnen verfaßten *Texte* zu charakterisieren, ist ja das Hauptverfahren jeder ideologischen Sprachcharakteristik, sei sie positiv oder negativ, wie z. B. „die Sprache Goethes", die andererseits auch „die Sprache Hitlers" gewesen ist. Die französischen Revolutionäre wußten im übrigen noch um das Prekäre solcher Bestimmungen, sie wußten nämlich, daß die „langue de la liberté" gerade noch eine „langue esclave" gewesen ist (Barère).

der Regionalsprachen bezogen – eine Haltung, die die Kulturpolitik Frankreichs zwei Jahrhunderte lang tiefgreifend geprägt hat. Wie kann Toubon die Evokation der „langue de la liberté" von dem Odium der sprachlichen Xenophobie befreien, das seit der Revolution an ihr haftet? Nun, indem er den anderen Wert der Französischen Revolution stark macht: die *Fraternité*. Der zitierte algerische Schriftsteller Mouloud Mammeri repräsentiert nämlich hier am Ende seines Artikels noch einmal die zentrale Figur, die der Minister in seinem Text aufbaut: den Bruder oder Freund des Französischen. Dieser kann entweder, wie Mammeri, ein „ami francophone" sein (der ja in Wirklichkeit ein Milchbruder ist, da er aus derselben, oben erwähnten Quelle trinkt wie der Franzose) oder aber auch ein „partenaire et concurrent", der eine andere Sprache spricht, aber von derselben Gefahr bedroht ist und daher sozusagen ein potentieller Waffenbruder ist. Toubon versucht zu verdeutlichen, daß die Sorge um die Sprache der Freiheit gleichzeitig auch eine Sorge um die Sprache der Freunde ist, daß es um die Sprache der Freiheit und ihre Freunde geht und nicht – wie in der Französischen Revolution – um ihre Feinde.[18]

Einen Gegner allerdings hat diese Sprache schon, aber es ist ein gemeinsamer Gegner der ganzen Freundes- und Brüderschar, nämlich Big Brother oder Big Daddy. Toubons Artikel schreibt sich also natürlich ein in die Zurückweisung des Angloamerikanischen, aber diese Abwehr wird ganz anders organisiert als früher. Sie ist auch nicht mehr nur Kampf gegen die Anglizismen, sondern ein viel ernsterer Kampf, in dem man sich vieler Verbündeter versichern muß: Von vornherein behauptet der Minister daher die internationale Vergleichbarkeit seiner Politik mit der einigermaßen überraschenden Feststellung, daß Frankreich im Gegensatz zu Japan, zu den angelsächsischen Ländern und zu zahlreichen Ländern Kontinentaleuropas (!?) noch keine moderne Gesetzgebung bezüglich der Sprache habe. Frankreich gebe seiner Sprache nur eine zweitrangige Bedeutung und habe mit seinem puristischen Kampf gegen fremde Wörter bisher „combats d'arrière-garde", Nachhutgefechte, geführt:

„C'était se tromper de combat en effet que de se complaire dans le purisme ou de faire la chasse aux emprunts étrangers."

Diese alte puristische Politik stehe der lebendigen Entwicklung einer Sprache entgegen. Das Französische müsse offen sein und sich bereichern durch Beiträge von außen (allerdings: „à condition qu'ils soient correctement assimilés", also so richtig fremd sollen die fremden Wörter doch nicht sein) und durch Beiträge von unten, aus dem „langage populaire" z. B. der „banlieues" – eine populistische Verbeugung vor den Bewohnern der *banlieue*, die charakteristischerweise von maghrebinischen Einwanderern bewohnt wird. Es ist geradezu, als schreibe Toubon die Artikel seiner publizistischen Kritiker selbst: Wie diese sagt er, daß weder die fremden Wörter von außen (englisch) noch die fremden Wörter von unten (arabisch) das Französische gefährden.

---

18 Vgl. Trabant (1981).

Die Gefahr ist eine andere und eine viel dramatischere, nämlich die „propension facile à renoncer à la langue nationale", der leichtfertige Verzicht auf den Gebrauch der Nationalsprache. Wogegen der Minister sich also vor allem wendet, ist das Aufgeben des Französischen in bestimmten Kommunikationssituationen, „l'abandon de la langue française". Ausdrücklich werden der Handel und die Wissenschaft („pour commercer, pour échanger entre scientifiques") als solche Diskursdomänen genannt, die die Nationalsprache dem Druck der Modernität opfern („pour s'insérer dans le monde moderne"). Ja sogar bei öffentlichen Dienstleistungen – er meint wahrscheinlich die Air France – sei die Sprache der Republik oft nicht mehr zu vernehmen.

Hier nun treten die „amis francophones" auf den Plan. Die Anrufung des Beobachters von außen ist ja eine klassische Figur in der Literatur zur „Verteidigung" von Sprachen (oder sonstiger guter alter Sitten). Auch Etiemble ließ zu Beginn seines Pamphlets gegen das *franglais* einen ausländischen Freund auftreten, dem sich die Haare sträubten angesichts dessen, was die Franzosen mit ihrer Sprache anstellten. Die „amis francophones" sind aber nicht nur die literarisch wirksamen scharfsinnigen Beobachter von außen, sondern in der Tat auch diejenigen, die bei der befürchteten Entwicklung am meisten verlieren würden und die daher zurecht an der Preisgabe des Französischen durch die Franzosen verzweifeln müßten. In ihrer Diglossie besetzt nämlich das Französische gerade die Diskursdomänen – Wissenschaft, Handel, Verwaltung, Dienstleistungen etc. –, aus denen es nach der Diagnose des Ministers zurückgedrängt wird. Ihre Frankophonie würde einfach gegenstandslos, sollte sich die Sprachsituation so entwickeln, wie der Minister sagt. Der Besitz des Französischen hat für sie natürlich auch einen hohen symbolischen Wert, bis hin zum höchsten symbolischen Wert, auf den der Artikel hinausläuft: Es ist die Sprache der *Liberté*. Daher sind sie die besten Verbündeten in diesem Kampf.

Unabhängig von der besonderen Problematik der „amis francophones" kann man sich aber natürlich fragen, was denn so schlimm sein soll an der Aufgabe der eigenen Nationalsprache in Handel und Wissenschaft. Ist es nicht gleichgültig, wenn man in diesen, internationale Kommunikation verlangenden, Diskursdomänen eine internationale Sprache spricht – und das ist nun einmal das Englische. Es wäre gewiß so, wenn Sprachen nichts anderes wären, als „arbiträre" Kommunikationsmittel. Da Sprachen aber auch politische, kulturelle und soziale Instrumente und Symbole sind, weist der Minister zurecht darauf hin, daß die Verwendung einer bestimmten Sprache nicht „unschuldig" ist. Er bezeichnet präzise die Implikationen des „abandon" der eigenen Sprache bzw. der Verwendung einer Fremdsprache (er hat bis hierher immer noch nicht gesagt, um welche es sich handelt):

„Elle devient, dans bien des cas, un instrument de domination, un agent d'uniformisation, un facteur d'exclusion sociale et, lorsqu'on l'utilise par snobisme, une langue de mépris."

Ganz ohne Zweifel sind politische Domination, kulturelle Uniformierung und sozialer Ausschluß die Gefahren für eine Sprachgemeinschaft, wenn sie in den sogenannten höheren Diskursdomänen eine fremde Sprache zu verwenden gezwungen ist.[19] Der Protest gegen diese Gefahren war in Westeuropa einmal der Grund gewesen für die Durchsetzung der Volkssprachen in den bis in die frühe Neuzeit nicht volkssprachlich, sondern lateinisch bewältigten Diskursdomänen. So ging beispielsweise die Verwendung des Deutschen statt des Lateinischen (später auch mancherorts statt des Französischen) in der Theologie, in der Philosophie und in der Wissenschaft ganz ohne Zweifel auf den Wunsch nach politischer Emanzipation, kultureller Selbstbestimmung und sozialer Teilnahme an diesen höheren Diskurswelten zurück. Und die Wiedereinführung der mittelalterlichen Diglossie – mit dem Angloamerikanischen als dem Neuen Latein – ist natürlich, wie Toubon sagt, alles andere als „unschuldig". Ja sie ist es umso weniger, als das Neue Latein im Gegensatz zum alten Latein ja gleichzeitig auch die Sprache der politisch dominanten Weltmacht ist (wie es das Französische im Europa des 18. Jahrhunderts war), während das Imperium Romanum im europäischen Mittelalter ja nur noch symbolisch existierte und daher keine unmittelbare Gefahr einer politischen lateinischen Domination bestand.

Der politischen Domination, wir wissen es schon, steht natürlich die *Liberté* gegenüber. Aber da ein französischer Kulturminister angesichts der in dieser Hinsicht nun wirklich nicht unschuldigen Geschichte der – als „langue de la liberté" revolutionär aufgeladenen – französischen Sprache vielleicht nicht allzu laut gegen politische Machtausübung mittels der Sprache protestieren sollte, ist es eine weise Entscheidung des Ministers, die *kulturelle* Uniformierung als die hauptsächliche Gefahr hervorzuheben und dieser den „pluralisme linguistique" als das Wünschenswerte gegenüberzustellen. „Plurilinguisme" und „diversité" sind die Schlüsselwörter des Textes. Dies ist auch insofern politisch klug, als er sich nur unter dieser Parole der europäischen Partner versichern kann, die ja gemeinsam der Verlockung einer einzigen internationalen Vehikularsprache widerstehen sollen („résister aux séductions d'une langue véhiculaire unique"):

„C'est pourquoi la richesse de toutes les langues doit être mise en valeur".

Und – in der Mitte des Artikels, in seinem Zentrum – der Satz, der geradezu von Hagège (1992) sein könnte:

„L'Europe pour mieux se construire, doit faire fructifier l'héritage incomparable que sont la diversité de ses langues et le génie des créations nationales."

Von den anderen Sprachen, auf deren Solidarität der Minister offensichtlich besonderen Wert legt, erwähnt er das Deutsche, das Spanische, das Arabische, das Japanische, das Italienische, das Portugiesische und das Russische. Es sind

---

19 Vor allem den Snobismus kann man nirgendwo so gut studieren, wie bei den Eliten der Frankophonie, die sich ja in ihren jeweiligen Ländern genau in der diglossischen Situation – mit dem Französischen als der „höheren" Sprache – befinden, die der Minister für Frankreich selbst ablehnt.

die Sprachen mit mittlerer Reichweite, sozusagen die Mittelstrecken-Sprachen, die hier als „partenaires et concurrents" aufgezählt werden. Vor allem diese Bruder-Sprachen sollen in Frankreich gelehrt werden und nicht – und nun endlich taucht der gemeinsame Gegner auf, Big Brother, Big Daddy: „un anglais appauvri" oder – wie er es später nennt – „l'international". Mit der Anrufung des Plurilinguismus endet die Präsentation der Gründe für die Gesetzgebung: „il appartient aux pouvoirs publics de contribuer à faire vivre ce plurilinguisme."

Das Gesetz selbst wird in dem Artikel ausgesprochen kurz vorgestellt. Diese Kürze ist vielleicht auch Ausdruck der Tatsache, daß das Gesetz ja nur in geringem Maße den beschworenen hohen Zielen der Förderung der kulturellen und sprachlichen Vielfalt entspricht. Es ist – als Fortsetzung des Gesetzes von 1975 – einerseits eben immer noch ein Gesetz gegen englische Wörter, auch wenn der Minister den Purismus als „combat d'arrière-garde" ablehnt, und nur zu einem geringeren Teil (in den die Kongresse, Publikationen und die Schule betreffenden Artikeln) ein Gesetz für die Bewahrung der ans Englische verlorenen Diskursdomänen. Es ist nun einmal ein Wechselbalg zwischen Etiemble und Hagège, ein Wechselbalg zwischen dem Kampf gegen die Anglizismen und der Behauptung der Domänen des Französischen in der Wissenschaft, in den Kolloquien usw. Deswegen wohl geht der Minister nach einer raschen und etwas unpräzisen Charakterisierung des Gesetzes zu einem – auch ökonomisch – wichtigeren Punkt über, nämlich zu dem, was er „industries de la langue" nennt, ein interessanter, neuer Terminus, mit dem in Frankreich seit ein paar Jahren auf die Entwicklungen neuer Medien, Übersetzungsverfahren, Techniken interlingualer Kommunikation usw. referiert wird. Es bleibt zwar offen, wie denn eigentlich die Förderung der Sprach-Industrien mit den vorgeschlagenen Gesetzesmaßnahmen verbunden sein soll. Die Verbindung von „Défense de la langue française" und neuer Medientechnologie hat aber eine lange Tradition: Auch in einer der ersten Verteidigungsschriften, nämlich in dem *Champ Fleury* von Geoffroy Tory von 1529 ging es um neue Medien, nämlich um den Buchdruck.[20]

Nach diesen medienpolitischen Hinweisen kommt, wie eingangs gezeigt, der Text am Ende wieder auf die Zentralfigur, den „ami francophone" zu sprechen. Die „langue de la fraternité", die Sprache der großen Bruderschaft der Frankophonie, war und ist auch Sprache der Freiheit. Indem der Minister aber deutlich den Übergang von der Xenophobie zur Philadelphie in Sprachangelegenheiten markiert, annulliert er gleichsam die unwillkommenen Konnotationen in der Evokation der revolutionären Sprachpolitik.

5. Dieser Wandel des Diskurses über die fremde Sprache scheint mir wichtiger an der aktuellen französischen Sprachgesetzgebung als die Präzisierung und Vervollkommnung der Vorschriften von 1975, die gegen die englischen Wörter

---

20 Vgl. Settekorn (1979).

im Französischen gerichtet waren und die auch in dem neuen Gesetzesvorschlag noch im Vorschreiben der Wörter des *Dictionnaire des termes officiels* gipfelten. Indem der Conseil Constitutionnel die entsprechenden Passagen fast durchweg gestrichen hat, hat er den von Toubon in seinem *Le Monde*-Artikel beschworenen neuen Sinn des Gesetzes deutlicher gemacht, nämlich daß es nicht um englische Wörter, sondern um die Bewahrung des Französischen in Kommunikationssituationen geht, aus denen es zunehmend verschwindet. Welche Wörter französisch sind, dazu hat außerhalb seines eigenen administrativen Bereichs der Staat den Bürgern keine Vorschriften zu machen. Prinzipiell kann also, wenn die Bürger das so akzeptieren, das Französische auch englische Wörter enthalten (was ja auch der Fall ist). Damit sind die Artikel über die Sprache der Republik, über die Verwendung des Französischen auf Kongressen, in Publikationen und in den Schulen natürlich besonders wichtig geworden. Der Verfassungsrat hat mit seiner Revision bestätigt, daß es darum geht, den „emploi de la langue française", den *Gebrauch* der französischen Sprache in bestimmten Gesprächssituationen zu verteidigen. Selbst wenn sich der Minister in einem weiteren Artikel in *Le Monde* vom 4. August 1994 über diese Entscheidung beschwert,[21] trägt der Verfassungsrat damit doch den von ihm selbst im Februar geäußerten Absichten des Gesetzesvorschlags genauestens Rechnung.

Das Gesetz und der in ihm agierende Staat stehen also mit dem neuen Gesetz nicht so sehr in der Tradition der in der Exposition der Motive evozierten Académie française, die über die Reinheit und die Eloquenz des Französischen wacht, als vielmehr in der Tradition der *Ordonnance* von Villers-Cotterêts, wo dem Französischen neue Diskursdomänen zugewiesen wurden. Die Diskursdomänen der Verwaltung und des Rechts waren dies 1539. 1994 geht es nicht mehr um die Eroberung neuer Domänen, sondern um die Aufrechterhaltung des diskursiven Territoriums des Französischen. Im Gegensatz zu den in der französischen Sprachgeschichte unter dem Titel der „Défense de la langue française" auftretenden Offensiven zur Verbreitung des Französischen, ist dies eine wirkliche *Defensive*. Kein König von Frankreich kann die internationalen Gemeinschaften der Forscher und Handeltreibenden dazu zwingen, das Neue Latein, das Englische, aufzugeben. Wohl aber kann der Souverain von Frankreich auch heute noch, sofern er diese Tätigkeiten finanziert, in seinem Reich eine wissenschaftliche, technische, administrative Betätigung in seiner Sprache verlangen. In dieser deutlichen Bekundung kultureller Souveränität liegt vielleicht auch die europäische Bedeutung der „Loi relative à l'emploi de la langue française".

Meine Absicht war es hier nicht, zu überprüfen, ob die vom Initiator des Sprachgesetzes vorgebrachten Gründe wirklich echt sind, ob also hinter der spürbaren Veränderung der Motivation der aktuellen Sprachgesetzgebung auch wirklich eine plurilinguale oder multikulturelle Überzeugung steht oder ob sich

---

21 Vgl. den Text in der Dokumentation dieses Bandes.

hier nur hinter einer neuen Rhetorik die alte jakobinische Vereinheitlichungsmaschinerie verbirgt. Eine solche kriminalistische Zielsetzung lag mir völlig fern. Mir ging es darum, an einer Reihe von Texten zu zeigen, daß – was immer auch die „wahren Absichten" der Textproduzenten gewesen sein mögen – diese eine andere Sprache sprechen als noch die entsprechenden Redner und Schreiber vor zwanzig Jahren. Der Diskurs über das Fremde hat sich erheblich verändert: der xenophobe Diskurs der alten französischen Sprachpolitik, der ja an anderen, nichtstaatlichen Stellen immer noch unverhohlen gepflegt wird,[22] hat sich in der staatlichen französischen Sprachpolitik in einen Diskurs der Philadelphie verwandelt, die in der Tat allein die Grundlage für einen Kampf gegen kulturelle Bevormundung, politische Dominanz und soziale Diskriminierung sein kann.

---

22 Vgl. den Beitrag von Beck-Busse in diesem Band.

## Bibliographie

Beinke, Christiane (1990): *Der Mythos* franglais. *Zur Frage der Akzeptanz von Angloamerikanismen im zeitgenössischen Französisch – mit einem kurzen Ausblick auf die Anglizismus-Diskussion in Dänemark.* Frankfurt u. a.: Lang.

Bengtsson, Sverker (1968): *La Défense organisée de la langue française. Etude sur l'activité de quelques organismes qui depuis 1937 ont pris pour tâche de veiller à la correction et à la pureté de la langue française.* Uppsala: Almqvist & Wiksells.

Busse, Winfried (1981): Domergue, grammairien patriote. In: Jürgen Trabant (Hrsg.): *Logos Semantikos. Festschrift E. Coseriu*, Bd. I. Berlin: de Gruyter; Madrid: Gredos: 371-384.

Calvet, Louis-Jean (1987): *La guerre des langues et les politiques linguistiques.* Paris: Payot.

Délégation générale à la langue française (1994): *Dictionnaire des termes officiels de la langue française.* Paris: Direction des Journaux officiels.

Etiemble (1966): *Parlez-vous franglais?* Paris: Gallimard.

Hagège, Claude (1987): *Le français et les siècles.* Paris: Odile Jacob.

– (1992): *Le souffle de la langue. Voies et destins des parlers d'Europe.* Paris: Odile Jacob.

Fugger, Bernd (1980): Die Einstellung der Franzosen zur französischen Sprachpolitik. In: Helmut Stimm (Hrsg.): *Zur Geschichte des gesprochenen Französisch und zur Sprachlenkung im Gegenwartsfranzösischen.* Wiesbaden: Steiner: 58-78.

Haas, Rainer (1991): *Französische Sprachgesetzgebung und europäische Integration.* Berlin: Duncker & Humblot.

Pohlenz, Peter von (1967): Sprachpurismus und Nationalsozialismus. Die 'Fremdwort'-Frage gestern und heute. In: *Germanistik – eine deutsche Wissenschaft.* Frankfurt am Main: Suhrkamp: 111-165.

Premier Ministre / Haut comité de la langue française (1975): *La loi relative à l'emploi de la langue française.* Paris: La Documentation française.

Schlieben-Lange, Brigitte (1976): Von Babel zur Nationalsprache. In: *lendemains* 4: 31-44.

Schmitt, Christian (1977): Sprachgesetzgebung in Frankreich. In: *OBST* 5: 107-135.

Settekorn, Wolfgang (1979): „... mettre & ordonner la Langue Francoise par certaine Reigle...". Überlegungen zur Genese sprachnormativen Diskurses in Frankreich. In: *Festschrift für Rupprecht Rohr zum 60. Geburtstag.* Heidelberg: Groos: 495-513.

– (1988): *Sprachnorm und Sprachnormierung in Frankreich.* Tübingen: Niemeyer.

Trabant, Jürgen (1981) Die Sprache der Freiheit und ihre Feinde. In: *Zeitschrift für Literaturwissenschaft und Linguistik* 41 (Sprache und Literatur in der Französischen Revolution): 70-89.

Wolf, Lothar (1977): Französische Sprachpolitik der Gegenwart. Ein Gesetz gegen die Anglomanie. In: *Politische Studien*, Sonderheft 3: 45-68.

# IV. Dokumentation

# Exposé des motifs
# (Loi Bas-Loriol, 1975)

Mesdames, Messieurs,

Le caractère de plus en plus étroit des relations internationales entraîne une interpénétration croissante des idiomes. Mais le bilan de ces échanges linguistiques, naturellement favorable aux nations de plus grand poids économique et géopolitique, peut se traduire, pour une nation moins puissante, par une véritable contamination de son idiome.

C'est le cas de la France, où l'emploi de termes empruntés à une langue étrangère (c'est-à-dire dans la quasi-totalité des cas, à l'anglais), ou dérivés de termes étrangers, voire formés sur le modèle d'une morphologie étrangère apparait de plus en plus fréquent. Il en résulte une dégradation visible de notre langue, tant écrite que parlée et même des risques réels pour les utilisateurs de certains produits, les personnes parties à certains contrats, etc.

Il est donc à la fois souhaitable et urgent qu'une loi vienne, en la matière, mettre un terme aux abus les plus criants, dans le double but de réduire les manifestations les plus choquantes de la dégradation de la langue et de protéger le citoyen de tout dommage éventuel.

A cet égard, quatre principaux domaines semblent appeler l'intervention du législateur, soit qu'ils apparaissent déjà comme particulièrement propices aux abus, soit qu'ils offrent aux pouvoirs publics les moyens d'une action commode et efficace. Ce sont:
– la dénomination, la présentation et les indications d'emploi des produits, biens et services distribués sur le territoire français; également la dénomination de certains organismes (sociétés commerciales et associations);
– le domaine des contrats (et en particulier des contrats de travail);
– la rédaction de certaines publications faites par voie de presse; les inscriptions posées et le langage parlé dans certains lieux;
– le domaine des actes ou opérations dont la validité ou même l'existence dépendent directement des pouvoirs publics (Marchés de l'Etat et des collectivités locales; actes somis à la sanction d'une autorité publique; subventions demandées aux collectivités publiques).

Mais la défense de notre langue ne doit pas porter préjudice au développement de notre économie: des exceptions sont donc à prévoir, chaque fois que des règles trop strictes seraient de nature à gêner celle-ci, par exemple à perturber la commercialisation de certains produits, à nuire aux acitvités de certaines sociétés, etc.

Elle ne doit pas non plus porter la moindre atteinte aux libertés fondamentales; et c'est pourquoi, si le législateur ne peut, en cette matière d'usage linguistique comme en toute autre, édicter d'interdictions sans les assortir de sanctions, ces dernières ne sauraient être ni trop sévères ni nouvelles par rapport à l'arsenal répressif existant: il suffit qu'elles soient dissuasives.

Tels sont les buts, le schéma, les limites de dispositions soumises au Parlement par la présente proposition de loi.


in: Premier Ministre / Haut comité de la langue française (1975): *La loi relative à l'emploi de la langue française.* Paris: La Documentation française: 11-12.

# Exposé des motifs
# (Loi Toubon, 1994)

La Constitution pose le principe que la langue de la République est le français.

Depuis l'ordonnance de Villers-Cotterêts de 1539 – qui dispose que la justice est rendue en français – et la création de l'Académie française en 1635 – qui a donné à notre langue un gardien – la langue française, ciment de l'unité nationale et élément fondamental de notre patrimoine, a fait l'objet de politiques publiques.

Le présent projet de loi a pour objet, en traduisant le principe selon lequel la langue de la République est le français, de donner à notre pays une législation linguistique plus complète et plus précise que celle dont il disposait jusqu'à présent.

Il est également destiné à permettre à la France de mieux assumer la responsabilité qui lui incombe à l'égard d'une langue dont elle est la source et que près de 50 pays associés dans les instances de la francophonie ont choisi de partager.

Ce texte s'inscrit dans le prolongement de la loi du 31 décembre 1975 sur l'emploi de la langue française: il a vocation à s'y substituer en renforçant ses dispositions.

Il précise que l'emploi de la langue française est obligatoire dans un certain nombre de situations et affirme ainsi un droit au français pour les consommateurs, les salariés, le public. L'édiction de ces règles est assortie des moyens de les faire respecter.

La vigilance à l'égard de la langue française ne nuit en rien à l'usage des langues régionales et va de pair avec l'ouverture aux langues et aux cultures étrangères. Elle est conforme à notre engagement communautaire, en particulier aux dispositions de l'article 128 du Traité sur l'Union européenne et aux décisions du Conseil et de la Commission intervenues depuis l'entrée en vigueur de ce traité.

Le projet de loi précise successivement les conditions dans lesquelles l'emploi du français est obligatoire afin que les consommateurs, les salariés, les usagers, le public, soient assurés de comprendre les indications qui leur sont données et afin que le français soit naturellement la langue dans laquelle se déroulent les activités qui ont lieu sur le territoire national, notamment l'enseignement et les émissions de radio et de télévision. Il prévoit que la présentation en langue française peut toujours être accompagnée d'une traduction en langue étrangère.


Vorlage des *Ministère de la culture et de la francophonie*

# L'esprit des langues

JACQUES TOUBON

S'il est vrai, comme le disait Churchill, que les empires de demain seront des empires de l'esprit, alors, les langues tiendront la première place dans cette géopolitique.

Or la France, malgré sa renommée culturelle, est aujourd'hui dépassée par des pays qui consacrent des budgets considérables à la diffusion de leur langue. Ainsi, le Japon a bien vu les risques de marginalisation que pourrait faire courir à sa langue et à son économie la généralisation de l'anglais dans les nouvelles technologies; il développe donc d'importants programmes de recherche pour empêcher que, dans un monde où la communication passe par des machines, l'anglais n'élimine le japonais.

Les pays anglo-saxons, loin de se contenter de la rente de situation de la langue anglaise, en particulier dans les industries culturelles, déploient des efforts considérables, comme l'ont montré les récentes négociations commerciales multilatérales, pour que leur langue commune conserve ses positions et conquière de nouveaux espaces. De nombreux pays de l'Europe continentale ont adopté des lois modernes sur leur langue. Les consciences linguistiques se réveillent et la promotion des langues nationales devient un enjeu majeur, ressenti comme tel à la fois par les intellectuels et par les opinions publiques.

Jusqu'à présent, en dépit des professions de foi, la France n'a accordé qu'une importance secondaire à sa langue, dont les défenseurs ont semblé mener des combats d'arrière-garde. C'était se tromper de combat en effet que de se complaire dans le purisme ou de faire la chasse aux emprunts étrangers: une langue doit être vivante, s'enrichir d'apports extérieurs à condition qu'ils soient correctement assimilés, mais aussi de toutes les inventions du langage populaire, de celui des banlieues par exemple.

Il est en revanche légitime de dénoncer la propension facile à renoncer à la langue nationale et à nous priver du pouvoir, comme dans le Golem, de nommer les choses et de les faire exister. Dans certains milieux, l'idée a trop souvent prévalu que le prix à payer pour s'insérer dans le monde moderne, pour commercer, pour échanger entre scientifiques était l'abandon de la langue française, qui se verrait confinée un jour aux usages domestiques, locaux et subalternes. Il n'est pas jusqu'aux services publics qui n'aient fréquemment délaissé la langue de la république, au plus grand désespoir de nos amis francophones, consternés de tant d'inconscience. Or l'expérience montre, lorsque l'on examine les pratiques linguistiques de nos partenaires et concurrents, que nous sommes bien les seuls à considérer à ce point l'usage de la langue nationale comme un obstacle à la réussite des entreprises.

Chacun prend cependant peu à peu conscience que l'usage d'une langue étrangère n'est pas innocent. Elle devient, dans bien des cas, un instrument de domination, un agent d'uniformisation, un facteur d'exclusion sociale et, lorsqu'on l'utilise par snobisme, une langue de mépris. Refuser de créer, de communiquer dans sa langue, c'est au surplus se priver de son génie propre, de sa capacité à exprimer la pensée créatrice. Comme l'a écrit Régis Debray, en matière de création, l'international est le contraire de l'universel, et ce n'est qu'en exaltant les singularités que l'on atteint le mieux ce qui unit les hommes.

C'est pourquoi la richesse de toutes les langues doit être mise en valeur. Le pluralisme linguistique doit être préservé et organisé. Entre pays européens de langues différentes, il faut savoir résister aux séductions des arguments en faveur d'une langue véhiculaire unique qui entraînerait à terme le ravalement de toutes les langues, sauf une, au rang de langues locales. L'Europe, pour mieux se construire, doit faire fructifier l'héritage incomparable que sont la diversité de ses langues et le génie des créations nationales. En France même, nous gagnerions à ce que davantage de parents prennent conscience que l'avenir est moins à l'apprentissage précoce par les enfants d'un anglais appauvri, facile à assimiler à tout âge, qu'à l'acquisition plus approfondie de l'allemand, de l'espagnol, de l'arabe, du japonais, de l'italien, du portugais ou du russe. Il appartient aux pouvoirs publics de contribuer à faire vivre ce plurilinguisme.

Telles sont les raisons pour lesquelles le gouvernement fait de la politique de la langue française une cause nationale.

Une loi, prolongement naturel de la révision constitutionnelle qui a consacré le français comme langue de la République, viendra actualiser la législation de 1975 et fixer les règles de bon sens qui doivent s'imposer pour l'emploi du français en France. Loi de service et non de contrainte, elle définira les exigences élémentaires qui permettront au consommateur, au salarié, au citoyen d'être au moins informé dans sa langue, sans empêcher évidemment l'emploi des langues étrangères. Elle suppose que tous les secteurs professionnels s'intéressent à son application afin que tous puissent prendre conscience du défi et aident à le relever.

En outre, une stratégie des industries de la langue se met en place: il s'agit de donner à la France les moyens de tenir sa place dans les nouvelles technologies, pourvoyeuses d'emplois, de la traduction automatique, de la reconnaissance vocale, de l'ingénierie linguistique. Une politique des publications universitaires et scientifiques en français, indispensable pour que notre pays conserve la maîtrise de l'évaluation de sa recherche, est en cours de définition. Des propositions seront faites à nos partenaires pour que les pays européens réfléchissent ensemble aux moyens de développer le plurilinguisme européen, de généraliser et de diversifier l'apprentissage des langues de l'Europe, de diffuser les pédagogies de l'intercompréhension, afin que chaque nation, davantage consciente de sa richesse linguistique, puisse mieux s'ouvrir aux autres, sans l'intermédiaire réducteur d'un langage «international». Renovée et relancée depuis le sommet de l'île Maurice, la francophonie multilatérale, à laquelle participent quarante-sept pays qui y voient une alternative à l'uniformisation du monde, prend en main son destin, celui de l'une des aires géolinguistiques qui feront le monde de demain.

Telles sont les grandes lignes d'une politique qui ne saurait être passéiste ou frileuse mais qui est généreuse et tournée vers l'avenir. Rester fidèles à notre génie pour mieux s'ouvrir aux autres; rester fidèles à notre culture et à l'universalité qui est le message millénaire de la France. Et ainsi pouvoir répondre à l'attente de ceux qui, comme les écrivains algériens, aux avant-postes du combat pour la liberté, ont proclamé sans complexe: «La langue française nous traduit plus qu'elle ne nous trahit[1].»

[1] Mouloud Mammeri

in: *Le Monde*, 24. Februar 1994

# LOI n° 94-665 du 4 août 1994 relative à l'emploi de la langue française

L'Assemblée nationale et le Sénat ont adopté,
Vu la décision du Conseil constitutionnel n° 94-345 DC en date du 29 juillet 1994,

Le Président de la République promulgue la loi dont la teneur suit:

Art. 1$^{er}$. – Langue de la République en vertu de la Constitution, la langue française est un élément fondamental de la personnalité et du patrimoine de la France.
Elle est la langue de l'enseignement, du travail, des échanges et des services publics.
Elle est le lien privilégié des Etats constituant la communauté de la francophonie.

Art. 2. – Dans la désignation, l'offre, la présentation, le mode d'emploi ou d'utilisation, la description de l'étendue et des conditions de garantie d'un bien, d'un prdoduit ou d'un service, ainsi que dans les factures et quittances, l'emploi de la langue française est obligatoire.
*[Dispositions déclarées non conformes à la Constitution par décision du Conseil constitutionnel n° 94-345 DC du 29 juillet 1994.]*[1]
Les mêmes dispositions s'appliquent à toute publicité écrite, parlée ou audiovisuelle.

---

1 Der vom *Conseil constitutionnel* für nicht verfassungskonform erklärte Text lautet: „Le recours à tout terme étranger ou à toute expression étrangère est prohibé lorsqu'il existe une expression ou un terme français de même sens approuvés dans les conditions prévus par les dispositions réglementaires relatives à l'enrichissement de la langue française." Der *Conseil constitutionnel* war von insgesamt 60 Abgeordneten angerufen worden, um die Verfassungsmäßigkeit des Gesetzes zu überprüfen (*Saisine du Conseil constitutionnel en date du 1er juillet 1994, présentée par soixante députés, en application de l'article 61, alinéa 2, de la Constitution, et visée dans la décision n° 94-345 DC*, in: *Journal officiel de la République française*, 2 août 1994: 11246-11249). Mit seiner Entscheidung bestätigte der *Conseil* den vorgebrachten Einwand der „inconstitutionnalité du renvoi par la loi à l'usage obligatoire de certains termes ou expressions définis par voie réglementaire" (*Décision n° 94-345 DC du 29 juillet 1994*, in: *Journal officiel de la République française*, 2 août 1994: 11240-11242) (Anmerkung des Herausgebers).

Les dispositions du présent article ne sont pas applicables à la dénomination des produits typiques et spécialités d'appellation étrangère connus de plus large public.

[...]

Art. 3 – Toute inscription ou annonce apposée ou faite sur la voie publique, dans un lieu ouvert au public ou dans un moyen de transport en commun et destinée à l'information du public doit être formulée en langue française. *[Dispositions déclarées non conformes à la Constitution par décision du Conseil constitutionnel n° 94-345 DC du 29 juillet 1994.]*[2]

Si l'inscription rédigée en violation des dispositions qui précèdent est apposée par un tiers utilisateur sur un bien appartenant à une personne morale de droit public, celle-ci doit mettre l'utilisateur en demeure de faire cesser, à ses frais et dans le délai fixé par elle, l'irrégularité constatée. Si la mise en demeure n'est pas suivie d'effet, l'usage du bien peut, en tenant compte de la gravité du manquement, être retiré au contrevenant, quel que soient les stipulations du contrat ou les termes de l'autorisation qui lui avait été accordée.

Art. 4. – Lorsque des inscriptions ou annonces visées à l'article précédent, apposées ou faites par des personnes morales de droit public ou des personnes privées exerçant une mission de service public font l'objet de traductions, celles-ci sont au moins au nombre de deux.

Dans tous les cas où les mentions, annonces et inscriptions prévues aux articles 2 et 3 de la présente loi sont complétées d'une ou plusieurs traductions, la présentation en français doit être aussi lisible, audible ou intelligible que la présentation en langues étrangères.

Un décret en Conseil d'Etat précise les cas et les conditions dans lesquels il peut être dérogé aux dispositions du présent article dans le domaine des transports internationaux.

Art. 5. – Quels qu'en soient l'objet et les formes, les contrats auxquels une personne morale de droit public ou une personne privée exécutant une mission de service public sont parties sont rédigés en langue française. Ils ne peuvent contenir ni expression ni terme étrangers lorsqu'il existe une expression ou un terme français de même sens approuvés dans les conditions prévues par les dispositions réglementaires relatives à l'enrichissement de la langue française.

Ces dispositions ne sont pas applicables aux contrats conclus par une personne morale de droit public gérant des activités à caractère industriel et commercial et à exécuter intégralement hors du territoire national.

Les contrats visés au présent article conclus avec un ou plusieurs cocontractants étrangers peuvent comporter, outre la rédaction en français, une ou plusieurs versions en langue étrangère pouvant également faire foi.

---

2 Vgl. Fußnote 1 (Anmerkung des Herausgebers).

Une partie à un contrat conclu en violation du premier alinéa ne pourra se prévaloir d'une disposition en langue étrangère qui porterait préjudice à la partie à laquelle elle est opposée.

Art. 6. – Tout participant à une manifestation, un colloque ou un congrès organisé en France par des personnes physiques ou morales de nationalité française a le droit de s'exprimer en français. Les document distribués aux participants avant et pendant la réunion pour en présenter le programme doivent être rédigés en français et peuvent comporter des traductions en une ou plusieurs langues étrangères.

Lorsqu'une manifestation, un colloque ou un congrès donne lieu à la distribution aux participants de documents préparatoires ou de documents de travail, ou à la publication d'actes ou de comptes rendus de travaux, les textes ou interventions présentés en langue étrangère doivent être accompagnés au moins d'un résumé en français.

Ces dispositions ne sont pas applicables aux manifestations, colloques ou congrès qui ne concernent que des étrangers, ni aux manifestations de promotion du commerce extérieur de la France.

Lorsqu'une personne morale de droit public ou une personne morale de droit privé chargée d'une mission de service public a l'initiative des manifestations visées au présent article, un dispositif de traduction doit être mis en place.

Art. 7. – Les publications, revues et communications diffusées en France et qui émanent d'une personne morale de droit public, d'une personne privée exerçant une mission de service public ou d'une personne privée bénéficiant d'une subvention publique doivent, lorsqu'elles sont rédigées en langue étrangère, comporter au moins un résumé en français.

*[Dispositions déclarées non conformes à la Constitution par décision du Conseil constitutionnel n° 94-345 DC du 29 juillet 1994.]*[3]

[...]

Art. 11. – I. La langue de l'enseignement, des examens et concours, ainsi que des thèses et mémoires dans les établissements publics et privés d'enseignement

---

3 In der Entscheidung des *Conseil constitutionnel* heißt es hierzu: „le législateur a imposé, par le second alinéa de l'article 7, aux enseignants et chercheurs, qu'ils soient français ou étrangers, des contraintes de nature à porter atteinte à l'exercice de la liberté d'expression et de communication dans l'enseignement et la recherche; que la faculté d'accorder des dérogations conférée au ministre de la recherche qui n'est assortie d'aucune condition relative notamment à l'appréciation de l'intérêt scientifique et pédagogique des travaux, ne constitue pas une garantie suffisante pour préserver cette liberté; que dès lors le second alinéa de l'article 7 de la loi doit être regardé comme contraire à la Constitution" (*Décision n° 94-345 DC du 29 juillet 1994*, in: *Journal officiel de la République française*, 2 août 1994: 11242) (Anmerkung des Herausgebers).

est le français, sauf exceptions justifiées par les nécessités de l'enseignement des langues et cultures régionales ou étrangères ou lorsque les enseignants sont des professeurs associés ou invités étrangers.

[...]

Art. 15. – L'octroi, par les collectivités et les établissements publics, de subventions de toute nature est subordonné au respect par les bénéficiaires des dispositions de la présente loi.

Tout manquement à ce respect peut, après que l'intéressé a été mis à même de présenter ses observations, entraîner la restitution totale ou partielle de la subvention.

[...]

Art. 21. – Les dispositions de la présente loi s'appliquent sans préjudice de la législation et de la réglementation relatives aux langues régionales de France et ne s'opposent pas à leur usage.

[...]

La présente loi sera exécutée comme loi de l'Etat.

Fait à Paris, le 4 août 1994

FRANÇOIS MITTERRAND

Par le Président de la République:

*Le Premier ministre,*
ÉDOUARD BALLADUR

*Le ministre d'Etat, ministre de l'intérieur*
*et de l'aménagement du territoire,*
CHARLES PASQUA

*Le ministre d'Etat, garde des sceaux,*
*ministre de la justice,*
PIERRE MÉHAIGNERIE

*Le ministre des affaires étrangères,*
ALAIN JUPPÉ

*Le ministre de l'éducation nationale,*
FRANÇOIS BAYROU

*Le ministre de l'économie,*
EDMOND ALPHANDÉRY

*Le ministre de l'équipement, des transport,*
*et du tourisme,*
BERNARD BOSSON

*Le ministre du travail, de l'emploi
et de la formation professionnelle,*
MICHEL GIRAUD

*Le ministre de la culture et de la
    francophonie,*
JACQUES TOUBON

*Le ministre du budget,
porte-parole du Gouvernement,*
NICOLAS SARKOZY

*Le ministre de l'enseignement supérieur
et de la recherche,*
FRANÇOIS FILLON

---

– *Travaux préparatoires:*
Sénat:
    Projet de loi n° 291 (1993-1994);
    Rapport de M. Jacques Legendre, au nom de la commission des affaires culturelles, n° 309 (1993-1994);
    Discussion les 12, 13 et 14 avril 1994 et adoption le 14 avril 1994.
*Assemblée nationale:*
    Projet de loi, adopté par le Sénat, n° 1130;
    Rapport de M. Francisque Perrut, au nom de la commission des affaires culturelles, n° 1158 et annexe, avis de M. Xavier Deniau, rapporteur, au nom de la commission des affaires étrangères, n° 1178;
    Discussion les 3 et 4 mai et adoption le 4 mai 1994.
*Sénat:*
    Projet de loi, adopté par l'Assemblée nationale, n° 401 (1993-1994);
    Rapport de M. Jacques Legendre, au nom de la commission des affaires culturelles, n° 437 (1993-1994);
    Discussion et adoption le 26 mai 1994.
*Assemblée nationale:*
    Projet de loi, adopté avec modifications par le Sénat en deuxième lecture, n° 1289;
    Rapport de M. Francisque Perrut, au nom de la commission des affaires culturelles, n° 134;
    Discussion et adoption le 13 juin 1994.
    Rapport de M. Jean-Paul Fuchs, au nom de la commission mixte partiaire, n° 1429;
    Discussion et adoption le 30 juin 1994.
*Sénat:*
    Projet de loi n° 502 (1993-1994);
    Rapport de M. Jacques Legendre, au nom de commission mixte paritaire, n° 547 (1993-1994);
    Discussion et adoption le 1$^{er}$ juillet.
– *Conseil constitutionnel:*
    Décision n° 94-345 DC du 29 juillet publiée au *Journal officiel* du 2 août 1994.

in: *Journal officiel de la République française*, 5 août 1994, 11392-11395

# La langue de tous

Jacques Toubon

in: *Le Monde*, 4. August 1994

Gouverner, c'est choisir. C'est préférer le courage des convictions au conformisme des qu'en dira-t-on, l'intérêt général et l'avenir aux égoïsmes de court terme, la supériorité des valeurs de la culture aux impératifs du marché, la volonté du peuple de vivre ensemble à l'individualisme et au communautarisme favorisés par une conception dévoyée de la liberté, c'est préférer le peuple à ceux qui, à vouloir s'en distinguer, finissent par le mépriser.

Si depuis toujours en France la langue, la culture, l'éducation sont des affaires d'Etat, si la politique de la nationalité a toujours été généreuse, fondée sur le droit du sol et sur l'assimilation, c'est précisément parce qu'il ne saurait avoir ni démocratie ni dignité humaine sans appartenance à une communauté historique et culturelle d'individus égaux, partageant les mêmes valeurs et exerçant les libertés individuelles en même temps qu'ils jouissent de droits collectifs.

Quand François I$^{er}$ impose l'emploi du français, c'est parce que la langue du peuple ne soit pas la langue de tous; c'est parce qu'il ne peut plus tolérer que la langue des actes publics, la langue officielle, ne soit pas celle que parle le peuple.

C'est Richelieu qui, en 1635, donne à l'Académie française la mission de *«rendre la langue française plus claire, d'en fixer l'usage, de la rendre apte à exprimer les sciences et les techniques»*.

C'est Marmontel, secrétaire de l'Académie, qui écrit en 1785: *«Tous les jours, la langue est obligée de correspondre à des mœurs étrangères, tous les jours l'historien, le poète, le philosophe se transplantent dans des pays lointains, que deviendront-ils si elle n'a pas les analogues est les équivalents de celles des pays qu'ils fréquentent?»*

C'est Condorcet qui montrait qu'il était contraire à l'esprit des Lumières d'utiliser le latin (il dirait aujourd'hui l'anglais) dans les sciences: *«Nous montrerons que l'existence d'une sorte de langue scientifique, la même chez toutes les nations, tandis que le peuple de chacune d'elles en parlerait une différente, y eût séparé les hommes en deux classes, eût perpétué dans le peuple les préjugés et les erreurs, eût mis un éternel obstacle à la véritable égalité, à un usage égal de la même raison, à une égale connaissance des vérités nécessaires; et en arrêtant ainsi les progrès de l'espèce humaine, eût fini par mettre un terme à ceux des sciences elles-mêmes.»*

Voilà la pensée des Lumières. Voilà la tradition républicaine. Voilà ce que le pouvoir constituant, sur ma proposition et celle d'Alain Lamassoure, a inscrit dans la Constitution en 1992, en disposant que *«la langue de la République est le français»*. Voilà pourquoi l'écrasante majorité des Français (près de 90 %, selon un sondage SOFRES) a approuvé la loi que j'ai fait adopter, sans aucune opposition, par le Parlement.

Parmi eux, les plus modestes, les plus faibles, les moins diplômés et, sans doute, les Français de fraîche date; pour eux, la langue française est leur premier capital, le signe de leur dignité, le passeur de l'intégration, le diapason, d'une culture universelle, le partage d'un patrimoine commune, une part du rêve français.

Voilà l'enjeu central d'une politique de la langue française, hélas caricaturée à loisir par tous ceux qui y trouvaient leur intérêt ou leur amusement.

En vérité, les adversaires de l'évolution de la langue française ne sont pas ceux qui, depuis des siècles, font l'effort d'inventer des mots pour désigner des réalités nouvelles (logiciel, ordinateur, oléoduc, cadreur) mais bien les prescripteurs qui emploient systématiquement les termes étrangers et se refusent donc à créer de nouveaux mots français.

Nous ne sommes pas chauvins, nous qui préconisons le plurilinguisme européen, la modernisation et le rayonnement international de la langue française; ne sont-ils pas, en revanche, vraiment franchouillards, ceux qui, depuis six mois, ont limité le débat à se demander s'ils pourraient toujours dire *«week-end»* ou *«corner»*, ce dont il n'a jamais été question dans la loi, comme les commentateurs qui l'ont lue ont pu s'en apercevoir?

Le gouvernement et la majorité, en adoptant une législation moderne, ont vu plus loin que les frontières de l'Hexagone pour constater que les langues sont parmi les principaux enjeux économiques, industriels et géopolitiques du monde de demain. Tous les pays importants s'en occupent avec une détermination qui n'a rien à envier à la nôtre. Et les praticiens de l'humour facile auraient pu, eux, prendre la peine de constater et de dire que la Cour suprême des Etats-Unis avait autorisé les entreprises à imposer à leurs salariés, même étrangers, de parler en anglais, même entre eux!

Les *«has been»* (eh oui, cher Plantu!) ne sont pas ceux qui défendent le plurilinguisme et la diversité des cultures; ce sont ceux qui confondent ouverture et aliénation, qui pensent qu'ils doivent renoncer à être eux-mêmes pour échanger et, ainsi, n'apportent rien d'autre dans l'échange que leur désir de se confondre.

Qui met en cause la liberté d'expression? Pas ceux qui veulent que chacun puisse comprendre les discours tenus dans la cité et garantissent ainsi la cohésion d'une société démocratique et solidaire. En revanche, par une interprétation abusive de la liberté d'expression, on distinguerait de nouveau, après cinq siècles de progrès, une langue de l'administration et une langue des citoyens. En oubliant la leçon des «hussards noirs de la République» et les accents de la langue de Jaurès, les socialistes ont pris le risque d'aggraver les ségrégations, l'échec scolaire et les entraves à l'intégration et à la promotion sociale.

La décision du Conseil constitutionnel doit se lire en fonction des données de ce débat fondamental. Elle déclare conforme à la Constitution l'essentiel de la loi et constitutionnalise l'obligation d'usage du français pour toute personne dans les cas prévus par la loi. Et cette obligation est normalement sanctionnée au civil et au pénal.

Ce qui est déclaré non conforme, pour les seules personnes privées, relève de la technique de la terminologie officielle. Comme la loi n'a jamais eu pour objet de réglementer tout le contenu de la langue, l'annulation de ces dispositions n'est pas déterminante.

En effet, c'est désormais aux juges qu'il appartiendra de dire souverainement quel mot est français ou pas, et pas seulement dans les cas où un mot étranger aurait pu être remplacé par un terme officiel; ce qui était l'objet même, limité à quelques centaines de termes principalement techniques, des dispositions annulées.

L'insécurité juridique pour les entreprises, une menace accrue pour la liberté d'expression peuvent donc résulter de la disparition de règles que j'avais voulu prudentes, pratiques et, en fait, protectrices.

La suppression de l'alinéa concernant les publications en français des travaux d'enseignement et de recherche subventionnés provient, quant à elle, d'un véritable contresens. Etait rendue obligatoire la publication, à un moment ou à un autre, dans une forme parfaitement libre (voir mes déclarations au Parlement) d'une présentation en français des résultats de la recherche. Restait parfaitement légale la publication préalable, principale, à la diligence du chercheur, en langue étrangère et en particulier dans une revue anglo-saxonne.

La motivation de cette «erreur de lecture» par la liberté absolue de l'enseignement et de la recherche pourrait cependant avoir des conséquences redoutables pour notre politique culturelle. Qu'est-ce qui doit être plus libre que l'expression du créateur et de l'artiste? Faut-il condamner toutes les aides, les mesures de soutien qui, comme le financement de la création et de la production cinématographiques, sont réservées aux œuvres de langue française? Je me pose cette question, elle est grave, quelques mois après que nous avons sauvegardé l'exception culturelle.

Je redouterais aussi que le recours des députés socialistes, la décision prise par le Conseil constitutionnel et les commentaires dont elle a été entourée n'interrompent le réveil des consciences (ah, ces *«sacs gonflables»* vertueux qui fleurissent dans les publicités pour automobiles), ne confinent la langue française à l'administration (qui n'est qu'un producteur marginal de néologismes) et n'affaiblissent la place de notre pays dans la communauté francophone.

Il faut donc que le gouvernement – et pas seulement lui – soit déterminé à intensifier la politique de promotion de notre langue au-dedans et au-dehors, dans l'éducation, l'industrie et la création. Qu'une fois de plus l'intérêt général l'emporte, l'avenir prévale et la générosité de l'exemple français inspire nos pensées et nos actes.

# La loi Toubon

Yves Marek[1]
Paris

Je voudrais tout d'abord remercier et féliciter le professeur Jürgen Trabant de l'Académie des Sciences de Berlin et Brandebourg, d'avoir eu la remarquable initiative de réunir ce séminaire sur la question des politiques linguistiques et d'avoir réuni un aéropage aussi remarquable de savants dont j'ai pu constater qu'ils avaient étudié les questions linguistiques françaises avec une compétence et un scrupule que l'on ne rencontre pas toujours en France dans la discussion de ces questions. Je suis donc particulièrement heureux d'avoir l'occasion d'expliquer devant vous les fondements de la politique linguistique française qui s'est traduite récemment par l'adoption d'une loi, la loi du 4 août 1994 relative à l'emploi de la langue française, qui a donné lieu en France à un vaste débat et qui a été très largement commentée par la presse internationale.

Mon premier point, pour la facilité de l'exposé, sera de dire précisément ce que contient la loi relative à l'emploi de la langue française.

## A. Description de la „loi Toubon"

### 1) Ce qu'il n'y a pas dans la loi

Compte tenu de l'importance des propos inexacts sur ce sujet, des commentaires très souvent erronés de la presse internationale comme de la presse française sur le contenu de la loi, il paraît important de dire tout d'abord ce qui ne se trouve pas dans la loi:

La loi dite Toubon n'est pas une loi sur la langue: elle ne dit pas quelle langue les Français doivent parler, elle n'est pas une loi sur le bon usage, elle n'est pas une loi sur la qualité de la langue, elle ne dit pas quels mots doivent être employés, quels mots ne doivent pas être employés. Le gouvernement considère traditionnellement que seule l'Académie française a vocation à fixer l'usage.

Cela étant, comme la plupart des critiques ont porté sur la soi-disant prétention du gouvernement à vouloir régir la manière de parler des gens et que l'argument très souvent opposé a été que l'usage en ces matières était souverain

---

[1] Yves Marek ist *Conseiller technique* im Ministerium für Kultur und Frankophonie unter Jacques Toubon (Anmerkung des Herausgebers).

et que nulle intervention législative ne pouvait toucher à la langue elle-même, je crois qu'il importe de faire une mise au point. S'il est vrai qu'en cette espèce le gouvernement n'a pas, en tout cas par cette loi, voulu toucher à la langue, il reste que nous ne considérons pas comme illégitime le fait pour le pouvoir de s'intéresser à l'évolution de la langue elle-même.

Il faut en effet tout d'abord relever que la langue n'est pas affaire personnelle; la langue est par nature un code commun et nous le savons tous qui ouvrons régulièrement un dictionnaire pour savoir quel est le sens d'un mot.

Les élèves qui font des dictées savent qu'il existe une norme orthographique. Que cette norme soit fixée par l'Etat ou qu'elle soit fixée par la collectivité des fabricants de dictionnaires, peu importe: il existe un pouvoir sur la langue et il existe une possibilité de modifier cette norme. Dans les années récentes, plusieurs pays européens de manière législative, ont modifié la langue elle-même, soit en modifiant les règles grammaticales, soit en décidant la féminisation de certains noms, soit encore en modifiant les règles orthographiques ou l'ordre alphabétique. Nous tenons donc à réaffirmer avec force que, parce que la langue est un code commun, l'intervention publique sur la langue elle-même n'est pas illégitime. Même si de manière démagogique on a parlé de la souveraineté de l'usage.

Je voudrais d'ailleurs sur ce deuxième point, rappeler que l'usage n'est pas la collection de l'ensemble des pratiques. L'usage, au sens français du terme, l'usage que fixe l'Académie, est en quelque sorte une forme de bon usage accepté, une sorte de norme. L'argument de l'usage ne doit en aucun cas servir d'alibi pour permettre de cautionner toutes les pratiques. Tout ce qui se dit n'est pas l'usage.

Il y a une troisième raison qui justifie l'intervention sur la langue elle-même, c'est le progrès des industries de la langue. A partir du moment où sont commercialisés des correcteurs orthographiques ou seront commercialisés des outils de traduction automatique, il est clair que les industriels devront se référer à un certain nombre de normes et de description de la langue s'ils souhaitent que les ordinateurs puissent reconnaître une bonne orthographe d'une mauvaise et, de fait, sinon par une norme étatique, du moins par une norme industrielle, une intervention normée sur la langue existera.

Enfin il est de la responsabilité des pouvoirs publics de se préoccuper de l'avenir de la langue et en particulier de l'enrichissement de son vocabulaire. Nous pensons qu'une langue qui n'arriverait plus à désigner les réalités nouvelles parce qu'elle aurait systématiquement emprunté des mots étrangers pour les désigner ne serait plus une langue moderne, et par conséquent, il est de notre devoir de créer – et c'est ce qui se fait en France depuis 1972 de manière systématique – des termes français pour remplacer des termes étrangers. Cela se fait d'ailleurs avec un relatif succès.

Je souhaitais donc faire cette mise au point pour dire que même si dans la loi Toubon il n'y avait rien qui concernait la langue elle même, il reste que nous considérons néanmoins légitime le fait d'intervenir sur la langue elle-même.

## 2) Ce que contient la loi

Je voudrais maintenant dire ce que contient la loi: il s'agit d'une loi relative à l'emploi de la langue française, langue de la République, en vertu de la Constitution depuis la révision constitutionnelle du 3 juin 1992.

La loi impose l'emploi de la langue française dans un certain nombre de situations qu'elle énumère. Naturellement l'emploi de langues étrangères est toujours conjointement autorisé dans ces situations. Evidemment, il ne s'agit pas des conversations privées, de la langue parlée, des écrits littéraires ni journalistiques, mais de situations dans lesquelles la langue est utilisée comme un mode de communication dans la sphère publique ou dans la sphère du droit privé.

C'est ainsi que l'emploi de la langue française est obligatoire – mais c'était déjà le cas depuis 1975 – pour la présentation, la désignation des produits, les modes d'emploi, les conditions de garanties des biens et services et la publicité.

L'emploi de la langue française est obligatoire aussi pour la rédaction des contrats de travail, des conditions d'hygiène et de sécurité dans l'entreprise, pour le règlement intérieur de l'entreprise et pour tout document nécessaire au salarié pour l'exécution de son travail, pour la rédaction des offres d'emploi.

La loi rappelle le principe selon lequel les émissions audiovisuelles sont obligatoirement en langue française ainsi que l'enseignement et la recherche. Elle impose que les informations destinées à l'information du public (par exemple: «sortie de secours» dans un restaurant) soit formulées en langue française. Naturellement, dans tous les cas, l'emploi d'une autre langue étrangère est autorisé. Dans le souci du respect des autres langues, notamment européennes, la loi prévoit que les organismes publics sont obligés, lorsque qu'ils font une traduction d'une mention de la faire au moins en deux langues.

La loi impose également que tous les contrats signés par des personnes publiques soient formulés en langue française à peine de nullité.

Telles sont les principales dispositions d'une loi qui est une loi d'ordre public linguistique.

Maintenant que j'ai présenté les caractéristiques essentielles de cette loi, je voudrais entrer avec vous dans la discussion des principes qui la fondent et le faire en quelque sorte en réponse aux critiques que vous avez probablement entendues et aux arguments généralement échangés. Nous savons bien en effet, que l'opinion médiatique généralement répandue tend à dire qu'il s'agit d'une législation de circonstance, presque le produit d'une fièvre hexagonale, la réaction à la prédominance de la langue anglaise. Je voudrais donc examiner cette affaire au fond et faire valoir trois ou quatre idées forces.

## B. Une longue tradition

Il faut tout d'abord relever que cette législation linguistique s'inscrit dans une longue tradition. Depuis toujours en effet, en France, la langue est une affaire d'Etat, et une série d'actes législatifs ponctuent cette histoire. Le 5 août 1539, François I$^{er}$ signe l'ordonnance de Villers-Cotterêts qui impose l'emploi du français dans les actes de justice. La révolution française confirme cette règle en généralisant l'enseignement du français sur tout le territoire et en imposant l'emploi du français pour tous les actes publics de quelque nature que ce soit par l'arrêté de Prairial An IX. La République continuera cette œuvre, notamment grâce à la politique éducative de Jules Ferry qui généralise sur l'ensemble du territoire l'enseignement obligatoire de la langue française. Ces actes intervenaient dans une situation dans laquelle l'essentiel des écrits étaient des écrits ecclésiastiques ou des écrits publics. La grande masse des écrits privés et commerciaux ne s'était pas encore développée et c'est pourquoi la loi du 31 décembre 1975, née d'une proposition parlementaire, est venue compléter cet édifice en imposant l'emploi du français dans le domaine du droit de la consommation et du droit du travail. Ce sont ainsi des publicités, des étiquettes, les contrats de travail qui ont été concernés par cette nouvelle législation. Enfin, à l'occasion de la révision de la Constitution nécessaire pour permettre la ratification du traité de Maastricht, le Parlement réuni en Congrès a décidé de modifier la Constitution pour y inscrire que la langue de la République est le français.

Depuis 1975 de nombreux parlementaires considéraient que la loi de 1975 était insuffisante, que ses effets étaient trop modestes, et souhaitaient l'adoption d'une nouvelle législation. En 1993, le gouvernement socialiste de Pierre Bérégovoy a déposé sur le bureau du Sénat un nouveau projet de loi que le nouveau gouvernement a retiré pour déposer en février 1994 un projet de loi qui devait devenir la loi du 4 août 1994, appelé par la presse loi Toubon.

Ce bref rappel me permet de tirer deux enseignements. Le premier enseignement est que cette législation linguistique, parce qu'elle s'inscrit dans une longue histoire, fait l'objet d'un consensus politique. Elle n'est pas le résultat d'une hystérie passagère, comme certains le croyaient. Elle s'inscrit dans une longue histoire qui explique qu'elle soit approuvée sur toutes les parties du spectre politique.

Le deuxième enseignement important, c'est que cette histoire prouve que l'adoption d'une législation linguistique n'a pas nécessairement quelque chose à voir avec l'existence d'une menace extérieure. Vous relèverez d'ailleurs que jamais le gouvernement français, à l'occasion de la présentation de cette loi, n'a fait allusion à la situation de l'anglais, ni au fait que l'anglais représenterait une menace pour la langue française. Bien au contraire, le gouvernement a estimé et a toujours déclaré que la langue française se portait très bien, que c'était une langue riche et vivante, et que c'était même plutôt l'anglais qui était menacé, malgré les apparences. En 1539, en 1789, en 1880, en 1975, la même politique a été conduite, fondée sur les mêmes principes philosophiques, avant d'être une politique tournée contre le latin, les langues régionales ou l'anglais.

Cela me permet d'aborder la deuxième idée force que je voudrais vous faire partager.

## C. Une affaire intérieure

Je voudrais insister particulièrement sur cet aspect, surtout dans le cadre du séminaire général de l'Académie des Sciences de Berlin et Brandebourg autour du thème de la relation avec l'Autre.

On a souvent interprété la politique linguistique française comme une politique tournée contre la langue anglaise, contre les mots étrangers, comme une politique protectionniste. Ainsi, on l'a interprétée avec les catégories en quelque sorte du commerce extérieur, ou des relations entre Etats, avec le vocabulaire des relations économiques internationales, alors que l'on ne comprend cette législation que si on mesure qu'elle résulte entièrement de déterminants intérieurs.

Tout d'abord, les exemples que j'ai cités dans l'histoire de France, montrent que la même politique a été conduite à différentes époques de l'histoire. Cette politique a été conduite en 1539 pour affirmer la place du français quand le latin dominait. Cette politique a été conduite à la Révolution au moment où il s'agissait d'imposer le français, langue de la République contre les patois, langues de la contre-révolution. Cette politique a été à nouveau conduite en 1875, quand il s'agissait de bâtir l'école républicaine.

Relevons qu'en 1539, l'usage du latin restait numériquement marginal. Relevons qu'en 1789, la France est la première puissance économique et militaire d'Europe, et que sa langue est parlée dans toutes les cours d'Europe.

Il n'y a là aucune menace extérieure. Voilà qui aide à comprendre que la politique de la langue française ne s'est jamais faite contre telle ou telle langue, mais pour imposer la langue française à l'ensemble de la Nation.

Dans cette affaire, l'étranger n'existe pas. La perception de la menace extérieure s'efface. L'anglais n'est pas cité une seule fois dans la loi Toubon. C'est donc une tradition ancienne que la politique de la langue française est menée pour elle même. Tout simplement parce que depuis des siècles, il est admis en France et par les Français que l'unité de la langue de la République est consubstantielle à l'idée même de l'Etat.

L'indivisibilité de la Nation, l'unité de la République, l'exercice des droits de l'homme suppose l'existence d'une langue commune qui unit tous les citoyens. On ne comprend pas la politique linguistique française si l'on n'intègre pas cette dimension, qui au-delà des commentaires superficiels de la presse, est la dimension fondamentale dans l'imaginaire collectif français.

En effet, langue de la République, la langue française est également la langue du peuple. C'est un fait, que lorsqu'au 16ème siècle la langue française est mise à l'honneur, soit par les écrivains de la Pléiade soit par François I$^{er}$, c'est la langue vulgaire qui est mise à l'honneur, la langue du peuple, et non pas la langue des élites.

Nous nous trouvons face à un Etat qui choisit, non pas d'imposer la langue de l'Etat, mais de faire de la langue du peuple la langue de l'Etat. Ceci explique que même si la presse anglo-saxonne et certains éditorialistes français ont cherché à exploiter un thème démocratique en voulant faire croire que l'Etat voulait imposer une langue au peuple, ils n'ont pas réussi dans leur mission tout simplement parce que pour le peuple, en faisant cela, l'Etat rétablissait ses droits démocratiques sur la langue, car ils s'intéressaient à la langue du peuple et non pas à la langue de telle ou telle élite.

La création de l'Académie française, correspondait également à la même logique, donner ses lettres de noblesse à la langue du peuple, et selon la charte constitutive la rendre apte à exprimer les sciences et les techniques. C'est-à-dire que dans l'esprit de Richelieu, dès le départ, le danger était perçu d'une distinction entre une langue populaire et une langue scientifique.

Condorcet, par la suite, eut l'occasion de dire que le progrès des Lumières supposait que la science se fasse en langue vulgaire. Je le cite: «Nous montrerons que l'existence d'une sorte de langue scientifique la même chez toutes les nations tandis que le peuple de chacune d'elles en parleraient une différente y eût séparé les hommes en deux classes, eût perpétué dans le peuple les préjugés et les erreurs, eût mis un éternel obstacle à la véritable égalité, à un usage égal de la même raison, à une égale connaissance des vérités nécessaires et en arrêtant ainsi les progrès de l'espèce humaine, eût fini par mettre un terme à ceux des sciences elle-même».

Ainsi est-il dans la tradition française de faire de la langue du peuple, la langue de tous. Ce qui explique le soutien populaire à toute politique qui conduit à renforcer la place de la langue française.

Il est intéressant à cet égard de comparer les réactions à la réforme de l'orthographe tentée en 1990 et les réactions à la loi Toubon. Dans les deux cas, parce que la langue est une sujet passionnel, la presse et les humoristes s'en sont donnés à coeur joie pour critiquer et moquer la volonté de réforme, mais, dans le cas de la réforme de l'orthographe, les réformateurs ont échoué en raison d'une très vive opposition populaire.

Les Français ont eu l'impression que le gouvernement voulait toucher à leur langue, voulait, en simplifiant l'orthographe, saboter un des piliers fondateurs de l'enseignement républicain, compromettre l'une des manières de sanctionner l'ascension sociale. Les Français se sont donc opposés à un projet de réforme qui, dans leur esprit, se faisait contre leur langue mais aussi contre un attribut de leur citoyenneté.

A l'inverse, même si les journalistes ont moqué la loi Toubon, les sondages ont montré très clairement l'appui massif des Français à cette réforme, précisément parce que le pouvoir s'intéressait à la langue du peuple. C'est ainsi qu'un sondage réalisé au début du mois de mars 1994 montrait que les Français approuvaient entre 85 et 93 % les différentes mesures contenues dans la loi.

Il convient ainsi de ne pas négliger la dimension intérieure du débat sur la langue française. Dans la conscience nationale, et même dans l'inconscient collectif, le français est la langue de la République, la langue de l'intégration, la langue de l'égalité de tous les citoyens, la langue de tous. Les vieux réflexes qui conduisaient les conventionnels à dire que la contre-révolution parlait breton semblent encore fonctionner. Lorsqu'on lit les discours des militants de la langue française, l'abondant courrier de soutien reçu au ministère de la culture et de la francophonie, on s'apperçoit que ces courriers sont très rarement dirigés contre une langue étrangère, très rarement consacrés à la dénonciation de telle ou telle culture étrangère. On découvre au contraire qu'il s'agit surtout de dénoncer de manière plus politique des parties de la Nation, scientifiques, journalistes, publicitaires qui donnent l'impression de vouloir se mettre en marge de la Nation par l'emploi d'une langue étrangère. L'idée selon laquelle le français est la langue de la République est si profondément ancrée dans les mentalités, qu'il est fréquent que des militants de la langue française traitent ceux qui se détournent du français de «vichyssois», ou de «compradores» alors qu'en Italie par exemple, au contraire, les politiques linguistiques évoquent le fascisme.

Dans la conscience nationale, admettre qu'un groupe de la Nation puisse se distinguer du reste de la Nation en employant une langue qui ne soit pas la langue de tous, c'est renoncer à l'indivisibilité de la République.

Ce sont ces données fondamentales qui expliquent quelques constantes de la tradition juridique française. C'est ainsi que le Conseil constitutionnel a validé les dispositions essentielles de la loi Toubon en affirmant qu'il était «loisible au législateur d'imposer l'emploi de la langue française dans les cas et conditions qu'il a prévus». Il a ainsi estimé, contrairement aux requérants socialistes, que l'article 11 de la Déclaration des Droits de l'Homme et du Citoyen relatif à la liberté d'expression n'empêchait nullement, bien au contraire, d'imposer l'emploi de la langue française dans les cas prévus par la loi. Ainsi, se trouve confirmée la tradition républicaine française selon laquelle la langue est une affaire d'ordre public nécessaire à l'unité de la République et à l'exercice des droits constitutionnels.

Ce sont ces mêmes raisons qui expliquent le refus par la France de ratifier la charte du Conseil de l'Europe relatif aux langues régionales et minoritaires ainsi que la convention relative aux minorités nationales qui toutes deux admettent le principe de l'existence de minorités qui est incompatible avec l'ordre constitutionnel français et avec la Déclaration des Droits de l'Homme et du Citoyen.

## D. L'intervention du législateur

Une fois admis que l'intervention des pouvoirs publics constitue une tradition nationale, certains peuvent tout de même se demander s'il est normal que la loi vienne régir les questions linguistiques. La France paraît au premier abord isolée par sa volonté de procéder par voie législative pour fixer le droit en la matière. Aussi convient-il de répondre à l'argument selon lequel en ces matières la loi est inutile.

Il convient tout d'abord de bien cerner le sujet. S'agit-il de légiferer sur la langue elle-même? On a dit que les linguistes aimaient si bien décrire les langues qu'ils n'appréciaient pas que l'on y touche de manière artificielle et qu'ils étaient par avance hostiles à toute intervention législative. Il reste – et je l'ai rappelé – que les cas sont nombreux dans l'histoire de langues ayant fait l'objet d'intervention des pouvoirs publics. Ce fut le cas récemment dans plusieurs pays d'Europe, ce fut le cas de manière beaucoup plus visible, au Japon, en Turquie ou en Israël.

En l'occurrence, en France, il ne s'agissait pas de toucher à la langue elle-même, et par conséquent la question ne se pose pas.

En revanche, dès qu'il s'agit d'imposer l'emploi de la langue nationale dans un certain nombre de situations, des actes législatifs ou réglementaires sont nécessaires. Selon l'ordre juridique français, seule la loi peut imposer à des personnes privées les obligations qui figure dans la loi du 4 août 1994. Il est important de préciser que les personnes privées dont il s'agit, sont naturellement en général des entreprises et non pas des particuliers.

Selon les systèmes juridiques, ces règles, qui existent plus ou moins dans la plupart des Etats, se présentent sous des formes diverses.

120 pays dans le monde ont des constitutions qui précisent le régime linguistique.

De nombreuses règles linguistiques applicables au 12 Etats membres de l'Union européenne figurent dans les directives communautaires qui imposent l'emploi de la langue nationale pour l'étiquetage par exemple ou qui imposent, pour permettre la liberté d'établissement des médecins, que ceux-ci connaissent la langue du pays où ils exercent.

Dans certains pays comme en France, ces règles figurent dans des textes de valeur législative.

Dans d'autre pays, ce sont des règlements qui fixent des règles de nature linguistique. Enfin, dans d'autres pays, c'est la jurisprudence qui implicitement définit de manière équivalente les mêmes règles. Ainsi, si à l'occasion d'un procès aux Etats-Unis une entreprise qui a vendu des jouets dont l'étiquette n'était pas en anglais est condamnée parce que l'enfant s'est blessé avec le jouet et qu'il est présumé ne pas avoir compris la notice, c'est le juge qui va d'une certaine manière imposer l'emploi de la langue anglaise dans la rédaction des notices.

Très récemment, alors même que la presse américaine s'étonnait de la volonté française de restreindre la liberté d'expression en imposant des normes linguistiques, la Cour Suprême des Etats-Unis, dans un arrêt du 24 juin 1994 a estimé qu'un employeur pouvait légitimement imposer à ses salariés hispanophones de parler entre eux en anglais dans l'entreprise. Est-il besoin de préciser que la même presse américaine n'a nullement trouvé là de violation de la liberté d'expression?

Enfin, il convient d'apprécier le degré de conscience linguistique des différents pays qui rend plus ou moins nécessaire l'adoption de règles linguistiques.

C'est un fait qu'en France, le français est la langue de la République et que cet élément fondateur de la conscience républicaine a été au départ imposé à des groupes intermédiaires par l'Etat. C'est le Roi qui a imposé aux élites la langue du peuple. Toute la politique linguistique en France, fortement approuvée par l'opinion, dépend de l'Etat qui se heurte aux groupes intermédiaires. C'est un cas de figure naturel en France où l'Etat préexiste à la Nation qui, elle-même, est animée de forces centrifuges. En revanche, dans d'autres pays, comme l'Espagne ou l'Allemagne ou les Etats-Unis, le sentiment linguistique est très fort, si fort même que des règles ne sont point nécessaires pour aboutir à des comportements qu'il faudrait ailleurs imposer. L'observation attentive de la réalité espagnole ou allemande ou américaine nous prouve sans nul doute que bien des attitudes de défense de la langue qui font chez nous l'objet d'un combat paraissent dans ces pays-là si naturelles qu'elles sont très peu remarquées et que l'on s'étonne donc de la politique française. L'Allemagne donne ainsi de nombreux exemples de «civisme» ou de protectionnisme linguistique venant de personnes privées alors même que de tels comportements sont rares en France. Pour prendre un exemple extérieur au sujet linguistique, relevons qu'un homme politique français qui estimerait souhaitable que l'on chante l'hymne national au début des cours à l'école primaire passerait pour un fasciste alors que cela paraît naturel dans nombre de pays réputés démocratiques.

## E. Le choix du plurilinguisme

Enfin, je voudrais relever que la politique linguistique française s'inscrit dans le cadre d'une philosophie d'ensemble pour garantir en Europe aussi bien qu'à l'échelle du monde la diversité culturelle et linguistique. On voit bien d'ailleurs dans les arguments de ceux qui s'opposent à toute politique linguistique nationale le désir d'arriver à un modèle d'unification du monde grâce à une langue de communication internationale ce qu'Umberto Eco a d'une certaine manière appelé la langue parfaite. Ce modèle, nous le rejetons parce qu'au fond, si on va au bout de sa logique, il est totalitaire. Umberto Eco à qui on disait que la diversité des langues était gênante pour la communication a répondu magistralement: «on peut aussi vouloir que tous les hommes aient la même taille: ce serait plus pratique pour les couturiers!».

Ce modèle, nous le rejetons parce que nous refusons l'uniformisation du monde, parce que nous croyons à la richesse de différentes cultures et surtout parce que nous croyons qu'il entraîne nécessairement la dislocation de toutes les sociétés dans lesquelles aucun sentiment républicain n'est possible, dès lors que les élites et la masse ne parlent plus la même langue. Imaginons à l'heure où nous parlons des autoroutes électroniques, ce que seront ces autoroutes électroniques installées par l'Union européenne lorsqu'un Grec ne pourra plus passer sa commande dans sa langue nationale sur des réseaux qui n'admettront que des caractères latins. Il est de notre devoir de concevoir les interfaces qui permettront la communication.

Il faut que toutes les langues soient respectées. Le monolinguisme est avant tout une forme de mépris de l'Autre. Faire de l'anglais une seconde langue européenne au point que la compagnie Air France ou une autre ne parle que français/anglais sur une ligne avec l'Allemagne ou pire anglais/tchèque sur une ligne Paris–Prague, c'est mépriser des cultures et des personnes. C'est la raison pour laquelle la loi Toubon oblige les services publics à effectuer au moins deux traductions des messages qui doivent être traduits.

Ainsi à l'échelle du monde nous croyons a un équilibre entre les grandes langues. Le français peut s'appuyer sur l'espace francophone, fort de 47 pays désireux de coopérer ensemble, représentant près de 500 millions d'habitants. Cet espace francophone puissant est désormais imité par un espace hispanophone qui essaie de se constituer et par un espace lusophone qui est sur le point de se donner une forme institutionnelle. Nous savons que des Turcs cherchent à reconstituer une communauté des pays de langue turque et que la Russie à des idées semblables. Au centre de l'Europe, l'Allemagne, la Suisse, l'Autriche, le Luxembourg et d'autres pays voisins ont en commun la langue allemande. Il existe déjà un traité d'union linguistique entre la région flamande de Belgique et les Pays-Bas. L'équilibre entre des grands ensembles linguistiques paraît une chose possible. De toute manière, c'est la seule alternative à l'uniformisation. Cet équilibre suppose que chaque langue soit égale en dignité et que chaque langue puisse être utilisée dans l'ensemble de ses fonctionnalités sociales dans la communication, dans la science, dans les affaires.

Cela implique que l'on doit consacrer le droit de chaque nation à travailler dans sa langue la souveraineté absolue des Nations en matière linguistique et corrélativement naturellement de favoriser l'intercompréhension entre les citoyens européens.

C'est le sens du mémorandum sur le plurilinguisme linguistique que la France doit présenter au début de la présidence française. Il s'agit de faire prendre en compte dans l'ensemble des politiques de l'Union la diversité linguistique de l'Union, de veiller à ce qu'aucune action de l'Union ne puisse contrarier cette diversité et développer l'enseignement réciproque des langues étrangères et leur diversification. Un modèle de plurilinguisme équilibré suppose un respect égal entre les grandes langues de l'Europe et de mettre fin à une situation dans laquelle l'apparente ouverture des frontières européennes se traduit par un repliement de chacune des nations sur sa culture et une fermeture accrue aux autres.

C'est ainsi par exemple que l'enseignement de l'allemand en France est gravement menacé alors même que la France et l'Allemagne sont des partenaires privilégiés et que l'enseignement des langues étrangères est vanté par tous les gouvernements.

Notre position est qu'il ne peut y avoir d'échange que si nous sommes différents et que tout ce qui peut permettre d'entretenir cette diversité, à condition que la motivation ne soit pas xénophobe, ne peut que profiter à tous et doit être encouragé.

Voilà une raison supplémentaire de penser que la «loi Toubon», d'abord motivée par des considérations républicaines, est aussi une contribution au respect de toutes les langues européennes.